法華経成立の新解釈

仏伝として法華経を読み解く

平岡 聡
Satoshi Hiraoka

大蔵出版

はじめに

仏滅後、一〇〇〇年近い歳月を経て、ようやく日本にたどりついた仏教。周知のごとく、仏教は土着の宗教と混淆しながら、それぞれの文化や風土に根づいていったのであり、日本もその例外ではなかった。神道という土着の宗教が息づく日本で、仏教という外来の宗教が最下層の庶民の血肉となるには、さらに五〇〇年近い時間を要することになったが、教祖ブッダの滅後から指折り数えれば、なんと一五〇〇年という歳月が流れたことになる。

仏滅後一五〇〇年、それは、仏教の歴史観によると、「末法」という絶望的な時代の幕開けであり、その直後、日本の鎌倉時代に仏教が新たな進化を遂げて花開いたのは皮肉というほかはない。否、末法という時代的危機意識があったればこそ、仏教は日本において新たに脱皮したといわねばなるまい。

鎌倉時代は、法然を〝魁〟とし、比叡山で学んだ出家者を各宗の開祖として綺羅星のごとく輩出した。彼らは己の信念にしたがって新たな宗派を次々と開宗していったが、その一つに日蓮を開祖とする日蓮宗（法華宗）があり、その所依の経典が、今回、本書でとりあげる法華経なのである。だが、法華経は日蓮宗（法華宗）という狭い枠に収まるような経典ではなく、インドで大乗仏教が興起して以来、中国仏教や日本仏教においても常に重要な経典であり続けたのであり、だからこそ、古来より

「諸経の王」という称号を恣にしてきた経典でもある。
狭隘な宗派根性で法華経を見れば、それは日蓮宗（法華宗）や天台宗に〝縁〟のある特定の宗派にとってのみ重要な経典という位置づけになるが、しかし、それは、仏滅後、教祖なき無仏の時代の仏教を憂い、死にものぐるいで〈私のブッダ〉を追い求めた当時の大乗仏教徒の真摯な姿を歪めることになるだろう。日本仏教のほとんどが大乗仏教の流れを汲むという事実に鑑み、ここでは視野狭窄的な姿勢は潔く捨て去って、虚心坦懐に大乗経典の一つである法華経のメッセージに耳を傾けてみようではないか。そうすることで、日蓮宗（法華宗）や天台宗以外の宗派の所依の経典の特異性も自ずと浮き彫りになるだろう。

文化人類学、という学問がある。そこでは異文化理解が重要視されるが、それは異文化理解が自文化理解につながるからである。日本の文化を知るのに日本で暮らすことが大切であることは言を俟たないが、しかし日本の中にいるだけでは、その特異性に気づかない。一度は日本から脱出し、日本文化を相対化することで、それまであたりまえすぎて意識しなかった日本の文化の特異性にあらためて気づくことができる。この内と外という二つの視点をあわせ持つことにより、我々は奥行きのある立体的な日本文化の理解に到達できよう。

これと同様に、法華経に対する理解が、他の大乗経典に対する、あるいは日本の他宗派に対する、より深い理解と知見をもたらすことになると私は信じている。問題は、本書がそのような機能を果たせるかどうか。それは本書をお読みいただいた聡明なる読者の判断に任せるしかない。

法華経成立の新解釈

―仏伝として法華経を読み解く―

目次

第三章　仏伝としての法華経……94

略号表

欧文

AKBh : *Abhidharmakośabhāṣyam* of Vasubandhu (Tibetan Sanskrit Works Series 8), ed. P. Pradhan. Patna, 1975.

AN : *Aṅguttara-nikāya*. 6 vols. PTS.

Ap. : *Apadāna*, PTS.

Aś : *Avadānaśataka* (Bibliotheca Buddhica 3), ed. J. S. Speyer. 2 vols. St.-Petersburg, 1906–1909.

AṣP : *Aṣṭasāhasrikā Prajnāpāramitā* (Buddhist Sanskrit Series 4), ed. P. L. Vaidya, Darbhanga, 1960.

BC : *Buddhacarita*, ed. E. H. Johnston. Calcutta, 1935.

BHSD : *Buddhist Hybrid Sanskrit Dictionary*, F. Edgerton. New Haven, 1953.

Bu. : *Buddhavaṃsa*, PTS.

D. : Derge.

Dhp : *Dhammapada*, PTS.

Dhp-a. : *Dhammapadaṭṭhakathā*. 4 vols. PTS.

Divy. : *Divyāvadāna: A Collection of Early Buddhist Legends*, ed. E. B. Cowell and R. A. Neil. Cambridge, 1886 (Reprint: Amsterdam, 1970).

DN : *Dīgha-nikāya*. 3 vols. PTS.

DPPN : *Dictionary of Pāli Proper Names*, 2 vols., Malalasekera, G. P. London, 1937.

Ja : *Jātaka*. 6 vols. PTS.

Jm : *Jātakamālā or Bodhisattvāvadānamālā by Āryaśūra*, ed. H. Kern. Boston, 1891.

LV : *Lalitavistara*, ed. S. Lefmann. Halle, 1902.

MAV (W) : *Das Mahāvadānasūtra: Ein kanonischer Text über die sieben letzten Buddhas*, ed. E. Waldschmidt, 2 vols., Berlin, 1953, 1956.

MAV (F) : *The Mahāvadānasūtra: A New Edition Based on Manuscripts Discovered in Northern Turkestan*, ed. T. Fukita, Göttingen, 2003.

Mhv : *Mahāvaṃsa*, PTS.

Mil. : *Milindapanho*, PTS.

MN : *Majjhima-nikāya*. 4 vols. PTS.

Mp : *Manorathapūraṇī*. 5 vols. PTS.

MSV i-iv : *Mūlasarvāstivādavinaya* (*Gilgit Manuscripts* vol. 3, part 1–4), ed. N. Dutt, Srinagar and Calcutta, 1942–1950.

MSV v : *The Gilgit Manuscript of the Śayanāsanavastu and the Adhikaraṇavastu*, ed. R. Gnoli, Rome, 1978.

MSV vi : *The Gilgit Manuscript of the Saṅghabhedavastu* (Part 1), ed. R. Gnoli, Rome, 1977.

MSV vii : *The Gilgit Manuscript of the Saṅghabhedavastu* (Part 2), ed. R. Gnoli, Rome, 1978.

Mv. : *Mahāvastu*, ed. É. Senart. 3 vols. Paris, 1882–1897 (Reprint: Tokyo, 1977).

P. : Peking.

Pd : *Paramatthadīpanī*. 2 vols. PTS.

PED : *Pali-English Dictionary* (PTS), T. W. Rhys Davids and W. Stede, London, 1921–1925.

Ps : *Papañcasūdanī*. 5 vols. PTS.

PTS : Pali Text Society.

RP : *Rāṣṭrapālaparipṛcchā*, ed. L. Finot, St.-Petersburg, 1901 (Reprint: Tokyo, 1977).

SN : *Saṃyutta-nikāya*. 6 vols. PTS.

Sn : *Suttanipāta*, PTS.

SP : *Saddharmapuṇḍarīkasūtra*, ed. H. Kern and B. Nanjio, St.-Petersburg, 1908–1912 (Reprint: Tokyo, 1977).

Sp : *Samantapāsādikā*. 8 vols. PTS.

Sukh. : *Sukhāvatīvyūha*, ed. A. Ashikaga, Kyoto, 1965.

Sv : *Sumaṅgalavilāsinī*. 3 vols. PTS.

T. : *Taishō Shinshū Daizōkyō*, ed. J. Takakusu and K. Watanabe et al. 55 vols. Tokyo, 1924–1929.

Th. : *Theragāthā*, PTS.

Thī : *Therīgāthā*, PTS.

Ud. : *Udāna*, PTS.

Vin. : *Vinayapiṭaka*. 5 vols. PTS.

Vis. : *Visuddhimagga*, PTS.

VN : *Vimalakīrtinirdeśa*, ed. Study Group on Buddhist Sanskrit Literature (The Institute for Comprehensive Studies of Buddhism at Taisho University), Tokyo, 2004.

WT : *Saddharmapuṇḍarīka-sūtram*, ed. U. Wogihara and C. Tsuchida, 1934, Tokyo.

漢　文

『正法』 ：竺法護訳『正法華経』(T. 263, ix 63a ff.)

『妙法』 ：鳩摩羅什訳『妙法蓮華経』(T. 262, ix 1c ff.)

『添品』 ：闍那崛多・達摩笈多共訳『添品妙法蓮華経』(T. 264, ix 134c ff.)

※なお、右記の漢訳三本の引用にさいしては、『大正新脩大蔵経』の番号と巻数とを省略する。

第一章　序　論

一　従来の研究

(一)成立史一般の研究

私が今回ここでとりあげる仏典は、法華経、である。これまで『ディヴィヤ・アヴァダーナ』をはじめ、インド仏教説話文献をまがりなりにも考察してきたわけであるから、いささか、いやきわめて異色の文献を今回は扱うことになる。どうしてそうなったのかは「おわりに」に譲るとして、さきに進む。

法華経はいわずと知れた著名な大乗経典であるが、[1]全体は二八品[2]（章）からなり、各品は長行（散文）と偈頌（韻文）を織り交ぜた重頌（geya）という形式を基本とする。その中には本経を特徴づける七つの譬喩がたくみに配され、また見宝塔品に代表されるように、大地が割れて巨大な仏塔が涌出するという、ハリウッド映画顔負けの一大スペクタクルも盛りこまれていたり、また宮沢賢治の「雨ニモマケズ」のモデルになったといわれている、常不軽という個性的な菩薩や、現世利益で当時の民衆を虜にしたであろう観世音菩薩も登場するため、古来より多くの人々の心を魅了し続けてきた経典だ。

しかしながら、一瞥したところ、その内容にはいくつかの断層が見られたり、また長行（散文）と偈頌（韻文）との間に表現や思想の齟齬が確認されることなどから、その成立に関しては様々な解釈を惹起せしめた経典でもある。近代仏教学の黎明期、ヨーロッパではビュルヌフやケルンがその成立解明に着手し、また日本では常盤大定を嚆矢として、洋の東西を問わず実に多くの研究者がこの問題に取り組んできた。

これまでの法華経成立に関する研究の内容については、伊藤［2007］が詳細かつ要領よくまとめているが、それを見れば、ビュルヌフから井本勝幸まで総勢二八名の研究者がこの問題に取り組み、布施浩岳を中心に百花繚乱の様相を呈している。法華経の成立に関する説を集めて批評するだけで四〇〇頁を超える一冊の本ができあがるのであるから、部分的に法華経成立を扱った研究を含めれば、その数はさらに増えるであろう。

では伊藤［2007］によりながら、各説の結論のみをまとめることにするが、その前に諸説の理解を容易ならしめるために、法華経二八品の内容をまずは簡単に概観しておく。

序品［1］(3)　法華経の幕開けとなる序章。ブッダは白毫から光明を放つ等の瑞相を現したが、これは法華経の説かれるときの予兆であり、過去にも日月灯明如来(4)が法華経を説く前に同じ瑞相が現れたと文殊はいう。

方便品〔2〕　シャーリプトラに三度説法を懇願されたブッダは説法を決意し、如来は巧みな方便を用いて三乗を説いたが、実際は仏乗という一乗しかないと告げる。

譬喩品〔3〕　その説法を聞いて喜んだシャーリプトラに、ブッダは成仏の記別を授ける。ブッダは「三車火宅の喩え」を説き、巧みな方便を用いて三乗を説いた理由を明かす。

信解品〔4〕　スブーティをはじめとする四大弟子も一仏乗の説法を聞いて「素晴らしい宝を得た」と喜び、「長者窮子の喩え」を説いて、自分たちがブッダの教えを理解したと告げる。

薬草喩品〔5〕　ブッダは「三草二木の喩え」を以て、教えを聞く側の素質や能力に差があっても、如来はそれぞれにふさわしい教えで有情を導くことを説く。

授記品〔6〕　ブッダはスブーティを初めとする四大弟子に対し、それぞれ成仏の記別を授ける。

化城喩品〔7〕　過去世においても、大通智勝如来が今生のブッダと同じように四諦や十二因縁を説いた後に法華経を説き、それを承けて、大通智勝如来が太子だったときに生まれた一六人の王子も沙弥となって法華経を説いて有情を教化した。

五百弟子受記品〔8〕　プールナ・マイトラーヤニープトラがブッダの説法を讃えると、ブッダは彼に成仏の記別を授ける。さらにカウンディンニャをはじめとする五〇〇人の比丘たちにも、ブッダは成仏の記別を授ける。

授学無学人記品〔9〕　ブッダはアーナンダと実子ラーフラにも成仏の記別を授け、さらに二〇〇〇人の声聞たちにも成仏の記別を授ける。

法師品〔10〕　法華経を聞いて喜ぶ者は未来世に成仏し、法華経を誹謗する者は如来を罵るよりも罪が大きいとされるなど、法華経受持の功徳が説かれる。

見宝塔品〔11〕　大地が割れて多宝如来の塔が出現し、虚空に留まると、十方より諸仏が雲集する。ブッダが虚空で塔を開くと、現れた多宝如来は法華経の説法のたくみさを証明し、ブッダに半座を譲ると、二仏は並坐する。

提婆達多品〔12〕　ブッダは過去世において法（法華経）を求め、デーヴァダッタの奴隷となったことが説かれ、デーヴァダッタはブッダにとって善知識であったことが明かされる。また龍王サーガラの娘が法華経によって教化され、男子になって成仏する話も見られる。

勧持品〔13〕　薬王菩薩と大楽説菩薩および従者の菩薩たちは、ブッダの入滅後も法華経を説くことを誓う。また、ブッダはマハープラジャーパティーやヤショーダラーにも成仏の記別を授ける。

安楽行品〔14〕　法華経を説く者が行うべき四つの特性がブッダによって説明される。

従地涌出品〔15〕　地面が割れて、法華経を受持し説法する大勢の菩薩たちが出現する。彼らは皆、ブッダ自身が教化した菩薩であるといわれた弥勒は、成道後、わずか四〇年しか経っていないのに、どうしてこのような大勢の菩薩たちを教化したのかをブッダに尋ねる。

如来寿量品〔16〕　自分の寿命は久遠であり、実は遠い昔に覚りを開き、有情を教化し続けてきたのであり、涅槃を示すのは有情を仏道に覚醒せしめ、発奮させるための方便であるとして、「良医病子の喩え」が説かれる。

分別功徳品〔17〕　「如来の寿命の長さの説示」という法門を読誦し、受持し、書写し、供養することの功徳が詳細に説明される。

随喜功徳品〔18〕　仏滅後、この経を聞いて喜ぶ者の功徳の大きさが説かれる。

法師功徳品〔19〕　法華経を受持し、読誦し、説明し、書写する者の功徳が明かされる。

常不軽菩薩品〔20〕　常不軽菩薩（ブッダの前生）は、人々の非難や侮辱に遭いながらも、菩薩行の実践を勧め、「あなたは将来、仏となるお方です」と唱えて有情を敬いながら歩いたことが語られる。

如来神力品〔21〕　従地涌出品において大地より出現した菩薩たち、および文殊をはじめとする菩薩たちも、仏滅後に法華経を弘めることを誓う。

嘱累品〔22〕　ブッダが右手ですべての菩薩たちの手を握って法華経を委嘱すると、彼らはブッダの命に背かないことを誓う。

薬王菩薩本事品〔23〕　薬王菩薩が娑婆世界で遊歴する理由を説明する形で、ブッダは彼の過去物語を説く。ここでは一切衆生憙見菩薩（薬王菩薩の前生）が日月浄明徳如来と法華経を供養するために自分の体に火をつけて体を布施したり、日月浄明徳如来の遺骨供養を行うために、自分の腕を焼くという話が見られる。

妙音菩薩品〔24〕　浄光荘厳という世界から娑婆世界にやってきた妙音菩薩の善根について、ブッダは衆会の者たちに説明する。妙音菩薩はブッダと多宝如来を供養した後、自分の世界に戻り、娑婆世界での出来事を浄華宿王智如来に報告する。

観世音菩薩普門品〔25〕　観世音菩薩の名を称えたり礼拝することの功徳を説く。

陀羅尼品〔26〕　薬王菩薩たちは法華経の説法者を守護するために陀羅尼を述べる。

妙荘厳王本事品〔27〕　二児に教化された妙荘厳という王は、二児の師である雲雷音宿王華智如来から聞法し、法華経を理解するために修行し三昧を獲得すると、如来は彼に成仏の記別を授ける。

普賢菩薩勧発品［28］　法華経を聞くために東方よりやってきた普賢菩薩に、ブッダは法華経を得るための四法を説く。普賢菩薩が法華経の受持者を守護すると誓うと、ブッダは彼を称讃する。最後に法華経を信じる者の功徳と謗る者の不幸とが説明される。

では、これを念頭に置きながら、伊藤［2007］でとりあげられている諸説の結論だけを簡略にまとめてみよう。(5)

§1　ビュルヌフ説—長行先行偈頌次集説

長行がさきに成立し、偈頌は後の付加である。

§2　ケルン説—偈頌原形長行後加説、二一品古形六品後分説

①ビュルヌフ説とは逆に、偈頌が原形であり、長行は後代の加上である。

②序品から嘱累品までが古形であり、それ以外は後代の付加である。

§3　常盤大定説—前二一品中一〇品第一段落・方便乃至人記八品第一次説

二一品中、法師品までの一〇品が第一段落であり、そのうち方便品から人記品までの八品が第一次である。

§4　松本文三郎説—長偈具備（＝重頌 geya）本体説、二一品原形・六品後世添加説

長行と偈頌を具備したものが法華経の本体であり、提婆品や嘱累品は法華経の本体ではない。し

かし、嘱累品を含めた二一品が原形で、他の六品は後世の添加の部分である。

§5 木村泰賢説―一経三段構成説

法華経は、序品を除き、一切有情が一仏乗に帰入すべきことを説く第一段（方便品～安楽行品）、その根拠を示す第二段（見宝塔品～嘱累品）、そして法が菩薩として人格的に活躍する様を明かす第三段（薬王菩薩本事品～普賢菩薩勧発品）という三段によって構成されている。

§6 宇井伯寿説―原形二一品説

紀元後一〇〇年以前には原型の二一品ができあがり、六品が添加された法華経全体は一五〇年までに完成した。

§7 和辻哲郎説―作品構造（＝構想）論・短期成立可能説

①法華経を「作品」とみて、その構造を天台教学の二門三分という観点から分析した。これを図示すると、つぎのようになる。

迹門（序品～安楽行品）
　序分（序品）
　正宗分（方便品～授学無学人記品）
　流通分（法師品～安楽行品）
本門（従地涌出品～普賢菩薩勧発品）
　序分（従地涌出品）
　正宗分（従地涌出品～分別功徳品）

流通分（随喜功徳品～普賢菩薩勧発品）

②法華経全体は、一〇年か二〇年の間に迅速にできあがった。

§8 本田義英説――二一品原始分・六品後分説

二一品を法華経の原始分と位置づけ、これを法華経の基礎門とすれば、残りの六品は実践的な菩薩行門であり、両者の間には本末の関係がある。

§9 布施浩岳説――三類構成四期成立説

法華経は三類から構成され、四期にわたって成立した。これを図示すると、つぎのようになる。

三類――第一類：序品～授学無学人記品、随喜功徳品

　第二類：提婆達多品を除く法師品～如来神力品

　第三類：嘱累品～普賢菩薩勧発品

四期――第一期：第一類の偈頌の成立（紀元前一世紀）

　第二期：第一類の長行の成立（紀元後一世紀）

　第三期：第二類の長行・偈頌の成立（紀元後一〇〇年前後）

　第四期：第三類の成立（紀元後一五〇年前後）

§10 山川智應説――二処三会構想完成形態説・説相対応寿量品中心説

二処（霊山会・虚空会）三会（前霊山会〔序品～法師品〕・虚空会〔見宝塔品～嘱累品〕・後霊山会〔薬王菩薩本事品～普賢菩薩勧発品〕）の構想が法華経の完成形態であり、寿量品を中心にしてその前後が必然的対応関係にある。法華経が二一品から二七品になったのは、紀元後一〇〇年前後である。

§11　塩田義遜説―三段（三期）成立説・宝塔品証前起後説

①山川説を発展させ、その成立をつぎの三期に分類する。

第一期：序品～安楽行品

第二期：従地涌出品～嘱累品

第三期：薬王菩薩本事品～普賢菩薩勧発品

②見宝塔品を証前起後、すなわち方便品を中心とするグループと寿量品を中心とするグループとを結びつける役割を果たす品とみなす。

§12　土田勝弥説―偈文に関する言語学的考察

偈文を言語学的に考察しても、現段階では法華経の成立はわからない。

§13　吉田龍英説―原形懐疑説・群品集成原形説

各品が独立に完成し、あるいは少なくともある数品が群をなして現在に近い形にまで完成していたものが後に集成されたと見るべきである。

§14　渡辺楳雄説―勝天王般若経・首楞厳三昧経先行説

三乗一乗を説く勝天王般若経や首楞厳三昧経が法華経の先行経典である。

§15　中村元説―法華経成立上下限推定説

法華経成立の上限は約西暦四〇年であり、嘱累品までの部分は四〇～二二〇年の間に成立した。

§16　鈴木宗忠説―古層新層（二一品）原始分・六品同類附加分説

①法華経は最初の二一品が原始分で、残りの六品は後の付加分である。さらに原始分は古層と新

層に分けられ、古層は方便品より授学無学人記品にいたる八品であり、残りはだいたい新層に属する。

②原始分の成立年代は紀元後五〇年であり、その中でも古層の成立年代は紀元前五〇年となる。

§17 横超慧日説―原始八品・増補余品説

法華経の原始分は方便品から授学無学人記品までの八品であり、序品およびそれ以降は本来の法華経ではなく、後の増補である。

§18 紀野一義説―根本抽出仮定説・中核部分原始法華経説・三類構成説

①原始法華経の成立はつぎの三期に分類できる。

第一類法華経　：序品の一部・方便品・譬喩品

第二類法華経A：見宝塔品の前半・勧持品の冒頭少部分

第二類法華経B：従地涌出品・如来寿量品・分別功徳品・常不軽菩薩品・如来神力品（この中でも分別功徳品と常不軽菩薩品の成立はやや遅れる）

②残りの諸品はこの原始法華経に後から付け加えられたものである。

§19 岩本裕説―四期成立説

法華経の成立はおよそつぎの四時期を経過している。

第一期：第二章（第七一偈以下を除く）〜第九章の韻文（東インドで紀元前一世紀頃）

第二期：第二章〜第九章の散文・第二章の偈頌第七一偈以降・第一章の韻文（北インドで紀元後一世紀頃）

第三期：第一章の散文・第一〇章～第一九章の韻文と散文（西北インドで紀元後一〇〇年頃）
第四期：第二〇章～第二三章・第二五章～第二七章（西北インドで紀元後二世紀後半）

§20　田村芳朗説——三類三期成立説

①法華経は三つに分類され、三期にわたって成立している。
第一類：方便品～授学無学人記品（紀元後五〇年頃）
第二類：法師品～嘱累品（紀元後一〇〇年頃）
第三類：薬王菩薩本事品～普賢菩薩勧発品（紀元後一五〇年頃）
②第一類に第二類が付加されたとき、両者を一貫させるために序品が作られ、最初に置かれた。

§21　静谷正雄説——同時成立動向説

①布施説でいう第一類の成立は二世紀後半と考えるべきである。
②法師品・安楽行品・分別功徳品・法師功徳品は、紀野説のように後代の付加だが、第三類が付加される以前に、これら諸品を加えつつ第一類・第二類が編集された。これも二世紀後半とみるべきである。
③第三類の編入は世紀二〇〇年頃であり、提婆達多品の付加はそれ以降である。

§22　藤田宏達説——八品第一段階中核説

方便品～授学無学人記品の八品は法華経成立の第一段階とみなすことができる。

§23　苅谷定彦説——二〇品有機的結合説・原初的法華経二〇品説・嘱累什訳経中移行説

①法華経は一貫した構想のもとに組み立てられ、序品から提婆達多品を除く如来神力品までを有

機的結合体として捉えるべきであり、これが法華経の原初形態である。
②嘱累品を含むその他の品は後世の付加である。
③嘱累品は本来経末にあったが、鳩摩羅什が『妙法』翻訳のさいに、如来神力品と薬王菩薩本事品の間に移行させた。

§24 渡辺照宏説—法華経元来法師語物説

法華経は本来、語りものであって、説法師（dharma-bhāṇaka）が口承をもって伝達したものであるから、法華経の原型 Urtext は最初から存在しなかった。

§25 平川彰説—一定期間成立過程説

①法華経成立のプロセスは、方便品を中心とする二～三品と宝塔品を中心とする二～三品とが結合して原始法華経が成立 → ついで前者が人記品までの八品に、後者が法師品～神力品の一一品に発展 → これの前後に序品と嘱累品とが付加 → 嘱累品の後に六品が付加されて『妙法』の原典が成立 → 最後に提婆達多品が挿入され、嘱累品が最後に移されて『正法』が成立、となる。
②成立年代に関しては、原始法華経が一〇〇年～一五〇年頃、『妙法』は二〇〇年前後、『正法』は二五〇年頃と推定される。

§26 勝呂信静説—二七品同時成立説

複合的な構想の内容を一定の意図のもとに集約し、一定期間に素材を収集し制作する過程をへて、二七品は同時期に成立した。ただし、提婆達多品は後世の付加である。

§27 塚本啓祥説—法華経担い手実体推定説

法華経の成立史は法華経伝持の伝承史であり、この伝持者、すなわち法華経の担い手の実体は法師（dharma-bhāṇaka）である。

§28 井本勝幸説―成立〔の〕時代〔と〕地域〔と〕作者〔を〕直接〔的に〕推定〔する〕説

①法華経の成立年代は、紀元後一五〇年から数年ないし数十年の間に成立したと推定される。

②その成立地は、農学的見地・医学的見地・音楽的見地から、西北インド・東ガンダーラのタクシラ、中でもその第二都市シルカップ、または第三都市シルシュクであった可能性が高い。

③その制作者・編纂者は説一切有部の人間であり、とくにカシュミール有部の毘婆娑師から異端として斥けられた讃仏乗に強い関連性を持っていると考えられる。

以上が、これまでの法華経に関する成立論の内容である。各研究者の説はそれぞれ妥当性を持ってはいるが、これで法華経成立の全容が解明されたわけではない。成立に関しては、法華経が「いつ、どこで、誰によって」[6]制作されたか、ということが問題になるが、以上の諸説からわかるように、主要な論点は「いつ」と「どのように」の二つに収斂する。「いつ」について、その最古層の成立の上限は布施説と岩本説の紀元前一〇〇年であり、下限はケルン説の紀元後二五〇年ということになる。多くの研究者（布施説・中村説・鈴木説・岩本説・田村説など）は紀元前一世紀から紀元後二世紀の幅を持たせて順次成立したと考える一方で、この幅を狭くとるのは和辻説・平川説・勝呂説である。一方、「どのように」についてはまさに様々な見解があるが、以下の三点について、諸説にはゆるやかな共通性が見られる。

(1)方便品から授学無学人記品までは一つのグループとして法華経の核
(2)最後の六品は後代の付加
(3)提婆達多品は後代の付加

諸品間の断層については、それを直ちに成立の問題と結びつけて考えることはできない。後世に付加されたことによって、その継ぎ目に断層を生じることもあるが、論文集のように内容の違うものを同時につなぎ合わせても断層は生じるからだ。(7) よって、断層をそのまま成立の新古層と断ずるには慎重でなければならないが、ともかくこれで法華経のどこに断層があり、また法華経成立に関して誰がどのような説を唱えたのかという従来の研究の大枠はつかめたと思う。

なお、写本や原語という文献学的観点から法華経の成立にアプローチするという方法もあるが、本書においては直接関係しないので、重要な視点ではあるが、ここではとりあげない。(8)

(二)仏伝を視野に入れた研究

法華経の成立に関する研究史において見たように、二八もの学説が軒を並べるなか、仏伝という視点から法華経の成立を論じた研究は、「残念ながら」というべきか、「有り難いことに」というべきか(ここでは「有り難いことに」といっておきたい)、ほとんど見あたらない。そこでつぎに、法華経の成立という視点が主目的ではないが、仏伝との関連において法華経を考察した研究を年代順にとりあげる。

(1)横超慧日［1936］「法華経の一乗思想と仏伝」

法華経を仏伝との関係で最初に論じたのは横超であるが、その内容はつぎのとおりである。

一　一乗道と一切衆生成仏
二　仏伝に於ける説法躊躇と梵天勧請
三　法華経の思想及び説相と仏伝
四　法華経と般若経との関係
五　初期大乗経典に於ける証法と教法との表現

このうち、ここでは四と五を省略し、本書と直接関わる一から三の内容を紹介する。仏伝のうち、とくに成道から初転法輪にいたるブッダの心理的変化、すなわち説法躊躇から梵天勧請をへて説法を決意するにいたる心的過程に横超は注目する。ブッダの覚証はまさに超越性を具えているが、同時に法の真実さに対する確信は普遍妥当性の信念となって同信同証を得るために説法教化に転じるものであり、ブッダの心境は証法の超越性から教法の普遍性（この普遍性は、同じ人間が等しく苦から解脱するという意味での普遍性において平等性とも言い換えられる）に向かって推移したと横超はみる。つまり、証法の超越性と人の平等性との信念は純化徹底をへて一仏道の思想と一切衆生成仏の思想にまで発展し、この両者が法華経において統一せられ、一乗思想が確立したとみるのである。

つづいて、横超は『四分律』をはじめとする漢訳の仏伝を渉猟しながら、そこに見られる説法躊躇と梵天勧請の内容を吟味し、説法を躊躇した理由と、それにもかかわらず説法を決意した理由を考察し、前者の理由を「法の難解」と「世間の愚迷」、後者の理由を「ブッダの正覚」と「機根の差別」

に求める。説法を躊躇した理由である「法の難解」と「世間の愚迷」に関して説明の要はないが、説法を決意した理由である「ブッダ正覚の社会的意義」と「機根の差別」については横超の見解を紹介しておこう。

まず「ブッダ正覚の社会的意義」は、ブッダの覚った法が苦からの解脱という点で普遍性を持っているのなら、それを開示しないことは世間の大敗壊を将来するので、ブッダの説法決意は一切衆生の開悟可能という前提に基づく慈悲心の現れからだ、という意味である。

つぎの「機根の差別」については、各仏伝で違いが見られ、一般には「難解なる法を理解できる利根者もいるから説法は無駄ではない」とするが、『方広大荘厳経』は衆生を邪聚・正聚・不定聚の三種に分け、「邪聚は説法しても何をしても手の施しようがなく、正聚は説法の有無にかかわらずよく了知するが、問題は不定聚であり、説法の有無如何によってどちらにも転びうる」として、説法の目的および対象を不定聚に変えているが、しかし説法の本来の目的は、利根者や中根者（不定聚）にかぎられるのではなく、劣機下根を含む一切衆生にあったとみるべきであると横超は結論づける。

このように、横超は仏伝の説法躊躇と梵天勧請に胚胎する「証法の超越性」と「人の平等性」が法華経の「一仏乗の思想」と「一切衆生成仏の思想」に結実するとみるのである。上述の論の展開を見ればわかるように、横超の考察はかならずしも資料的根拠に基づいておらず、思弁的であるが、つぎのような興味深い提言もしている。

○法華経をして一乗真実を提唱せしめた直接の原因はどこにあったか。私はそれを仏伝を中心として仏陀説法の意義如何を考え、一乗道の思想と一切衆生成仏の思想とを仏陀説法の意義考察を中心に統一していった人々の間より起こったのではないかと考える。

○法華経の三乗方便一乗真実(9)の主張のごときは、まさしくこの仏伝作家側に生長した思想が小乗部派仏教に対して攻撃批判の鋒をむけたものである。

○一乗道の思想と一切衆生成仏の思想とは、阿含及び仏伝中に発達したものであった。

○法華経が仏伝に大きな関心を有し、したがって大乗仏伝と歩調を一にするものである。

○法華経方便品がその一乗説発達の起原を暗示して、一乗真実の主張をなすにあたっても、形式上まったく仏陀正覚時における仏伝の型を踏襲している。

このように、法華経と仏伝の関連に初めて注目した点は評価できるが、それは法華経の方便品に見られる記述が仏伝の梵天勧請から初転法輪に似ているという点に留まり、残念ながら法華経全体を仏伝という視点から考察したものではない。

⑵横超慧日［1963］「法華経と仏伝—特に説時論を中心として—」

また別の論文で、横超は法華経と仏伝との関係を論じている。法華経はブッダ成道後四〇年にして説かれたと経自ら告白しているが、そういう説時はいかなる点において経の教義内容と関連しているかを解き明かすのが、この論の主題である。

まず横超は法華経に見られる仏伝の要素を拾いあげる。第一に、序品や化城喩品は過去仏や十方仏に言及すること。第二に、何かを強調するさい、それに関連した数を拡大する点をあげ、序品に見られる日月灯明如来の八子や化城喩品にみられる大通智勝如来の一六子がブッダの実子ラーフラに基づくものであること、第三に、著名な仏弟子（シャーリプトラ等）を登場させることにより、経の説かんとする趣意の印象深い表現効果を期待したことをあげている。これらは大乗経典に共通の傾向であるが、とくに法華経においてその傾向が顕著であると横超は指摘する。

説時論という観点から不可欠な仏伝の要因は、成道と初転法輪と入滅の三つであるが、最初の二つは方便品で説かれ、ここに三乗方便一乗真実の説法が仏伝に即した形で明示されているという。つづいて横超は法華経の説時をブッダの入滅に関連させる理由を考察するが、それは三乗方便一乗真実の論旨から自ずから導きだされたものであり、それが仏の出世本懐論、仏滅後の弘経のための付嘱説、本仏と相対させるための迹仏一期化導説、清浄涅槃を否定するための方便涅槃説等と関連して、法華経が仏滅間近の説時となったと結論づける。

つまり、成道後の初転法輪にさいし、本来ならブッダは法華経を説くべきであったものの、聞く側の機根が成熟していなかったので、法華経を説くことができず、方便として三乗を説いたが、時ここにいたって機根は成熟し、仏出世の本懐である三乗方便一乗真実を明かす法華経の開示、すなわち法華経の説法を以て仏事は完了するのであるから、自ずとその説時は涅槃直前に置かれるというわけである。このように、ここでは前稿の梵天勧請から初転法輪までに加え、涅槃をも視野に入れての一歩踏みこんだ考察となっているが、まだその考察には断片的な仏伝しかとりあげられていない。

(3)下田正弘［1999］「「梵天勧請」説話と『法華経』のブッダ観―仏教における真理の歴史性と超歴史性―」

この論攷では、梵天勧請説話に注目しながら、体験を言葉化することの問題をとりあげ、仏教の真理は漠然と存在するのではなく、ゴータマ・ブッダという人格の口を通して「沈黙する真理」から「語られる真理」へと移行し、ここにこそ創唱宗教としての仏教の特徴があるという。そしてVin. の梵天勧請説話と方便品との類似性を指摘しながら、仏伝に見られる梵天勧請説話の構造を充分に意識し、周到な準備のもとに説き起こされたのが法華経であるとし、このような観点から「方便」や「法師」を新たに解釈しなおしている。

この下田の研究は、法華経自体の成立を直接論じたものではないが、体験の言語化をテーマに法華経の方便品と仏伝の梵天勧請説話の類似性を指摘している。ところで、下田はこの論攷で「「梵天勧請」がdharmaというインド伝統文化のタームを用いて、伝統的真理の再解釈を試みているとするなら、「方便品」ではjñānadarśana, saṃdhābhāṣyaという仏教独自のタームによって、実際に展開してきた仏教史の再解釈を目指していることになる」、「ブラフマンをシャーリプトラに変え、個人の能力をブッダに仕えた期間に変えるなど、梵天勧請の説話の踏まえ方やその利用の仕方を見れば、『法華経』は驚くほど仏教の歴史に自覚的である。『法華経』には、明瞭にある種の歴史認識が存在するのである」と指摘している。このうち前者の「仏教史の再解釈」や後者の「歴史認識」は本論においてもキーワードとなるので、後ほど違った観点からこれらを問題にしてみたい。

(4)岡田行弘〔2007〕「法華経における仏伝的要素」

タイトルからして、まさに法華経に見られる仏伝的要素に考察を加えた論攷であり、法華経を

「ブッダが自らの真実の姿を語る自叙伝」すなわち「仏伝」ととらえている点が従来の研究にはない視点である。そして法華経に見られる仏伝的要素として、すでに横超や下田がとりあげた方便品の梵天勧請、同じく方便品後半の偈頌（113–133）に見られる仏伝、そして譬喩品前半で、法華経を理解したシャーリプトラに対するブッダの授記を、仏伝における五比丘の一人カウンディンニャの覚りとパラレルであるとする。[10]

そして、成仏をテーマとする法華経が成道から初転法輪にいたる仏伝を最高の規範とみなしたればこそ、一仏乗を釈迦仏が説く方便品、そしてその理解者が最初に授記される譬喩品が、仏伝を継承しているのは必然の結果で、法華経作者の真意を何よりも雄弁に物語っていると結論する。ここでは梵天勧請や初転法輪に加え、カウンディンニャの覚りまでを射程に入れた点が、これまでの研究にない新たな点である。

(5)菅野博史〔2001〕『法華経入門』

これは岩波新書のシリーズの一冊であり、書物の性質上、学問的な考察を主目的としたものではないが、法華経を仏伝との関連でとらえた重要な指摘がなされているので、ここにとりあげる。菅野は「第二章『法華経』の構想の基礎と全体の構成」において、初期大乗経典をブッダの生涯と思想の新たな解釈と規定し、とくにこれは法華経に当てはまるとした上で、法華経の制作者が自覚的にブッダの生涯を下敷きにして、法華経のドラマを構想していることは明らかであると指摘する。

そして仏伝の中でもとくに重要な事件として、成道・梵天勧請・初転法輪・涅槃をあげ、法華経の大きな特色は、いろいろな意味でブッダを中心とし、これら生涯の事件を基礎に踏まえ、それらに対して新たな解釈を提示しているという。菅野の指摘は法華経を考える上できわめて重要であり、「新たな解釈」という表現は本書とも重なる重要な表現だが、この提言が文献資料に基づいて検証されているわけではない。

(6)井本勝幸［2000］「法華経成立に関する私見」

法華経成立に関する説は、すでに指摘したように百花繚乱の様相を呈し、その中には後世に影響を与えた説や研究者に馴染みのある説など多種多様であるが、ここでとりあげる井本の研究は、その内容の斬新さにもかかわらず、あまり注目されていないのが実情ではないだろうか。むろん、諸説の中では一番新しいという時間的な問題もあるが、その内容はきわめて示唆的であり、文献を中心とした思想研究のみならず、農学的見地・医学的見地・音楽的見地からも考察が加えられている。

本書においては、彼の研究を随所で紹介していくが、ここでは仏伝に言及した彼の説のみを紹介しよう。彼の研究の全体の量からすれば、仏伝と法華経に関する部分の論攷は短いので、井本［2000: 315］の主張の全文をここに引用しておく。

さて今度は、『法華経』と仏伝との関係について一瞥してみたい。これに関する記述は、『法華経』にはまず「従地涌出品」と「如来寿量品」に伽耶城近郊の菩提樹の下での「成道」が説かれている。次に、「方便品」第一一五〜一一六偈には釈尊が自身の成道時を回想する形で「梵天勧請」が説かれている。また、「化城喩品」には大通智勝仏に対しての「梵天勧請」が説かれている。次に、「方便品」の第一一三偈では同じく釈尊の述懐として菩提樹下での三七日間にわたる転法輪への逡巡が語られている。さらに続く第一二五偈では波羅内における五比丘への「初転法輪」が説かれている。この他にも若干を指摘し得るであろうが、『法華経』に現れる釈尊の伝記としてはおおむね以上の通りである。(11)

以上、仏伝を視野に入れた研究をいくつか紹介してきたが、そこでとりあげられている仏伝的要素は、成道・梵天勧請・初転法輪・入滅だけである。「だけである」といえば、四大仏事が誕生・成道・初転法輪・入滅であることを考えると、「これで四大仏事の四分の三をカバーしているわけであるから充分ではないか！」と、お叱りの声が聞こえてきそうだ。

法華経は成道後四〇年あまりたってから説かれたと経典自ら説くわけであるから、それ以前の仏伝、すなわち誕生や出家や苦行の話は見られないので、成道・梵天勧請・初転法輪・入滅に言及すれば、それで充分に仏伝を意識したといえなくもない。しかし、これらが説かれるのは、方便品〔2〕、譬喩品〔3〕、そして如来寿量品〔16〕のたった三品であり、全体の九分の一ほどに過ぎない。

とくに譬喩品〔3〕から如来寿量品〔16〕の間には一二品も存在するにもかかわらず、そこが仏伝を踏まえていないとすれば、「法華経は仏伝である」とか、「法華経は仏伝を下敷きにしている」との提言は、きわめて根拠の脆弱な指摘に留まらざるをえないであろう。それを検証するのが、本書の目的である。

二　本書の視点

法華経を「仏伝」と捉える岡田〔2007〕の見方は、おそらく正しい。私もそのように法華経をみる。しかし、岡田の指摘する仏伝的要素だけで法華経を仏伝だと定義するには充分とはいえないことをすでに指摘した。そこで本書においては、最後の六品をとりあえず考察の対象から外して、序品〔1〕から嘱累品〔22〕までの二二品を仏伝とみなし、そこに仏伝的要素、否、仏伝そのものがどのような形で潜んでいるかを丹念に掘り起こしていく。

成道・梵天勧請・初転法輪・入滅という仏伝の要素が法華経に確認できることは、すでに研究者によって指摘されており、成道・梵天勧請・初転法輪の三つは短期間に集中し、また途切れることのない一連の流れとして把握できるが、初転法輪と入滅の間には四五年の時間的隔たりがあり、この間に様々な出来事が起こっている。

その一つとして、岡田はカウンディンニャの覚りをあげるが、その他にも仏伝では、彼につづいて五比丘全員が阿羅漢になったこと、その後にヤシャスも出家して阿羅漢になったこと、ブッダがウルヴィルヴァー・カーシャパを教化して阿羅漢にし、つづいて彼の弟二人も教化して仏弟子になったこと、高弟シャーリプトラとマウドガリヤーヤナがブッダに帰依して阿羅漢になったこと、ブッダがカピラヴァストゥに帰郷したこと、そしてデーヴァダッタが破僧したことなど、初転法輪後、涅槃に入るまでの四五年には実に様々な出来事が起こっているはずだから、「法華経は仏伝である」とか「法華経は仏伝を下敷きにしている」と主張するのであれば、これらの出来事も法華経にトレースできるのかできないのかを確認してみる必要があろう。

また仏伝に仏教説話という視座も加え、これらの視座から法華経を俯瞰したとき、法華経はいったいどのような姿を我々にみせるのであろうか。またそこから法華経の編纂意図はどのように考えられ、法華経編纂者は何をもくろんだのか。それを本書で探っていくことにするが、すでに法華経に関する成立史の研究で見てきたように、数多くの学説が林立するなか、従来と同じ手法で法華経に挑んでも、結果が陳腐なものになる可能性は充分に予想される。

法華経の成立に関する研究は、主に日蓮宗に属する研究者の手によってなされてきた。中国では智顗を頂点として法華経の研究が盛んに行われ、日本の天台宗や日蓮宗の宗学はそれに基づいて構築されているし、また宗学のみならず、すでに紹介したように、近現代の法華経研究者も日蓮宗に属する僧職者であるかぎり、宗学という既成の枠組から完全に脱却することは困難であろう。むろん、そのような宗学的知見が法華経理解に資する側面を私は決して否定しないが、その意味ではこれまで充分に研究し尽くされてきた感があり、伊藤［2007: 386］自身が告白しているように、これを以て「法華経の成立論は殆ど出そろっている」のが現状である。

智顗は、法華経の前半一四品を迹門、後半一四品を本門として法華経の構造を分析してみせたが、今もなお、この「迹門／本門」という枠組は、法華経の成立が論じられるさいにはしばしば活用されるし、また道安にはじまる「序分／正宗分／流通分」という釈経の三分科も、法華経のみならず大乗経典の構造を分析するさいには使用され、和辻説にいたっては、これら両者を併用し、迹門と本門とをそれぞれ三分科で構造分析しているのはすでに見たとおりである。

もちろん、これらの基準を用いて考察することが間違いだといっているわけではない。法華経成立論がほとんどでそろっている今、本書では従来とは違った視点、新たな視点から法華経の構造や成立の問題を考察するために、あえて従来の「迹門／本門」や「序分／正宗分／流通分」というパラダイムを使わないというだけである。それは、屋上屋を重ねる轍を踏むことになるからだ。

私はインド仏教説話研究に従事し、最近、その流れで仏伝研究にもすこしばかり足を踏み入れたところであるから、法華経の成立を専門に研究してきたわけではない。いわば私は法華経研究者にとっては「闖入者」であり、「招かれざる客」でもあるが、岡目八目という言葉どおり、部外者だからこそみえる（裏を返せば、専門家だからこそみえない）法華経の側面もあるだろう。横超が法華経と仏伝との関係を指摘してから随分時間が経過したが、まだ本格的に両者の関係を論じた研究がなされていない現状に鑑み、インド仏教説話や仏伝を研究してきた者だからこそ気づいたことを、本書において指摘してみたい。

「ルビンの壺」（あるいは「杯と顔図形」）という一種のだまし絵がある。中央の図形に焦点を当てれば壺にみえるが、両側の余白に焦点を当てれば、二人の人間が向かい合ってみえる、あの図形のことだ。焦点の当て方次第でどちらにもみえるのだが、両方を同時に見ることはきわめて難しい。それと同じように、インド仏教説話や仏伝に慣れ親しんできたせいか、あるとき、ふと「法華経は仏伝ではないか」と想定して読みはじめると、もう仏伝としてしか法華経が読めなくなってしまった。さてその見方が妥当なのかどうなのか。

自然科学の分野において物質が科学的に分析され、その内容をいくつかの要素に還元したり、またその要素間の関係や構造の普遍性（法則）を明らかにするという学的態度が人文系の学問においても適用しうるものなのか、言い換えれば、物語や文学作品というものが学問的に考察され、そこに何らかの普遍性（法則）を指摘しうるかどうか私は知らないし、また本書において法華経の普遍的な構造を明らかにするという大それたことをしようというのでも決してない。

私がここで試みるのは「解釈」、すなわち法華経の成立を仏伝や仏教説話という視座から「解釈」することである。解釈とは、たとえば『広辞苑』によれば、「文章や物事の意味を、受取り手の側から理解すること。また、それを説明すること」と定義されるが、それは主観の側の作用が大きく働くことを意味する。解釈とは、だから、相対性を帯び、多様性を含意し、恣意性を免れないものであるが、しかしそこに何らかの普遍性が認められるとするならば、その解釈は客観性をおびた仮説（あるいは学説）となりうるであろう。

よって、私が本書で展開する論は、あくまで「仏伝」や「インド仏教説話」という相対的な視座からおこなう法華経の「解釈」である。その解釈が妥当であるかどうか、また普遍性を持つかどうかは、読者および研究者の判断に委ねるしかないが、このような異端的な研究もなければ、法華経の成立研究も突破口を見いだせないのではないかと考える次第である。

またその解釈も、あえて確信犯的に極端な解釈をしているが、それもその解釈が将来、法華経成立の何らかの突破口になる可能性を期待してのことであり、当然いきすぎた極端な解釈は、他の観点からの考察によって淘汰されるであろうし、それはそれで一向に構わない。[12]「下手な鉄砲も」ではないが、それらの解釈の中に一つでも正鵠を射たものがあればよいと考えてのことである。妙な喩えだが、クロスワードパズルで、ある縦の列が攻略できないとき、その縦の列を含んだ横の列から攻めるという方法がある。本書で行う考察がうまくその縦の列のどこか一文字を正確に言い当てているとしたら、あとはそれを手がかりに、どこからでもその縦の列を攻略すればよい。本書の役目はそれだけだ。

ここでは細かな齟齬にはあえて目をつぶり、法華経の構造という大枠を問題にする。既述のごとく、長行と偈頌との内容的な食い違い、各品間での齟齬などは、すでに研究者によって指摘されているので、ここでは同じ問題を同じ視点からとりあげることはしない。[13]「千丈之堤以螻蟻之穴潰」のごとく、文献を精読することで、ほんの小さな手がかりから法華経成立という大きな堤防を瓦解させることもあるが、ここでは「木を見て森を見ず」とならぬよう、あえて「森を見るため木を見ず」の立場から法華経という広大な地形を俯瞰し、その基本構造を地図として提示してみたい。

思想的な側面からのアプローチが重要であることは言を俟たないが、ここでは思想的な側面はとりあえず括弧に入れてエポケーの立場を貫き、法華経の構造や枠組といった、純粋に形式的な側面からこの問題を考察してみたいと思う。

またここで、成立の問題と関連して考察の対象としたいのは、法華経と部派との関係である。近代仏教学の幕開けとともに、それまで「信仰の対象」であった仏教が「研究の対象」として考察の俎上に上ったさい、まず問題になったのが大乗仏教非仏説論の問題であった[14]。またこれと並んで、問題にされたのがその起源の問題であった。仏典に目を通せば、いわゆる阿含経典と大乗経典との間には思想的にもその表現内容にも大きな食い違いが見られ、およそ同じ仏教という歴史から生まれた文献とは思えないほどである。

最初は部派仏教の中でも進歩的だった大衆部が大乗仏教の起源と考えられたが、平川彰の出現により、仏塔に依止した在家信者が大乗仏教の興起に大きく関わったとする「大乗仏教在家仏塔起源説」なるものが学界を風靡した。阿含経典と大乗経典との齟齬に注目すれば、当然の帰結かもしれない。大乗経典は、一見したところ、阿含経典の延長線上にはおよそ位置づけられず、したがって平川が出家者とはまったく違う在家信者を想定したのも無理はない。

しかし最近では、この平川説も次世代の研究者から様々な不備が指摘され、大乗経典も再び部派仏教との関係で考えられるようになっている[15]。学界の風潮に迎合するわけではないが、ここでも法華経を部派仏教の文脈で考察してみたい[16]。文献によってその数に違いが見られるものの、二〇前後の部派が当時のインドには存在していたようであるが、では法華経はその中のどの部派と深い関わりを持っていたと推定できるであろうか。ここでも思想的な領域には深入りせずに、あくまで文献の現象面からこの問題にアプローチしていく。

第二章　仏伝の考察

一　起源と展開

法華経の本格的な考察に入る前に、本書の重要な視座である仏伝そのものを概観しておかなければならない。仏典編纂の歴史、それは仏滅直後にカーシャパ[1]の呼びかけで開催された第一結集にはじまり、多聞第一のアーナンダが中心となって経を、また持律第一のウパーリンが中心となって律を編纂したと伝えられている。その最初期において経典がどのように分類され伝持されたかは定かでないが、その整理の過程において九分教や十二分教という分類法が採用されたようであり、その痕跡は現存の仏典のあちこちに残されている。しかしながら、いま我々が手にする経典は、たとえばパーリ聖典では、五部ニカーヤという分類形式にしたがって整理されている。

これに律蔵と、経と律とに対する後代の注釈文献である論蔵とを加えて、パーリ三蔵は構成されているが[2]、いわゆる体系的な仏伝、つまりブッダの誕生から入滅までの出来事を編年体で綴った文献は、その最初期においては存在しなかった。そのような体系的な仏伝の出現は、まだ幾ばくかの時間を必要としたが、そんな中で、ブッダの出来事を年代順に記述し、なおかつ比較的古い資料として位置づけられるのが、Vin. の「大品（Mahāvagga）」である(3)。

律蔵は、五戒に代表されるように出家者が解脱に向かうための規則を集めた経分別（Sutta-vibhaṅga）、僧団の運営を円滑にするための規則を集めた犍度部（Khandhaka）、そして附随（Parivāra）の三部から構成され、経分別と犍度部がその中心をなす(4)。このうち「大品」は犍度部に含まれ、本来は具足戒を授けることに関する規定を扱う部分であるが、ブッダの成道後、様々な弟子たちを教化して出家させるプロセスにおいてこの具足戒は問題になるので、結果として、あるいは自ずとその記述は仏伝の体裁をとることになる。

つまり、ブッダの成道後、梵天勧請をへて五比丘に最初の説法を行い、まずカウンディンニャが覚りを開いて阿羅漢となり、つづいて他の四人も覚りを開いて阿羅漢になったことが説かれ、以下、シャーリプトラとマウドガリヤーヤナの帰仏にいたる経緯が叙述されるのである。おそらくこれが仏伝の核であり、様々な肉付けをへた後、体系的な仏伝へと発展し展開していったと考えられる。

ではこの「大品」に見られる仏伝の前後の出来事はどのように知ることができるのであろうか。入滅間近の出来事に関しては小乗涅槃経が詳しく説くところであるが、比較的古い資料で成道以前の出来事を体系的に説くパーリ文献は存在しない。今日、我々が知っている誕生から成道までの出来事は、ニカーヤ中に散見される断片的な記述をパッチワークして復元したものである。

またブッダおよびブッダの覚りの神格化に伴い、ブッダの生涯はこの世での誕生という枠を超え、インドの輪廻思想と結びついて過去世にも広がり、ジャータカと呼ばれる文献を生みだした。そしてその修行の起点として考えだされたのが、有名な燃灯仏授記の物語である。かくして燃灯仏授記から仏滅にいたるまで仏伝の諸要素がでそろい、後代になると、それらの諸要素を取捨選択したり、また新たな要素を加えて多種多様の仏伝文学作品が誕生することになる。

二　仏伝の諸資料

では実際にどのような仏伝が創作されたのか、岡野〔1998〕を参考にしながら、これにすこし改変を加えて、現存している資料を整理すると、つぎのようになる。

A　律に留まっている仏伝
1　Vinaya（Pāli）：南方上座部所伝
2『五分律』（T. 1421）：化地部所伝
3『四分律』（T. 1428）：法蔵部所伝
4　Saṅghabhedavastu（Skt.）：〔根本〕説一切有部所伝
　漢訳：4′『根本説一切有部毘奈耶破僧事』（T. 1450）・4″『衆許摩訶帝経』（T. 191）
　蔵訳：Dul ba gzhi（P. 1030; D. 1）
B　律から独立した仏伝経典
1　Mahāvastu（Skt.）：大衆部説出世部所伝(5)

2『十二遊経』（T. 195）
3『中本起経』（T. 196）
4『修行本起経』（T. 184）
5『異出菩薩本起経』（T. 188）
6『過去現在因果経』（T. 189）
7 Abhiniṣkramaṇasūtra（Skt.）：梵本存在せず
蔵訳：Mngon par 'byung ba'i mdo（P. 967; D. 301）

C 中国で再編纂され成立した仏伝経典
1『仏本行集経』（T. 190）：法蔵部所伝
2『太子瑞応本起経』（T. 185）

D 注釈として作られた仏伝文献
Nidānakathā（Pāli）：南方上座部所伝

E 大乗経典として作られた仏伝経典
1 Lalitavistara（Skt.）
漢訳：1′『普曜経』（T. 186）・1″『方広大荘厳経』（T. 187）
蔵訳：Rgya cher rol pa（P. 763; D. 95）

F 文学として創作された仏伝作品
1 Buddhacarita（Skt.）：Aśvaghoṣa 作

漢訳：1′『仏所行讃』（T. 192）
蔵訳：Sangs rgyas kyi spyod pa（P. 5656; D. 4156）
2『仏本行経』（T. 193）
3『僧伽羅刹所集経』（T. 194）：Saṅgharakṣita 作
4 Padyacūḍāmaṇi（Skt.）：Buddhaghoṣa 作
5 Jināḷaṃkāra（Pāli）：Buddharakkhita 作
6 Jinacarita（Pāli）：Vanaratana Medhankara 作

ではこれに基づき、各仏伝の内容を事項ごとにまとめてみよう。[6] 法華経を考える上で重要な仏伝の要素である一〇項を列挙すると、つぎのとおりである。

(1)燃灯仏授記
(2)梵天勧請
(3)初転法輪
(4)カウンディンニャを初めとする五比丘の覚り
(5)ヤシャスの出家
(6)カーシャパ兄とその弟子の教化および弟二人の教化
(7)シャーリプトラとマウドガリヤーヤナの帰仏

(8)カピラヴァストゥ帰郷
(9)デーヴァダッタの破僧（あるいは悪事）
(10)涅槃

では、これらの事項の有無を前掲の仏伝資料ごとに確認してみよう。

	A1	A2	A3	A4	A4″	B1	B2	B3	B4	B5	B6
(1)	×	×	○	×	×	○	×	○	○	○	○
(2)	○	○	○	○	○	○	×	×	×	×	○
(3)	○	○	○	○	○	○	○	○	×	○	○
(4)	○	○	○	○	○	○	○	○	×	○	○
(5)	○	○	○	○	○	○	×	○	×	×	○
(6)	○	○	○	○	○	○	○	○	×	○	○
(7)	○	○	○	○	×	○	○	○	×	×	○
(8)	○	○	○	○	○	○	○	○	×	×	×
(9)	○	○	○	○	×	×	×	×	×	×	×
(10)	×[7]	×[8]	×[9]	×[10]	×[11]	×	×	×	×[12]	×	×

B7	×	○	○	○	○	○	○	○	×	×
C1	○	○	○	○	○	○	○	○	×	×
C2	○	○	○	○	×	○	×	×	×	×
D	○	○	○	○	○	○	○	○	×	×
E1	×	○	○	○	×	×	×	×	×	×⑬
⑭E1′	×	○	○	○	×	○	○	○	×	×
E1″	×	○	○	○	×	○	○	○	×	×
⑮F1′	×	○	○	○	○	○	○	○	○	○
F2	○	×	○	○	×	×	×	×	○	○
計（20文献中）	10	15	19	19	12	17	14	14	6	2

こうしてまとめてみると、⑴燃灯仏授記から⑻カピラヴァストゥ帰郷までの項目はかなり高い確率で各仏伝にとりあげられ、とりわけ⑶初転法輪、⑷カウンディンニャを初めとする五比丘の覚り、そして⑹ウルヴィルヴァー・カーシャパとその弟子の教化および弟二人の教化、の三つの登場頻度はきわめて高いことがわかる。

また意外なことだが、最後のブッダ入滅までをとりあげる仏伝は、漢訳『仏所行讃』と『仏本行経』のみであり、他は⑺シャーリプトラとマウドガリヤーヤナの出家帰仏か⑻カピラヴァストゥ帰郷を以て仏伝を閉じる資料が圧倒的である点も指摘しておこう。またデーヴァダッタの破僧もしくは悪事に言及する仏伝資料も少ない。

三　仏伝の内容

仏伝の主要な出来事は「四大仏事」あるいは「八相成道」と表現され、四つ乃至は八つにまとめられるのが一般的である。四大仏事とは、(1)誕生、(2)成道、(3)初転法輪、(4)涅槃を指し、八相成道とは、(1)降兜率、(2)托胎、(3)出胎、(4)出家、(5)降魔、(6)成道、(7)初転法輪、(8)涅槃を意味するが、ここでは、法華経に現れる仏伝を考える上で重要な一〇項目について、その内容を紹介する。各資料間に大きな違いはないので、梵天勧請からシャーリプトラとマウドガリヤーヤナの帰仏までは、比較的内容が古くて様々な仏伝の核になったと考えられるVin. の「大品」の記述に基づき、また燃灯仏授記とカピラヴァストゥ帰郷以降については諸資料に拠ることとする。

なお、以下に紹介するブッダの伝記、すなわち仏伝の内容は、いわゆる〈歴史的ブッダ〉の伝記とは切り離して考える（正確には「切り離してしか考えられない」）ことにする。これまでの仏伝研究では、「歴史的事実」が常に問題にされてきた。仏典に見られる記述が〈史実〉かどうかという視点で仏伝資料を考察するという姿勢である。はたしてこれは可能であろうか、あるいは妥当であろうか。この点については、すでに平岡［2011a: 110–112］において私見を述べたことがあるので、少々長い引用にはなるが、再確認しておく。

仏教を学問的に研究する場合、そこには他の学問と同様に、客観性や実証性が求められる。たとえば教祖ブッダの生涯（仏伝）を研究の対象にする場合、ブッダが何時何処で生まれ、何をし何を語り、結果としてどんな生涯を送ったのかを「歴史的に」研究しなければならないわけだが、これは相当に危うい作業なのである。なぜなら、仏伝の輪郭を明らかにするには、考古学的成果に加え、多くは経典を主とする文献資料に頼らざるをえないが、この文献の扱いが厄介だからだ。

そもそも経典は仏滅後、ブッダが説いたとされる教説を、残された弟子たちが集まって編纂し、最初は話し言葉で、また後には書き言葉で伝承していった。しかし、その過程には「言い間違い」「聞き間違い」「書き間違い」に加え、意図的あるいは無意図的潤色が加わるし、そもそも仏弟子たちがブッダの「歴史性」に気を配って経典を編纂したとも思えない。学問的手法を駆使して文献を比較研究し、客観的かつ実証的に仏伝を考察すれば、ある程度の新古層を見いだすことは可能だが、それはただ「かなり新しい伝承」から「比較的古い伝承」を腑分けするだけで、「古い伝承」と「歴史的ブッダ」とを直ちに重ね合わせることはできないのである。

また考古学的成果も「ブッダの歴史性」を百パーセント保障しない。たとえば、「某王は某所にブッダの遺骨を納めた」という経典や碑文の記述に基づいてそこを掘り、骨壺に入った遺骨がそこから出てきたとしても、この事実からその遺骨が「ブッダの遺骨」であるとは直ちに断言できない。タイムマシンでブッダを訪ね、髪の毛か爪をもらってきて現世に戻り、DNA鑑定の結果、両者のDNAが一致すれば話は別だが。つまり、何かを同定する作業は、ある身元不明のものがすでに身元が明らかにされたものと一致することを以て、はじめて成立するのである。

これまで日本でも数多くの仏伝に関する研究が発表され、経典の記述に基づいて「これは歴史的事実とみて間違いない」とか「これは歴史的に見て事実だったと考えられる」という論調で仏伝が語られ、ひどいのになると「これは歴史的事実であると思いたい」というのまである。経典の記述に歴史的ブッダの言動が含まれている可能性（これもあくまで可能性）はあるが、その中でどれが本当に歴史的ブッダの言動なのかを抽出することはできず、したがって「歴史的ブッダの生涯」を明らかにすることは、ほぼ不可能に近い作業なのである。ではどうするか。ここでは、ブッダを「歴史を作ったブッダ」と「歴史が作ったブッダ」とに二分し、「歴史を作ったブッダ」はいったん括弧に入れて、「歴史が作ったブッダ」としての仏伝を考察の対象とする。というわけで、以下に紹介する仏伝は、「歴史を作ったブッダ」でなく、「歴史が作ったブッダ[16]」としての仏伝であることを断っておく。

(1) 燃灯仏授記

ブッダ自身が輪廻に関して否定的な態度をとっていた可能性を並川［2005］は指摘しているが[17]、仏滅後、仏教は輪廻を前提とした教理の体系化や経典の編纂へと積極的に踏みだし、この流れに連動することで、釈尊の覚りの神格化は釈尊の過去物語を創出した。つまり、釈尊の覚りは今生の六年間の修行のみによって成就されたのではなく、数かぎりない過去世での修行を資糧としてはじめて可能になったと考えられるようになったのである。これが「ジャータカ」と呼ばれるもので、パーリのジャータカは全部で五四七話が存在する。

このように数多くの過去世物語が作られ、あるときには人として、またあるときには動物として、釈尊は布施等の様々な行を実践してきたと説かれるようになったが、その数が膨らむにつれ、その起源、つまりこのような数多の修行のはじまりはいつであったかが問題視されるようになった。こうして考えだされたのが、燃灯仏授記の話である。[18] ここではパーリの伝承（Ja i 2.13 ff.）から紹介しよう。

はるか遠い昔、スメーダというバラモンが住んでいた。彼は世俗の生活を捨てると、生老病死を超越した境地を求め、ヒマラヤ山麓で出家の生活に入る。修行の甲斐あって彼が神通力を体得し、瞑想の楽しみを享受して時を過ごしていたとき、燃灯仏が世に出現し、大勢の弟子たちを引き連れて都に赴いた。そのことを知ったスメーダは、仏に対して身体による奉仕をしようと意を決し、泥濘に自分の解いた髪を敷くと、その上を燃灯仏が通られることを望んだ。そのとき、スメーダはつぎのような思いを抱き、仏になる決意を固める。

大地に臥せる我に、かく思念は生じたり。〈望まば、我は今〔直ちに〕我が煩悩を焼き尽くすことを得ん。しかるに、その姿誰にも知られず、我は法を証得して如何せん。一切知性を獲得し、神を含める〔この世〕において、我は仏とならん。力を誇示し、我独り〔彼岸に〕渡りて如何せん。一切知性を獲得し、我は神を含める〔この世の〕人を〔彼岸に〕渡さん。[19] 力を示し、この奉仕によりて、我は一切知性を獲得し、多くの人を〔彼岸に〕渡さん。輪廻の流れを断ち切り、三有を滅ぼし、法の舟に乗りて、我は神を含める〔この世の〕人を〔彼岸に〕渡さん〉と。（Ja i 14.6–15）

燃灯仏はその手前で立ち止まり、「将来、彼はガウタマという名の仏になるだろう」と予言した。これが釈尊の修行の起点となり、それ以降、今生において菩提樹の下で覚りを開き、仏になるまで、菩薩[20]としての修行の生活がはじまる。これが燃灯仏授記の物語の概要である。

(2) 梵天勧請

これ以降は、Vin. の「大品」の記述によりながら、内容を概観していく。ブッダは菩提樹の下で覚りを開き、七日間、結跏趺坐して解脱の楽を享受する。その後、アジャパーラ榕樹、ムチャリンダ榕樹、ラージャーヤタ榕樹、そしてアジャパーラ榕樹のもとで、それぞれ七日間、ブッダは解脱の楽を享受するが、そのとき、ブッダにつぎのような思いが心に生じた。

〈苦労して獲得せし〔法〕を、今、説くべき要は我になし。貪と瞋に敗れし者等の、この法を覚ること極めて難し。〔この法〕は〔世間の〕流れに逆らい、微妙かつ微細、深遠にして見難し。貪を喜び、暗闇に覆われし者等は見るを得ず〉（Vin. i 5.8–11）

そこに梵天が現れて、ブッダに説法を懇願する。

「嘗てマガダに現れしは、垢穢ある者等の思念せる不浄法なりき。その甘露の門を開き、垢穢を離れし者の覚りたる法を聞かしめ給え。山頂の巌に立ちて普く群衆を見わたすが如く、賢明なる者よ、普眼を具えし〔貴方〕は法より成る楼閣に昇り、憂いを離れし〔貴方〕は、憂いに沈潜し、生・老〔・死〕に押し倒されし群衆を凝視し給え。勇者よ、戦勝者よ、立ち給え。隊商主よ、負債なき方よ、世間を闊歩し給え。大徳よ、世尊は法を説き給え。〔法を〕了知する者あらん」（Vin. i 5.29–6.4）

この勧請が三度にまで及んだので、ブッダは説法を決意し、つぎのような偈を述べる。

「彼らに甘露の門は開かれたり。耳ある者等は〔邪〕信を捨てよ。梵天よ、我は人々の悩乱を想い〔煩い〕て、微妙なる正法を説かざりき」(Vin. i 7.4–7)

これが梵天勧請の概要である。

(3) 初転法輪

ブッダはヴァーラーナシーの鹿野苑に行って、[21] 五比丘に対し最初の説法を行う。まずブッダは不苦不楽の中道、つづいてその具体的内容である八正道を説く。順次その内容を示すと、つぎのとおり。

「比丘たちよ、出家者は二つの極端に親近してはならない。どの二つか。一つは、欲望の対象に対して愛欲や快楽を専らにすることであるが、これは劣り、卑しく、俗であり聖ではなく、〔いかなる〕利も伴わない。もう一つは、自虐を専らにすることであるが、これは〔ただの〕苦であり、聖ではなく、〔いかなる〕利も伴わない。比丘たちよ、如来〔私〕はこの二つの極端に近づくことなく、中道を正覚した。これが〔我等の〕眼となり智となって、〔心の〕寂静・証知・正覚・涅槃の役に立つのである。比丘たちよ、如来が正覚し、〔我等の〕眼となり智となって、〔心の〕寂静・証知・正覚・涅槃の役に立つ中道とはどれか。それは八支より成る聖道である。すなわち、正見・正思・正語・正業・正命・正精進・正念・正定である。比丘たちよ、これが〔我等の〕眼となり智となって、〔心の〕寂静・証知・正覚・涅槃の役に立つ中道である」(Vin. i 10.10–25)

そして最後に三転十二行相を以て四聖諦を説示し、最初の説法が終わる。

⑷カウンディンニャを初めとする五比丘の覚り

この説法を聞いていた五比丘は歓喜して、ブッダの説法を信受したが、最初に「生じる性質のものは、滅びる性質のものである」と知って、カウンディンニャに遠塵離垢の法眼が生じた。そこでカウンディンニャはブッダに対して出家を申しで、具足戒を授けてくれるよう懇願する。そこでブッダは彼の出家を認め、梵行を修するようにいう。

この後、ヴァーシュパ、バドリカ、マハーナーマン、アシュヴァジットが、カウンディンニャと同様に法眼を生じて、ブッダに出家を申しで、具足戒を受けて比丘となった。そして最後につぎのような表現が見られる。

世尊がこう言われると、心を喜ばせた五人衆の比丘は、世尊が説かれたことに歓喜した。〔世尊が教えを〕このように説明されていたとき、五人衆の比丘の取著はなくなり、諸漏より心は解脱した。そのとき、世間に阿羅漢は六人となったのである（cha loke arahanto honti)。（Vin. i 14.32–37)

この表現から、ブッダはもちろん、カウンディンニャを初めとする五比丘が全員、阿羅漢となったことがわかる。

⑸ヤシャスの出家と三〇人の友人の教化

つづいて、仏伝はヴァーラーナシーの長者の子ヤシャスの出家を語る。ブッダと同様に、ヤシャスも夜中に侍女の醜態を見て嫌悪感を抱くや家を飛びだし、ブッダのもとに近づくと、ブッダは彼に四聖諦の法を説く。一方、ヤシャスがいないことに気づいた父は彼を捜してブッダのもとに赴くと、神通力でヤシャスの姿を隠し、彼の父に四聖諦の法を説く。これにより父は法眼を生じて優婆塞となったが、ブッダが父に説法している間に、ヤシャスは諸漏より解脱したので、ブッダは彼が解脱した以上、還俗して在家者の生活はできないと考え、[22]父を説得して彼の出家を認めさせた。こうしてヤシャスはブッダに出家を願いでて、晴れて比丘となる。そして最後に「そのとき、世間に阿羅漢は七人となった（satta loke arahanto honti）」（Vin. i 18.2）とあるとおり、彼も阿羅漢になったと説かれる。

またこの後、ヤシャスの友人四人も彼にしたがって出家し、彼らも阿羅漢になったので、「そのとき、世間に阿羅漢は一一人となった（ekādasa loke arahanto honti）」（Vin. i 19.37）と説かれる。またさらに、ヤシャスの五〇人の友人がヤシャスの後を追って出家し、阿羅漢となったので、「そのとき、世間に阿羅漢は六一人となった（ekasaṭṭhi loke arahanto honti）」（Vin. i 20.34–35）ことになる。

この後、ブッダはヴァーラーナシーからウルヴィルヴァー村に向う途中、三〇人の友人たちが妻を連れて森で遊んでいた。そのうちの一人には妻がなかったので、遊女を連れていたが、彼らが遊びに夢中になっているときに、その遊女は彼らの財物を持って逃げてしまった。そこで躍起になってその遊女を捜し回っている彼らにブッダはその理由を尋ねると、彼らは事の次第を説明した。すると、彼らはブッダに「婦女を求めるのと、自己を求めるのと、どちらが優れているかね」と尋ねられ、すっかりブッダに教化されてしまう。ブッダは彼らに説法し、彼らを出家させてしまった。

⑹ウルヴィルヴァー・カーシャパとその弟子の教化および弟二人の教化

つづいて、Vin. の仏伝はカーシャパ三兄弟の教化譚を載せる。ブッダは遊行しながら、ウルヴィルヴァー村に到着し、そこで弁髪外道のウルヴィルヴァー・カーシャパに彼の拝火堂での宿泊を請うと、「拝火堂に住む毒龍に害されなければ」という条件つきで彼はブッダに宿泊を許した。ブッダは神通力で見事にその毒龍を退治して鉢の中に収めたり、また他にも様々な神変を行使して、ウルヴィルヴァー・カーシャパを教化する。彼は出家して仏弟子となり、また彼の五〇〇人の弟子も出家した。

その後、次兄のナディー・カーシャパも三〇〇人の弟子と共に、また末弟のガヤー・カーシャパも二〇〇人の弟子と共に出家し、ここで一挙に一〇〇〇人の弟子を獲得した。そして最後に、「〔世尊が教えを〕このように説明されていたとき、一〇〇〇人の比丘の取著はなくなり、諸漏より心は解脱したのである（tassa bhikkhusahassassa anupādāya āsavehi cittāni vimucciṃsu）」（Vin. i 35.11–12）と記され、「阿羅漢」という表現こそないが、彼らは皆、阿羅漢になったと考えられる。

⑺シャーリプトラとマウドガリヤーヤナの帰仏

シャーリプトラとマウドガリヤーヤナは、六師外道の一人であるサンジャヤの弟子であった。二人は師匠サンジャヤの説に満足せず、もしも二人のうちのどちらかが真の師匠を見つけたら、他方にかならず知らせると約束して遊行をする。あるとき、シャーリプトラが五比丘の一人アシュヴァジットと出会い、その容姿がただならないのを察知すると、彼の師匠が誰で、またどのような教えを説いているかを尋ねた。アシュヴァジットは、まだ出家して日が浅いからと断りながらも、釈尊の教えをつぎのような偈頌で説く。

「諸法は因より生ず。如来は〔諸法〕の因を説けり。大沙門は同様にその滅をも説けり」(Vin. i 40.28–29)

シャーリプトラはそれを聞いて法眼を獲得した。自分の進むべき方向を見いだしたシャーリプトラは、早速マウドガリヤーヤナのもとに行って事の次第を話すと、彼もそれを聞いて法眼を獲得する。こうして二人ともブッダを師とすることを決め、サンジャヤに引き留められたが意を翻さず、サンジャヤの弟子二五〇人を引き連れてブッダのもとに向う。そしてブッダに出家を願いでると、許可されて比丘となる。

なおここでは、彼らが阿羅漢になったとは明記されていないが、ブッダのもとにやってくるときの二人はすでに「無上にして甚深なる知の対象に関して、執着を滅尽し解脱した(gambhīre ñāṇavisaye anuttare upadhisaṃkhaye vimutte anuppatte)」(Vin. i 42.33–34)と表現され、またブッダから「二人は我が双璧の声聞となり、最上の勝れた二人組となるだろう(etaṃ me sāvakayugaṃ bhavissati aggaṃ bhaddayugan)」(Vin. i 42.32–33)と予言されているので、二人が阿羅漢になったと考えられていたことは間違いない。成立は遅れるが、別のパーリ資料には「マハーマウドガリヤーヤナは七日で、またシャーリプトラ長老は半月で、阿羅漢性を獲得した(mahāmoggallāno sattāhena arahattaṃ pāpuṇi sāriputtatthero addhamāsena)」(Ja i 85.21–22)と説かれてもいる。(23)

⑻カピラヴァストゥ帰郷

Vin. の「大品」に見られる仏伝はシャーリプトラとマウドガリヤーヤナの帰仏を説いた後、きわめて簡略にしかカピラヴァストゥ帰郷に言及しない。それは、実子ラーフラの出家に関連する、以下のような記述である（Vin. i 82.1 ff.）。

あるとき、ブッダはラージャグリハからカピラヴァストゥに向かい、父王シュッドーダナのもとに赴くと、ラーフラの母（ヤショーダラー）はラーフラに「あの方はお前の父だ。行って余財をもらってきなさい」と告げる。ラーフラはいわれたとおりにすると、ブッダはシャーリプトラにラーフラを出家させるように命ずる。この後、出家の作法（髪と髭を剃り落とさせ、袈裟衣をまとわせ、右肩を肌脱がせ、比丘の足を礼拝させ、蹲踞し合掌させて、三帰依を三回唱えさせる）がブッダによって説明され、それにしたがってシャーリプトラはラーフラを出家させる。その後、身内の者の出家は非常に辛いので、父母の許可を得ていない子を出家させないでほしいとシュッドーダナ王がブッダに伝えると、ブッダは「父母の許可を得ていない子を出家させてはならない。出家させた場合は悪作に堕す」と規則を制定した。

以上、Vin. の「大品」にはカピラヴァストゥ帰郷に関してこれだけしか説かれないので、もうすこし、その事情を詳しく伝えるパーリ資料の Ja、それにインド原典のある Mv. と MSV 破僧事によりながら、その内容を紹介しよう。まずは Ja（i 85.24 ff.）の記述である。

息子に会いたくなった父王シュッドーダナは一〇〇〇人の従者を付けて大臣をブッダのもとに送り、カピラヴァストゥに招待しようとするが、彼らはブッダの説法を聞いて出家し、王の命令を果たせなかった。同じことが九度も繰り返され、ついに王はブッダの幼友カーローダーインを使者に選んだ。

彼は出家することを条件に王の命令を受ける。彼はブッダのもとで聞法し、阿羅漢性を作証したため出家してしまう。後に、彼の計らいで帰郷を決意し、カピラヴァストゥに戻ったブッダは、気位の高いシャーキャ族の者たちを神変で教化した。また托鉢する中で父王や妻ヤショーダラーと再会を果たすと、ブッダは異母弟ナンダや実子ラーフラを出家させてしまう。

つぎにMv.（iii 90.11 ff.）[24]の記述を紹介する。父王はカピラヴァストゥにブッダを招待しようとチャンダカとウダーインを派遣するが、二人はブッダのもとで出家してしまい、王の願いは果たされなかった。そこで、もとカピラヴァストゥの住人だった神が帰郷を勧めたので、ブッダは故郷に戻り、ニヤグローダ園に留まる。気位の高いシャーキャ族の者たちを、ブッダは神変を行使して教化する。ブッダの出家が原因で盲目になっていたマハープラジャーパティーは、その神変によってブッダの体から流れでた水で視力を回復した。

シュッドーダナはシャーキャ族の各家から一人ずつ誰かを出家させるように命じ、デーヴァダッタやアニルッダをはじめとする五〇〇人の釈子たちが出家した。ウパーリンはブッダの髪を剃ったことが縁で出家し、ラーフラも家族の反対を押し切って出家を決意すると、シャーリプトラが彼を出家させた。ヤショーダラーは美しく着飾り、糖菓で誘惑しブッダを還俗させようとしたが、ブッダは残された王宮の者たちに説法して立ち去った。

最後に破僧事（MSV vi 187.28 ff.）の記述を見てみよう。ブッダは故郷カピラヴァストゥに遊行に出かけると、入城にさいして高慢なシャーキャ族の者たちを神変で教化し、父王シュッドーダナからニヤグローダ園の寄進を受けた。その後、シャーキャ族の者たちは一家から一人の出家者を出すことになり、シュッドーダナ王はその出家者の髪をウパーリンに剃髪させたが、シャーリプトラの計らいでウパーリンも出家した。この後、シャーキャ族の王バドリカがウパーリンの両足を礼拝すると、大地は六種に震動した。そして、いくつかの過去物語が説かれた後、破僧事（MSV vii 32.4 ff.）はラーフラの出家に言及する。一方、ヤショーダラーはブッダを還俗させようと糖菓で誘惑しようとしたが失敗する。

(9)デーヴァダッタの破僧（あるいは悪事）

これについては、まずVin.（ii 180.3 ff.）の「破僧犍度」の用例を紹介する。シャーキャ族からも、ウパーリン、バドリカ、アニルッダ、アーナンダ、デーヴァダッタ等が出家したが、デーヴァダッタはアジャータシャトルに取り入り、「お前は父を殺して王になれ。私は世尊を殺して仏となろう」と教唆した。それを知ったビンビサーラ王はアジャータシャトルに王位を譲った。王となったアジャータシャトルに、デーヴァダッタは刺客を送ってブッダ殺害を命じる。しかし刺客はブッダに次々に教化され、優婆塞となる。

つぎにデーヴァダッタは自らブッダの命を奪おうとしてグリドラクータ山から岩を落としたり(25)、凶暴な象ナーラーギリを放ったが、失敗に終わる。そこで彼はブッダに五事(26)を提案したが、それが受け入れられなかったので、コーカーリカ等の五〇〇人の比丘をつれて僧伽を分裂させてしまった。その後、比丘たちはデーヴァダッタの知らない間にシャーリプトラとマウドガリヤーヤナに連れ戻された。それをコーカーリカから知らされたデーヴァダッタは、熱い血を吐いて死んでしまう。ブッダはデーヴァダッタが地獄に堕ちて一劫は救われないと予言する。

つづいて、破僧自体をテーマとする破僧事（MSV vii 167.30 ff.）の内容を紹介する。大筋では Vin. と共通するが、五事の主張が破僧の後になされる点が他の律と大きく異なる。[27] すなわち、MSV 破僧事では、石を落とし、象を放つという悪事の後に破僧を企て、その後で五事を主張している。またヤショーダラーを陵辱しようとしたが彼女に軽蔑され、自暴自棄になったデーヴァダッタは爪に毒を塗ってブッダ殺害を謀るも、自らその毒に中って死亡する。しかし、死ぬ直前に心の底からブッダに帰依したので、ブッダは「彼が阿鼻大地獄に一劫留まった後、独覚になるだろう」と予言する。その後、シャーリプトラとマウドガリヤーヤナが地獄を訪問し、デーヴァダッタの様子を見聞して比丘たちに報告するという流れになっている。

⑽涅槃

体系的な仏伝において、ブッダの入滅までを記す資料が『仏所行讃』と『仏本行経』の二つのみであることは、さきほど提示した一覧表で確認でき、意外に少ない印象を受けるが、おそらくそれは涅槃経の存在が深く関与しており、[28] 入滅間際の出来事については涅槃経に、という棲み分けができていたのかもしれない。よって、ここでは DN（ii 102.2 ff.）の涅槃経によりながら、その内容をたどることにするが、これは人口に膾炙した話であるし、また長編でもあるため、法華経を考える上でポイントになる「如来の寿命」に言及する話を中心に見ていく。

ブッダはアーナンダを侍者として、ラージャグリハから故郷のカピラヴァストゥに向けて最後の旅をするが、その途中、ヴァイシャーリーでチャーパーラ廟に行くと、アーナンダに「アーナンダよ、望むならば、如来は一劫でも、この世に留まるであろうし、あるいはそれより長い間でも留まることができるであろう」と三度告げたが、アーナンダはマーラに取り憑かれていたために、「世尊よ、師はどうか一劫の間[29]、この世に留まってください。世尊はどうか命のあるかぎり、この世に留まってください。多くの人々の利益のために、多くの人々の幸福のために、世間の人々を憐愍せんがために、神々と人々の利益と幸福のために」と懇願しなかった。このために、ブッダはマーラの勧めを受け入れて入滅を決意したという。

そしてこの後、鍛冶工チュンダの施食を受けて激痛に見舞われ、「すべては過ぎ去る。怠ることなくつとめ励みなさい」という言葉を遺言とし、ついにクシナガラで般涅槃すると、遺体は荼毘に付されて遺骨は八分され、これが仏塔を誕生させる契機となったのである。

⑾拡大する仏伝

ここではすこし先走って、燃灯仏授記から仏伝を説き起こしたが、歴史的に見れば、仏伝がブッダの誕生以前と入滅以後に拡大されるのは後代のことであり、すでに指摘したように、仏伝の祖型はVin. の「大品」に見られるような、成道からシャーリプトラとマウドガリヤーヤナの帰仏譚までであったと考えられる。これに誕生から成道までと、また資料によっては涅槃に関連する記述を付加して、後代の仏伝資料は成立するわけであるが、ブッダの神格化に伴い、仏伝は誕生以前と入滅以後にも拡大することになった。まず最初の方向はブッダ誕生以前の過去に向かって進行する。

すでに並川〔2005: 109–129〕の指摘を紹介したように、仏典を古く遡れば遡るほど、輪廻に対する態度は否定的になるものの、仏滅後、仏教は輪廻を前提とした教理の体系化や経典の編纂へと積極的に踏みだす。そして、この流れに連動することで、ブッダの覚りの神格化はブッダの過去物語を産出した。つまり、ブッダの覚りは今生の六年間の修行だけがもたらしたのではなく、過去世における数多の修行があってはじめて可能になったと考えられるようになったのである。これが「ジャータカ」と呼ばれるブッダの本生話であり、その起点が燃灯仏授記であることはすでに述べた。

また仏伝はブッダ入滅後の未来に向かっても進行していく。輪廻を超越したブッダの生涯が死後の未来に続くというのは奇異に聞こえるかもしれない。これは正法・像法・末法という仏教の終末論と関連づけて説かれるもので、Strong〔2001: 146–148, 2004: 221–226〕によれば、末法の世、未来仏マイトレーヤ（弥勒）の出現に先だって、世界に散逸したブッダの聖遺物である遺骨がブッダガヤに集結して三十二相八十種好を具えたブッダの像を結び、空中で双神変を現じて般涅槃することを伝える資料があるという[30]。このように、仏伝は今生の誕生と入滅という枠を超えて拡大していくのである。

以上、簡単ではあるが、パーリ資料を中心として、燃灯仏授記、および成道から入滅までのブッダの生涯を概観した。では、これらの出来事が法華経ではどのように説かれているのであろうか。節を改めて詳しく考察してみよう。

四　主要な仏弟子の成阿羅漢伝承

本書では「法華経は仏伝に基づいている」という仮説を立て、それを論証していくのであるが、何故、仏伝を意識しているかというと、法華経は「成阿羅漢から成仏へ」と従来の仏伝（仏教史）を刷新する使命、すなわち「阿羅漢を成仏させること」を担って編纂されていると考えるからである。[31]とすれば、法華経において成仏の授記を受ける者が、旧来の仏教で阿羅漢になっていたことを確かめる必要がある。ではこの点を、すでに紹介した仏伝資料（ここで紹介する順番も基本的に本章「二　仏伝の諸資料」にしたがう）およびそれ以外の資料に基づきながら確認してみよう。[32]カウンディンニャは自明すぎるので省略するが、その他の仏弟子に関しては、当然すぎる場合もあえてこの確認作業を行う。

(1)シャーリプトラ

Vin.「大品」は彼をマウドガリヤーヤナと並んで「双璧最上の比丘」と予言しているが、成阿羅漢を明記した記述はない。『五分律』「授戒法」では、彼が出家しようとしてやってくるのを見て、彼が将来「智慧無量」（T. 1421, xxii 110c1）たることをブッダは宣言し、ブッダは説法した後、彼に「善来比丘。於我法中修行梵行。得尽苦源」（ibid., 110c4–5）と述べているが、成阿羅漢を明記する記述はない。また『四分律』「受戒揵度」も『五分律』同様、出家する前にブッダは彼に「智慧無量無上得二解脱」（T. 1428, xxii 799a22–23）と述べているが、成阿羅漢は明記されていない。しかし「得尽苦源」や「解脱」

といった阿羅漢の属性を示す表現は散見する。

MSV 破僧事も彼の成阿羅漢を明記しないが、『根本説一切有部毘奈耶破僧事』は「乃至舎利弗目揵連出家。得阿羅漢道」（T. 1450, xxiv 138b16–17）とする。MSV 破僧事はシャーリプトラの出家譚が省略されているので、『根本説一切有部毘奈耶出家事』を参照すると、過去物語の導入部分に「時具寿舎利子。断諸煩悩。証阿羅漢果」（T. 1444, xxiii 1028c17–18）とあり、シャーリプトラが阿羅漢になったことを明記する。

Mv. は「シャーリプトラとマウドガリヤーヤナとを上首とする五〇〇人の比丘は皆、諸漏より自由になって、心が解脱した。（中略）また同志シャーリプトラは出家して半月し、具足戒を受けて半月すると、神通力を自在に使える〔力〕と智慧の完成を獲得し、四無礙解を証得した」（iii 66.17–67.5）とし、成阿羅漢を暗示している。『十二遊経』は「舎利弗七日得阿羅漢」（T. 195, iv 147a24）、『中本起経』は「逮得羅漢」（T. 196, iv 154a19）とし、成阿羅漢を明記する。『修行本起経』は覚りの場面で話が終わっているし、また『異出菩薩本起経』は三道人（三迦葉）の帰仏までしか話がないので、いずれも確認ができない。これに対し、『過去現在因果経』には「得阿羅漢果」（T. 189, iii 653a2–3）の記述が見られる。

『仏本行集経』は「優波低沙。従出家後。始経半月。尽諸結漏。現神通力。及得神通智波羅蜜。証羅漢果」（T. 190, iii 878a25–27）とし、成阿羅漢を明記する。『太子瑞応本起経』は三迦葉の帰仏までしか話がないので、確認できない。Nidānakathā は「長老シャーリプトラは〔出家後〕半月で阿羅漢果を獲得した」（Ja i 85.22）とする。

LVは初転法輪までしか説かないので、この点が確認できないが、その漢訳『普曜経』は「漏尽意解得無著果」(T. 186, iii 534a22) とし、『方広大荘厳経』も「漏尽意解得阿羅漢」(T. 187, iii 613c29–614a1) とし、成阿羅漢を明記する。BCは成道以降の写本が欠損し、確認できないが、その漢訳の『仏所行讃』は「皆得羅漢道」(T. 192, iv 33c21) とする。『仏本行経』も「憂婆替即時(中略)俱逮羅漢果」(T. 193, iv 81b24–29) とする。『僧伽羅刹所集経』には成阿羅漢の記述がないが、「於彼而般涅槃」(T. 194, iv 142b10) とあり、彼は涅槃しているので、阿羅漢になっていたと考えてよい。

以上、かなりの資料が彼の成阿羅漢に言及しているので、当時、彼が阿羅漢とみなされていたことは明白である。なお、彼の成阿羅漢伝承で興味深いのは、つぎにとりあげるマウドガリヤーヤナとの対比である。つまり、資料によってどちらがさきに阿羅漢になったかが異なるのである。

ここで見てきたように、シャーリプトラが阿羅漢になったのは、出家後、一週間とする資料と二週間(半月)とする資料とに分かれ、一週間とする資料ではシャーリプトラの方がさきに阿羅漢になっているが、二週間(半月)とする資料はマウドガリヤーヤナがさきに阿羅漢になったと説いている。この違いが何を意味しているかは、ここでの主題ではないのでこれ以上立ち入らないが、興味をそそられる問題である。

(2) マウドガリヤーヤナ

彼はシャーリプトラと一対なので、阿羅漢になった順番に関しては各資料間で相違が見られるが、基本的な傾向はシャーリプトラと同じである。Vin.「大品」は彼をシャーリプトラと並んで「双璧最上の比丘」と予言しているが、成阿羅漢は明記されていない。『五分律』「授戒法」では、ブッダは彼が出家しようとしてやってくるのを見て、「神足第一」(T. 1421, xxii 110c1) たることを宣言し、説法した後、彼に「善来比丘。於我法中修行梵行。得尽苦源」(ibid., 110c4-5) と述べているが、成阿羅漢には触れない。また『四分律』「受戒揵度」も『五分律』同様、出家する前にブッダは彼に「智慧無量無上得二解脱」(T. 1428, xxii 799a22-23) と述べているが、成阿羅漢は明記されていない。しかし、シャーリプトラと同じように、「得尽苦源」や「解脱」といった阿羅漢の属性を示す表現は見られる。

MSV 破僧事も彼の成阿羅漢を明記しないが、『根本説一切有部毘奈耶破僧事』は「乃至舎利弗目揵連出家。得阿羅漢道」(T. 1450, xxiv 138b16-17) とする。MSV 破僧事はマウドガリヤーヤナの出家譚が省略されているので、『根本説一切有部毘奈耶出家事』を参照すると、彼を「神通第一」(T. 1444, xxiii 1030a12, b3, 7-8) と表現する箇所は散見するが、シャーリプトラの場合のように、成阿羅漢を明言する箇所は見あたらない。

Mv. は「シャーリプトラとマウドガリヤーヤナとを上首とする五〇〇人の比丘は皆、諸漏より自由になって、心が解脱した。同志マハーマウドガリヤーヤナは、具足戒を受けて一週間すると、神通による力と神通を自在に使える〔力〕を獲得し、四無礙解を証得した。(中略) また、同志マウドガリヤーヤナは、出家してから久しからずして、具足戒を受けてから久しからずして、天眼・宿住・漏尽という三明を証得したのである」(iii 66.17-67.6) とし、成阿羅漢を暗示している。

『十二遊経』は「目連以十五日得阿羅漢」(T. 195, iv 147a24-25) とし、『中本起経』は「逮得羅漢」(T. 196, iv 154a19) とし、成阿羅漢を明記する。『修行本起経』は覚りの場面で話が終わっているし、また

『異出菩薩本起経』は三道人（三迦葉）の帰仏までしか話がないので、いずれも確認ができない。一方、『過去現在因果経』には「得阿羅漢果」（T. 189, iii 653a2–3）の記述が見られる。

『仏本行集経』は「時拘離多。止経七日。即尽結漏。現神通力。及得神通智波羅蜜。証羅漢果」（T. 190, iii 878a27–29）とし、成阿羅漢に言及する。『太子瑞応本起経』は三迦葉の帰仏までしか話がないので、確認できない。Nidānakathā（Ja i 85.21–22）は「マハーマウドガリヤーヤナは〔出家後〕七日で阿羅漢果を獲得した」とする。

LV は初転法輪までしか説かないので、この点が確認できないが、その漢訳の『普曜経』は「漏尽意解。所作已辦成無著果」（T. 186, iii 534b14–15）とし、『方広大荘厳経』も「漏尽意解得阿羅漢」（T. 187, iii 614a16–17）とし、成阿羅漢を明記する。BC は成道以降の写本が欠損し、確認できないが、その漢訳の『仏所行讃』は「皆得羅漢道」（T. 192, iv 33c21）とする。『仏本行経』も「因為目犍連（中略）倶逮羅漢果」（T. 193, iv 81b25–29）とする。『僧伽羅刹所集経』（T. 194, iv 142b）には成阿羅漢の記述は見られない。

以上、マウドガリヤーヤナの成阿羅漢伝承を整理したが、彼に関しても多くの資料が阿羅漢になったことを伝えているので、当時、彼が阿羅漢とみなされていたと考えて大過ない。なお、シャーリプトラのところで指摘したように、二人のうち、どちらがさきに阿羅漢になったかについては、異なる二つの伝承があったので、ここで整理しておく。

シャーリプトラ　　　マウドガリヤーヤナ

Mv.	半月	七日
十二遊経	七日	半月
仏本行集経	半月	七日
Nidānakathā	半月	七日

こうしてまとめてみると、意外なことに、シャーリプトラがさきに阿羅漢になったと説く資料のほうが少ないことに気づく。[33]

(3) カーシャパ

カーシャパ以降、仏弟子の成阿羅漢は仏伝資料において、あまり説かれていない。ではMv.から見ていこう。Mv.には「マハーカーシャパ出家経」という章があるが、ここに彼の成阿羅漢伝承が見られ、カーシャパ自身がアーナンダに「同志アーナンダよ、世尊は私にこのような教示を以て教示された。八日間、私はなすべきことが残っている新参だったが、九日目に完全な智を獲得した」（iii 53.7–9）と語り、さらに「同志アーナンダよ、私の三明と六神通と力の自在性とは覆い隠せると考える人は、六〇歳の象でもターラ樹の葉で覆い隠せると考えるだろう」（iii 55.4–5）とも語っているので、彼は阿羅漢になっているとみてよい。

『過去現在因果経』は「于時迦葉聞此言已。即便見諦。乃至得於阿羅漢果」（T. 189, iii 653b7–9）とし、成阿羅漢を明記する。『仏本行集経』は「於時長老摩訶迦葉。既蒙世尊作是教已。生是不浄。常乞食食。経於七日。至於八日。如教生智」（T. 190, iii 866c6–8）とし、また彼の過去物語の導入部分にも「証羅漢果」（ibid., 868b1）とある。また『仏所行讃』は「大迦葉（中略）離苦則無余」（T. 192, iv 34a7–10）とし、『仏本行経』は「名曰薬樹生（中略）即時逮果証」（T. 193, iv 81c4–13）とするが、いずれも彼が阿羅漢になったことを暗示しているとみられる。

つぎに仏伝資料以外で、彼の成阿羅漢伝承を確認する。SN には、彼自身「友よ、私は七日間、煩悩を有していたが、信心より与えられた食を食し、八日目に智が生じた」（ii 221.1–2）[34]という記述が見られる。[35]また同じ SN の別の箇所では、「比丘等よ、私は漏を尽くして、無漏・心解脱・慧解脱をこの世で自ら知り、証得し、具足して、時を過ごしているが、比丘たちよ、カーシャパも漏を尽くして、無漏・心解脱・慧解脱をこの世で自ら知り、証得し、具足して、時を過ごしている」（ii 214.19–24）とブッダが述べる箇所がある。

つぎに『増一阿含経』であるが、ここには、マウドガリヤーヤナ・カーシャパ・アニルッダ・ピンドーラの四人の比丘が、吝嗇で仏教を信仰していない長者とその姉を教化する話が見られる。長者の婦人は仏教を信じていたので、夫である長者を諭し、カーシャパについて「其身捨此玉女之宝。出家学道今得阿羅漢恒行頭陀諸有頭陀之行具足法者。無有出尊迦葉上也。世尊亦説。我弟子中第一比丘頭陀行者。所謂大迦葉是」（T. 125, ii 647c2–6）と語る件がある。[36]

律文献に目を転じると、MSV 薬事および Divy. 第七章にはカーシャパの登場する話が見られるが、[37]ここでは彼が「阿羅漢としての知見」を働かせる記述（MSV i 83.5–6; Divy. 84.6–8）[38]が見られるので、彼は阿羅漢と考えられていたことがわかる。また『根本説一切有部苾芻尼毘奈耶』は「時迦摂波如是次

第。於八日中無所証獲。乞食自持。至第九日得阿羅漢果」（T. 1443, xxiii 912a1–3）とし、『毘尼母経』は「到一樹下端身繫念仏所説法七日七夜。至八日朝諸漏已尽三明六通具八解脱証阿羅漢果」（T. 1463, xxiv 804b15–17）とする。

こうして比較すると、彼が阿羅漢とみなされていたことは多くの資料で確認できるが、彼が阿羅漢になったのは、出家してから八日目とする資料と九日目とする資料が混在する。『雑阿含経』や『別訳雑阿含経』は説一切有部系と考えられるので、[39]『根本説一切有部苾芻尼毘奈耶』と同じく「九日目」説を採るが、『毘尼母経』はSNに一致し、「八日目」説の立場に立つ。『毘尼母経』の帰属部派については、まだ解明が進んでいないが、少なくともカーシャパの成阿羅漢伝承によるかぎり、『毘尼母経』は説一切有部ではなく、南方上座部の伝承に一致している。[40]

(4) スブーティ

彼が阿羅漢かどうかを確かめる記述はきわめて少ない。まずはTh.を参照する。Th.の第一偈はスブーティが説いたとされる偈頌だが、そこには「我が庵は〔よく〕葺かれ、風も入らず快適なり。天よ、意のままに雨を降らすべし。我が心はよく定まりて、解脱せり。我は正勤して時を過ごすなり。天よ、雨を降らすべし」（Th. 1）とあり、傍線部分に注目すれば、彼を阿羅漢とみなすことに問題はない。[41]

つぎにUd.の用例であるが、ここにはスブーティが無尋定に（avitakkaṃ samādhiṃ）入っているのを見て、ブッダが「尋は断たれ、内に残りなく、能く整えられ、執着を超えて色想なく、四軛を超えし人は〔再〕生に赴くことなし（na jātim eti）」（71.10–11）という自説の偈頌を説いている。一般に「尋（vitarka, vitakka）」が問題になるのは色界四禅においてであるが、それは伺（vicāra）とセットのことであり、尋単独で「無尋定」と説かれることが阿羅漢の属性とみなせるかどうかは判断できない[42]。ただブッダの自説の偈頌では、「尋は滅され」ということ以外にも様々な彼の属性が列挙されているので、それらを総合的に判断すれば、「再生に赴くことなし」、すなわち解脱している（つまり阿羅漢）とブッダがみなしたのかもしれない。

つぎに『増一阿含経』の用例を紹介する。ここでは、波遮旬（Pañcaśikha）が釈提桓因（Śakra）と共にスブーティを訪れ、「結尽永無余　諸念不錯乱　諸塵垢悉尽　願速従禅覚　心息渡有河　降魔度諸結　功徳如大海　願速従定起（後略）」（T. 125, ii 575b23–26）と彼を偈頌で称讃する。傍線部は彼が阿羅漢になっていることを暗示していると考えられる。最後にAp.の用例であるが、Ap.では定型表現となっている最後の偈頌に「四無礙解と八解脱、そして六神通を〔我は〕証得し、仏の教えを実践せり」（70.17–18）とあり、彼が阿羅漢とみなされていたことがわかる。

以上、資料は少なく、成阿羅漢を明言する用例もあまりなかったが、ここでとりあげた資料から、当時、彼が阿羅漢とみなされていたことは充分に窺える。

(5) カーティヤーヤナ

カーティヤーヤナ（あるいはカッチャーヤ〔ヤ〕ナ）という名で彼の成阿羅漢伝承を確認することは難しい。マハーカッチャーヤナは姓であり、実名はナラダ（あるいはナーラカ[43]）であると山辺［1984: 13］は

解説しているので、ここでもこれにしたがい、彼の成阿羅漢伝承を確認する。(44)

まずはJaの用例から検討する。ナラダ（あるいはナーラカ）は、誕生後のブッダに三十二相を見てとったアシタ仙の甥（あるいは弟子）として登場し、アシタ仙の勧めでブッダのもとに赴き、ブッダにしたがって道を修めるように指示すると、彼はそれにしたがい、出家して阿羅漢になるという話が見られ、「彼は最高なる正覚を得た如来のもとに赴き、「ナーラカの道」を〔世尊に〕語ってもらうと、再びヒマラヤ山に入り、阿羅漢性を獲得した。彼は勝れた行の実践者として、七ヶ月間、寿命を保持し、ある黄金の山に依止したまま、無余涅槃界に般涅槃した」（Ja i 55.25–29）と説かれている。

『五分律』も同様の話を伝えるが、問題の箇所には「摩納前礼仏足白仏言。世尊。願与我出家受具足戒。仏言。善来比丘。乃至鉢盂在手。亦如上説。出家未久。懃行不懈。得阿羅漢。爾時世間有六十二阿羅漢」（T. 1421, xxii 107a12–15）とある。『四分律』にも同様の話があり、「爾時那羅陀梵志。見法得法成就諸法自知得果証。前白仏言。唯然世尊。我今欲於如来所出家修梵行。仏言来比丘。於我法中快修梵行尽苦源。即名受具足戒。如先所見重観察已。有漏心解脱無礙解脱智生。時世間有一百一十一阿羅漢」（T. 1428, xxii 792b23–29）と説かれている。若干の相違は見られるが、彼を阿羅漢とする点では同じである。

つぎに『仏本行集経』であるが、ここには「是時長老那羅陀比丘。既出家已。具戒成就。（中略）而口唱言。生死已尽。梵行已立。所作已辦。更不受後有。如是了知。而彼長老。即成羅漢。心善解脱。慧善解脱。而那羅陀長老比丘。既得羅漢無著之果」（T. 190, iii 830a9–17）とある。また本章注（44）で紹介した『仏本行集経』には、説一切有部の説話としてマハーカーティヤーヤナのアヴァダーナが説かれているが、その導入となる比丘たちの質問に「善哉世尊。今此長老大迦旃延。往昔曾種何等善根。而今来詣仏世尊所。即得出家。受具足戒。証羅漢果。世尊復記。声聞衆中捷疾利智。略説広解。広言能略。最第一者。所謂即此大迦旃延比丘是也。我等願聞」（T. 190, iii 830c29–831a4）とあるので、彼が阿羅漢とみなされていたことがわかる。

(6)プールナ

彼の成阿羅漢伝承は仏伝資料には現れないので[45]、その他の資料によりながら確認作業を行う。まずはMSV 薬事（= Divy. 第二章）である。この部分に相当するインド原典は散逸しているので、ここでは、インド原典にその平行文が存在するDivy. 第二章の用例から紹介しよう。

本章は「プールナ・アヴァダーナ」という名前のとおり、プールナを主人公とするアヴァダーナである。現在物語の中で彼が阿羅漢になったことは明記されないが、彼の過去物語が説かれるきっかけとなる比丘たちの質問に「大徳よ、同志プールナは、いかなる業を為したがために、裕福で巨額の財産と巨大な資産を有する家に生まれたのですか。〔また〕いかなる業を為したがために、彼は奴隷女の胎内に生まれ、そして〔その後〕出家すると一切の煩悩を断じて阿羅漢果を証得したのですか」（Divy. 53.28–54.1）とあるので、プールナは阿羅漢とみなされている。

つづいてこのMSV 薬事（= Divy. 第二章）と一部パラレルをなすMN（no. 145）を紹介する。ここでは「そのとき〔シュローナーパラーンタカでの〕雨安居中、同志プールナは五〇〇人ほどの優婆塞たちを修行させ（中略）、その同じ雨安居中に三明を作証した。こうして、同志プールナは別の時に般涅槃したのである」(iii 269.25–29)とある。これに対応する漢訳で、説一切有部所伝とされる『雑阿含経』も「具足三明。即於彼処。入無余涅槃」(T. 99, ii 89c22–23)とし、MN と見事に一致する。[46] この他に『賢愚経』にも「時富那奇。於彼国中。勤修不懈。尽諸結使。心忽開解。獲無漏証」(T. 202, iv 395a2–4)とある。

仏伝資料には彼の成阿羅漢を伝える用例は確認できなかったが、以上の用例から南北両伝において彼が阿羅漢とみなされていたことがわかる。

(7) カウンディンニャ

カウンディンニャに関しては、すでに紹介した仏伝資料等で覚りを開いたことが明記され、また彼の成阿羅漢は仏教史の自明の理であるから、ここでは省略する。

(8) アーナンダ

アーナンダの成阿羅漢に関する記述は、Vin. の「大品」ではなく、「五百結集犍度」に見いだすことができる。ブッダの滅後、法と律との編纂会議である結集が開かれることになったときの描写に注目すると、「ときに同志アーナンダは〈明日、集会があるが、有学である私が集会に行くことはふさわしくない〉と考え、(中略)諸漏より〔彼の〕心は解脱した。そのとき、同志アーナンダは阿羅漢となって集会に行った」(Vin. ii 286.9–15)とあり、成阿羅漢を明記する。

つづいて北伝の広律を見てみよう。『五分律』「五百集法」によれば、阿羅漢でないため結集に参加することを許されなかったアーナンダは、結集の前夜「豁然漏尽」（T. 1421, xxii 190c17）し、それを、比丘たちがカーシャパに「阿難昨夜已得解脱」（ibid., 190c17–18）と報告している。[47] つぎに『四分律』「集法毘尼五百人」も「心得無漏解脱。此是阿難未曾有法。時阿難得阿羅漢已（後略）」（T. 1428, xxii 967a27–28）とし、彼の成阿羅漢を明言する。さらに『摩訶僧祇律』「明雑跋渠法」も、結集直前に「時尊者阿難勤加精進経行不懈欲尽有漏（中略）得尽有漏用太苦為（中略）得尽有漏。三明六通徳力自在」（T. 1425, xxii 491a29–b6）とし、「阿羅漢」という表現は見られないが、彼が阿羅漢になったことは明白である。

では、つぎに説一切有部の広律を検討する。まず『根本説一切有部毘奈耶雑事』「五百結集事」であるが、「断尽諸漏心得解脱。証阿羅漢果受解脱楽」（T. 1451, xxiv 406a16–17）とあり、ここでも結集直前に阿羅漢となっている。しかし、『十誦律』「五百比丘結集三蔵法品」では、カーシャパが結集を行うにあたって、五〇〇人の集法人のうち、アーナンダ一人だけが阿羅漢でなかったため、彼を特別に集法人に加えるために、「大徳僧聴。是阿難好善学人。仏説阿難多聞人中最第一。若僧時到僧忍聴。我等今当使阿難作集法人。如是白。大徳僧聴。是阿難好善学人。仏説阿難於多聞人中最第一。我等今当使阿難作集法人。誰諸長老忍阿難作集法人者黙然。誰不忍是長老説僧已。忍聴長老阿難作集法人竟。僧忍黙然故。是事如是持」（T. 1435, xxiii 447b20–27）というような羯磨を行っている。[48] こうして比較してみると、広律のうち『十誦律』だけが、結集にさいし、アーナンダを阿羅漢とみなしていないことになる。

広律以外の仏伝資料では『方広大荘厳経』「序品」に「如是我聞。一時仏在舎衛国。祇樹給孤独園。

与大比丘衆万二千人倶。皆是大阿羅漢。其名曰阿若憍陳如（中略）阿難。羅睺羅。如是衆所知識大阿羅漢等」（T. 187, iii 539a5–11）とあり、彼が阿羅漢として名を連ねている。[49]

(9) ラーフラ

つぎにブッダの実子ラーフラの成阿羅漢伝承を確認する。まず『五分律』であるが、さきほどのアーナンダの成阿羅漢伝承でとりあげた同じ箇所[50]に彼が阿羅漢として列挙されている。また説一切有部の MSV 破僧事は導入部分でシャーキャ族の家系を語るが、その家系の最後については、「マハーサンマタ〔にはじまる王〕の家系はラーフラに相続されたが、有をもたらす〔渇愛〕は断ち切られ、生〔死を繰り返す〕輪廻は尽き果てて、今や〔彼に〕後生は存在しない」（MSV vi 32.5–7）と綴られ[51]、間接的にではあるが、彼が阿羅漢とみなされていたことがわかる。また、仏伝資料ではないが、律文献の用例として『善見律毘婆沙』に「如羅睺羅髪落未竟便成羅漢」（T. 1462, xxiv 788b20–21）という記述が見られる。

つぎに『仏本行集経』は大衆部の説として「当爾之時。有善男子。皆悉獲得正信正見。何以故。並欲出家求無上道諸梵行故。利益現自証見法故。自証知已。口自唱言。諸漏已尽。梵行已立。所作已辦。不受後有。其羅睺羅。亦復如是。自証其心。得正解脱。世尊即記。告諸比丘。当知我之声聞弟子持戒之中。其羅睺羅。最為第一。此摩訶僧祇師作如是説」（T. 190, iii 908b26–c3）という記述を紹介する。また、さきほどアーナンダのところでとりあげた『方広大荘厳経』（T. 187, iii 539a5–11）に、アーナンダと並んでラーフラも阿羅漢として列挙されていた。

最後に、仏伝資料以外の用例を検討しておく。MNには「このような説明が〔世尊によって〕なされていたとき、同志ラーフラの心は取著なく、諸漏より解脱した」（iii 280.7–9; SN iv 107.28–30）という記述がある。また、これに対応する北伝資料『雑阿含経』は「爾時羅睺羅。受仏教已。独一静処。専精思惟。不放逸住。所以族姓子。剃除鬚髪。著袈裟衣。正信非家。出家学道。純修梵行。乃至見法。自知作証。我生已尽。梵行已立。所作已作。自知不受後有。成阿羅漢。心善解脱」（T. 99, ii 51c5–9）とし、ニカーヤに比べると記述は詳細であり、成阿羅漢も明記する。以上、南北両伝において、彼の成阿羅漢に関する伝承を確認した。

⑽マハープラジャーパティー

つづいて、比丘尼第一号のマハープラジャーパティーの用例を考察しよう。彼女の成阿羅漢を伝える資料は乏しく、仏伝資料では『中本起経』が「爾時大愛道。便受大戒。為比丘尼。奉行法律。遂得応真」（T. 196, iv 159a15–17）と説くのみであるが、傍線を施した「応真」はarhatとみなして問題ないと思われる。とすれば、彼女は阿羅漢と考えられていたといえる。

つぎに仏伝資料以外で彼女の成阿羅漢伝承を確認していく。Ja（no. 281）は現在物語の散文部分において「正等覚者が最上なる法輪を転じ、ヴァイシャーリーの重閣講堂で時を過ごされていたとき、マハープラジャーパティー・ガウタミーは五〇〇人のシャーキャ族の女性を連れてやってきて出家を乞い、出家すると具足戒を受けた。後に、この五〇〇人の比丘尼たちはナンダカの教誡を聞いて阿羅漢性を獲得した（arahattaṃ pāpuṇiṃsu）」（ii 392.12–16）と説き、彼女の成阿羅漢を明言する。[52] Thī（157–162）

には彼女の説いたとされる偈頌が見られるが、そのうち、第一五八偈には「妾は一切の苦を知り尽くし、〔その〕因たる渇愛を涸らし、八支聖道〔を実践し〕、寂滅を体得せり」、第一六〇偈には「妾は世尊に見えたり。これは〔我が〕最後の身なり。妾は生〔死を繰り返す〕輪廻を滅尽せり。今や〔妾に〕後生なし」とあり、彼女が覚りを開いたことを明記する。

つぎに北伝資料であるが、『増一阿含経』は「一時仏在毘舎離普会講堂所。与大比丘衆五百人倶。爾時大愛道遊於毘舎離城高台寺中。与大比丘尼衆五百人倶。皆是羅漢諸漏已尽」（T. 125, ii 821b23–26）とし、彼女を阿羅漢とみなしている[53]。最後に『根本説一切有部毘奈耶』であるが、ここではナンダカがマハープラジャーパティー・ガウタミーをはじめとする五〇〇人の比丘尼をよく教導したことについて、ブッダは「如是難鐸迦苾芻。為彼五百苾芻尼正教正誡。令得解脱至究竟処。若於今日而命終者。流転路絶不復受生。爾時世尊。記五百苾芻尼得阿羅漢果已。諸苾芻衆聞仏所説歓喜信受」（T. 1442, xxiii 794a13–17）と述べ、彼女たちが阿羅漢になったと説明している。

⑾ヤショーダラー

主要登場人物の最後として、ヤショーダラーの成阿羅漢伝承を考察する。この伝承にかぎっては、第五章で考察するように、法華経と部派との関係を探る上でもきわめて重要であるため、細心の注意を払う必要がある。そもそも彼女は出家したのかどうか、この点がまず問題となる。ここでは歴史的にみて彼女が出家したかどうかを問題にするのではなく、彼女の出家・成阿羅漢伝承が説話レベルでどのように伝えられていったかに注目しながら、考察を進めて行く。

ヤショーダラーという名前は北伝の仏教においては周知の事実だが、南伝の仏教では、比較的成立の遅い文献になってはじめて現れる。では彼女はパーリ文献において、どのように呼ばれていたのかというと、固有名詞ではないがRāhulamātā（ラーフラの母）という呼称が一般的であり、DPPN（s.v. Rāhulamātā）を参考にすると、Bhaddakaccā / Bimbādevī / Bimbāsundarī / Bimbāといった名前が列挙されている。ではこれらの名前を手がかりに、まずは彼女の出家譚から考察してみよう。比丘尼教団の成立に関して、水野［1972: 237］はつぎのように述べている。

「釈尊は叔母の願いを退け、安居を終わって南方ヴェーサーリー城外の大林精舎に住しておられた時、マハーパジャーパティーはラーフラの母を始めとする多くの釈迦族の女たちと共に、自ら髪を断ち、法衣を着けて、釈迦国からヴェーサーリーへと五十由旬（五百キロほど）を徒歩でやって来たので、足は腫れ塵にまみれ、大いに疲れて釈尊の居室の前に立って泣いていた」

この水野の指摘によれば、彼女は出家したことになるが、はたしてどうか。[54] この記述の元になったと考えられるVin.「比丘尼犍度」の記述を確かめてみよう。

世尊はその同じヴァイシャーリーにあるマハーヴァナの重閣講堂で時を過ごしておられた。ときにマハープラジャーパティー・ガウタミーは、髪を切り、袈裟衣を身にまとって、多くのシャーキャ族の女性とともに（sambahulāhi sākiyānīhi saddhiṃ）ヴァイシャーリーに向かい、次第してヴァイシャーリーにあるマハーヴァナの重閣講堂に近づいた。そのとき、マハープラジャーパティー・ガウタミーは、足を腫らし、体は塵まみれで、苦悩し、憂い、涙で顔をぬらし、泣きながら、門衛室の外に立っていた。（Vin. ii 253.22–29）

ここではマハープラジャーパティーとシャーキャ族の多くの女性に言及するだけで、ラーフラの母にはまったく触れていない。問題はこの「釈迦族の女性」の中に彼女が含まれていたかどうかである。含まれていた可能性は否定できないが、Vin. の記述を見るかぎり、彼女の名前は明確にはここにもこれ以降にも見いだせず、さらには彼女がマハープラジャーパティーと一緒に出家したという話はニカーヤには存在しない。この事実から、少なくとも Vin. やニカーヤが編纂された時代には、彼女が出家したとは考えられていなかったと推定される。この推定は、「ラーフラの母」（あるいはその他の固有名詞でも）の名が Thī に見いだせないことからも首肯されるであろう。

しかし、比較的成立の遅いパーリ文献になると、彼女は出家したとみなされるようになる。たとえば、さきほどマハープラジャーパティーの出家譚で紹介した Ja（no. 281）は、彼女とシャーキャ族の女性が出家を許された直後に、ラーフラの母（ここでは Bimbādevī と呼ばれている）も出家したことを説く。

師がシュラーヴァスティー郊外に〔身を〕寄せて時を過ごしておられたとき、王妃であるラーフラの母は、〈私の主人は出家して、一切知性を獲得した。息子も出家して彼のもとで暮らしている。私〔一人〕が家庭生活を送って何になろう。私もまた出家してシュラーヴァスティーに行き、正等覚者と息子とを常に見ながら時を過ごそう〉と考えた。彼女は比丘尼の住居に行くと出家した。（Ja ii 392.16–21）

これは散文で説かれているので、韻文に比べると、その成立は遅い。このほかにも Ja には彼女が Bimbāsundarī と呼ばれている用例があるが、これは彼女の出家譚とは関係ないので、ここでは省略する。

つづいて、Bhaddākaccā(nā) の用例を考察する。ある特定の能力に優れている比丘や比丘尼を列挙する箇所が AN にはあるが、Bhaddākaccā(nā) は比丘尼の中で神通力第一とされ[55]、注釈書である Mp（i 377.7–8）はこの Bhaddākaccā(nā) を Rāhulamātā であるとする[56]。これはあくまで後代のパーリ文献の記述であり、AN の成立時に Bhaddākaccā(nā) が Rāhulamātā とみなされていたかどうかは疑問の余地があるが、少なくとも AN の注釈書や Mhv によれば、彼女は出家して阿羅漢になったと考えられていたようだ。

AN の注釈書 Mp は、別の箇所でも Rāhulamātā の出家譚を伝えている。それによれば、マハープラジャーパティーの娘であるナンダーは、身内の者がすべて出家したので、自分も出家することを決意するが、その出家した身内として、ナンダ（夫）、ラーフラ（甥）、マハープラジャーパティー（母）、そしてラーフラマーター（義理の姉妹）に言及している[57]。これと同じ話は Dhp-a. にも見られるが、ここでナンダーが言及する身内の出家者は、ナンダ（夫）、ラーフラ（甥）、そしてマハープラジャーパティー（母）であり、ラーフラマーターの名前は出てこない[58]。

パーリ文献の最後として Ap. をとりあげる[59]。ここでは彼女が「比丘尼 Yasodharā」と呼ばれ、阿羅漢になっていることを暗示している。彼女に関しては八七の偈頌が説かれているが、そのうち、第八五偈と第八六偈に注目してみよう。これらはいずれも定型表現として Ap. に頻出するものである。

「妾の煩悩は焼き尽くされ、有は悉く滅尽せり。ナーガの如く結を断ち、妾は無漏にて住すなり。妾はよく〔この境地に〕到達せり。妾は仏の教えを実践し、仏の御前で三明を獲得す」（Ap. 590.27–28）

パーリ文献中、唯一 Ap. だけが彼女の名前を Yasodharā とし、また彼女が比丘尼であって阿羅漢となったことを暗示している。すでに見てきたように、四ニカーヤや Vin. は彼女を比丘尼とはみなさなかったが、成立の遅い文献になると、彼女の出家を認めるようになり、さらには Ap. の段階ではじめて、彼女の名前を Yasodharā とし、出家して阿羅漢になったと説くにいたる。

ではつぎに北伝の仏典に基づきながら、この点を確認してみよう。まずは『摩訶僧祇律』の用例に注目する。ここには「大愛道耶輸陀羅羅云出家。応此中広説」(T. 1425, xxii 365b21–22) とあり、彼女の出家を伝えるが、記述はこれだけであり、きわめて断片的である。またこれだけでは彼女が阿羅漢になったかどうかは確認できない。

つづいて Mv. の用例を見てみよう。成道後、ブッダが故郷に戻ったことを伝える資料があり、そのさい、妻のヤショーダラーは夫であるブッダを還俗させようと糖菓で誘惑するが、失敗に終わる話が見られる。しかし、Mv. の話はそれだけであり、彼女の出家には言及しない。一方、MSV 破僧事にも同様の話が存在するが、ここではこの糖菓による誘惑が彼女の出家譚に展開していく。まずは糖菓による誘惑に失敗したあたりから話を紹介しよう。

世尊が後宮で食事をして出ていかれたとき、絶望感に襲われたヤショーダラーは、夫の愛を取り戻せぬと知るや、高楼に登って身投げした。――諸仏・諸世尊は失念することがない。――世尊は彼女を神力で受け止めた。(MSV vii 40.20–23)

これからわかるように、誘惑に失敗した彼女は自殺を図っているが、ブッダは彼女を見事に救い、つぎのような話へと展開する。

〈今こそヤショーダラーを教化すべき時がきた。私は彼女を輪廻の険道から救いあげよう〉と世尊は考えられた。こう考えられると、彼女に四聖諦を洞察させる法を説かれ、それを聞いたヤショーダラーは二〇の峰が聳え立つ有身見の山を智の金剛で粉砕し、預流果を作証した。彼女は正しい信念を持って家持ちの生活から家なき状態へと出家し、—乃至— 阿羅漢となった（agārād anāgārikām pravrajitā yāvad arhantinī saṃvṛttā）のである。（MSV vii 41.21–26）

ここでとりあげる法華経を除けば、ヤショーダラーが出家して比丘尼となり、かつ阿羅漢になったと説く文献は、管見の及ぶかぎり、南方上座部の Ap. と MSV 破僧事だけである。ではどちらの伝承が古いといえるだろうか。あるいは両者の間に直接的影響関係は認められるであろうか。この問いに答えるには、彼女の名前に注目すれば充分であろう。

結論をさきにいえば、Ap. が MSV 破僧事の影響を受けたとみるほうがはるかに自然である[60]。なぜなら、北伝資料ではほぼ統一的に彼女の名前を「ヤショーダラー」としているのに対し、パーリ文献では、比較的後代の成立である Ap. にいたってはじめてこの名前が現れ、それ以前は、すでに指摘したように、様々な呼称で呼ばれていたからである[61]。とすれば、北伝の MSV 破僧事がオリジナルで、南伝の Ap. がそれに影響を受けたことになる。

五　副次的な仏弟子の成阿羅漢伝承

以上、法華経において成仏の記別を授かる主要な仏弟子の成阿羅漢伝承を見てきたが、五百弟子受記品［8］には、カウンディンニャの成仏授記に続き、カーシャパ三兄弟以下、一一人の仏弟子の実名をあげて、ブッダは成仏の記別を授けているので、副次的存在ではあるが、彼らの成阿羅漢伝承をもここで考察しておきたい。

(1) カーシャパ兄（および弟二人）

Vin.「大品」は、ブッダに教化されたカーシャパ三兄弟をはじめとする一〇〇〇人の弟子たちは、ガヤーシールシャ山でブッダによる「燃火の教え」を聞き、「その一〇〇〇人の比丘たちは取著なく、〔彼らの〕心は諸漏より解脱した」（i 35.11–12）と記し、成阿羅漢を暗示する。『五分律』「授戒法」は「聖弟子聞如是法。生於厭離無有染著。便得解脱解脱智生。所作已辦梵行已立不復受有。説是法時。千比丘漏尽心得解脱也」（T. 1421, xxii 109c4–7）、『四分律』「授戒法」は「爾時千比丘。受此三事教授已。即時無漏心解脱無礙解脱智生」（T. 1428, xxii 797b1–3）、MSV 破僧事は「この法門が説かれていたとき、その一〇〇〇人の比丘たちの心は取著なく、諸漏より解脱した」（MSV vi 231.5–6）とし、ほぼ同内容の話を伝えている。一方、『根本説一切有部毘奈耶破僧事』は「彼千苾芻不受後有故。於諸有漏心得解脱。皆得阿羅漢果」（T. 1450, xxiv 134b23–25）として、成阿羅漢を明記する。

Mv. もブッダによるカーシャパ三兄弟の教化譚を載せるが、その最後は「こうして同志ウルヴィルヴァー・カーシャパ、ナディー・カーシャパ、ガヤー・カーシャパの三兄弟は従者ともども出家し、具足戒を受けて比丘になったのである」（iii 430.18–19）と説くのみで、成阿羅漢には言及しない。またこの後に位置するカーシャパ三兄弟の本生話が説かれるきっかけになった比丘たちの質問は、「世尊よ、いかなる業の異熟によって、同志ウルヴィルヴァー・カーシャパ、ナディー・カーシャパ、ガヤー・カーシャパの三兄弟は、大神通力と大威神力を有し、すみやかに〔法を〕理解したのですか」(iii 432.7–9) というもので、彼らの成阿羅漢には触れない。[62]

『十二遊経』は「三年為欝為迦葉兄弟三人説法。満千比丘」(T. 195, iv 147a6–7) とし、成阿羅漢を明記しない。一方、『中本起経』は「時千比丘漏尽望断皆得阿羅漢」(T. 196, iv 152a11–12) とし、成阿羅漢を明記する。『修行本起経』は覚りの場面で終わっているので、カーシャパ三兄弟の教化譚に関する記述はない。『異出菩薩本起経』は「一道人教五百弟子。一道人者。教三百弟子。一道人者。教二百弟子。凡為千人。仏将五沙門。到三道人所。諸弟子。皆大喜。皆随仏而去」(T. 188, iii 620b27–c1) とし、成阿羅漢を明記しない。『過去現在因果経』は象頭山には言及しないが、「時諸比丘。聞仏此語。於諸法中。遠塵離垢。得法眼浄。世尊又為広説四諦。皆悉得於阿羅漢果」(T. 189, iii 650a27–29) とし、火事の喩えを聞いて阿羅漢になったと明記する。

『仏本行集経』は「爾時世尊作如是説。三種神通教示之時。彼諸一千比丘徒衆。無為漏尽。於諸法中心得解脱。而有偈説　已断生死諸慾流　已得梵行自利益　所作悉已皆成辦　更不受於後有生」(T. 190, iii 851a6–10) とし、象頭山での説法で彼らが阿羅漢になったことを暗示する。『太子瑞応本起経』は三兄弟の教化を説くものの、「合五百人。倶同声言。願如大師。即皆稽首。求作沙門。仏言可諸沙門来。二弟及五百弟子。皆除鬚髪。即随仏後。復成沙門」(T. 185, iii 483a5–8) と記し、彼らが沙門になったことを説くのみで、成阿羅漢には言及しない。

Nidānakathā は「一〇〇〇人の弁髪の行者を従者とする、ウルヴィルヴァー・カーシャパをはじめとする三兄弟の弁髪の行者を教導し、「さあきなさい、比丘よ」という出家を許す言葉で出家させ、ガヤーシールシャ山に留まらせると、「燃火の教え」を説いて〔彼らを〕阿羅漢性に安住させられた（arahatte patiṭṭhāpetvā）」（Ja i 82.30–33）とし、成阿羅漢を明記する。

LVは初転法輪までしか説かないので、彼らの成阿羅漢は確認できない。『普曜経』は象頭山には触れないが、彼らを教化した後の描写として、「爾時世尊。在波羅奈説経已竟。与千羅漢優為迦葉兄弟三人等。悉旧辮髪。神通已達。生死已断。行出三界」（T. 186, iii 532b8–10）と説く。また『方広大荘厳経』は「爾時如来与千比丘倶。往波羅奈国在於林下。為諸弟子或時変現。或時説法或復説戒。覩仏威神莫不欣喜尽成羅漢。爾時世尊従波羅奈国与優婁頻螺迦葉兄弟三人及千羅漢。至摩伽陀国」（T. 187, iii 612c3–7）とし、象頭山ではなく、ヴァーラーナシーに行く途中、神変を見ることで阿羅漢になったと説く。

BCは成道までの記述しか存在しないのでこの点を確認できないが、漢訳の『仏所行讃』は、「彼兄弟三人　及弟子眷属　世尊為説法　即以事火譬　愚癡黒烟起　乱想鑽燧生　貪欲瞋恚火　梵焼於衆生（中略）如是千比丘　聞世尊説法　諸漏永不起　一切心解脱」（T. 192, iv 31c24–32a9）とし、象頭山には言及しないものの、燃火の教えで阿羅漢になったと説かれている。『仏本行経』は「度第一迦葉　居野象沢者　然後以次度　迦葉之二弟　三兄弟門徒　千人成無著」（T. 193, iv 80b21–23）とし、傍線部は阿羅漢と同義とみてよかろう。

(2) カーラ

彼の成阿羅漢伝承は仏伝資料では確認できないので、その他の資料によりながら確認作業を行う。Ja (no. 17) は年老いてから出家したカーラとジュンハという二人の比丘に関する本生譚を扱うが、連結部分で彼らは「預流果を獲得した」(i 166.1) と説かれるのみで、阿羅漢になったとは説かれていない。

これに対し、Thī (311) のチャーパー尼の偈頌の中では「彼 (カーラ) は〔世尊〕の両足を礼し、〔世尊〕を右遶し、またチャーパーに〔敬礼を〕捧げるや、出家して家なき生活に入り、三明を獲得して仏の教えを実践せり」と説かれ、彼が阿羅漢になったことを暗示する。[63]

北伝の資料に目を転じると、『根本説一切有部毘奈耶薬事』に「迦羅阿羅漢　具六大神通」(T. 1448, xxiv 87a28) という表現が見られ、彼が阿羅漢であることを明記する。『黒氏梵志経』では彼自身が「諸漏已尽」(T. 583, xiv 967c23) と述べており、間接的にではあるが、彼が阿羅漢であることがわかる。

(3) カーローダーイン (or ウダーイン)

まずNidānakathāを見ると、彼はシュッドーダナ王の命を受け、ブッダを故郷に連れ戻しに行ったが、聴衆の脇に立ってブッダの説法を聞いているうちに「阿羅漢果を獲得し (arahattaphalam patvā)、「こちらにきなさい、比丘よ」という出家を許す言葉をかけられて出家してしまった」(Ja i 86.23–24) とある。

つぎに北伝の資料であるが、『十誦律』は「又仏在舎衛国。爾時長老迦留陀夷得阿羅漢道」(T. 1435,

xxiii 121c13–14）と説き、彼の成阿羅漢を明記する。[64] 同じく説一切有部系の『根本説一切有部苾芻尼毘奈耶』も「未久之間。衆惑皆断証阿羅漢果。広度人民。世尊記為教化人中最為第一」（T. 1443, xxiii 994b29–c2）とし、また『薩婆多毘尼毘婆沙』は「迦留陀夷（中略）漏尽入無余涅槃」（T. 1440, xxiii 525c29–526a2）とする。

では最後に、仏伝や律以外の資料に基づいて、彼の成阿羅漢伝承を見ておく。Th.（689–704）には彼の偈頌があるが、成阿羅漢に関する記述は見られない。一方、Ap. には「我が心は見事に解脱して、慢と偽善は除かれぬ。一切の漏を熟知し、我は無漏にて徳を過ごすなり。（中略）四無礙解と八解脱、そして六神通を〔我は〕証得し、仏の教えを実践せり」（86.19–24）とあり、彼が阿羅漢とみなされていたことがわかる。

(4) アニルッダ（アヌルッダ）

Vin.「大品」にはシャーキャ族の者たちが集団で出家する話が見られ、「そこで世尊はまず理髪師ウパーリンを、その後でシャーキャ族の青年たちを出家させた。ときに同志バドリカはその同じ雨安居中に三明を作証し、同志アニルッダは天眼を生じ、同志アーナンダは預流果を作証し、デーヴァダッタは凡夫の神力を得た」（ii 183.18–23）と説かれている。これによれば、彼は天眼を得ているが、これのみを以て彼を阿羅漢とみなすことはできない。

この部分に相当する『五分律』を見ると、出家を決意した跋提王は、阿那律・阿難・難提・調達・婆婆・金鞞盧を連れ、理髪師の優波離を伴って、合計八人でブッダのもとに赴き、無事に出家をはたして、ブッダの説法を聞く機会に恵まれ、「説是法時。六人漏尽得阿羅漢。阿難侍仏不尽諸漏。調達一人空無所獲」（T. 1421, xxii 17b14–16）と説かれている。これによれば、アーナンダとデーヴァダッタ以外の六人は阿羅漢になっているので、アニルッダも阿羅漢になっていると考えられる。同様に『四分律』の相当箇所を見ると、基本的な流れは『五分律』と同じだが、問題の箇所には「各自思惟証増上地」（T. 1428, xxii 591b23）とある。この傍線部を阿羅漢とみなしてよいかどうかは不明である。

つぎに仏伝資料以外の用例を確認していく。AN によると、ブッダの説法を聞いた後、つぎの雨安居をチェーティ国で過ごしている最中に、「〈〔我が〕生は尽きた。梵行は修した。なすべきことはなし終えた。もう生まれ変わることはない〉と了知し、同志アニルッダは阿羅漢の一人となったのである（arahataṃ ahosi）」（iv 235.15–17）と説かれている。[65]

『増一阿含経』には、仏教に信を抱かぬ長者に彼の婦人がアニルッダについて「此豪族之子。捨居家已出家学道。修於梵行得阿羅漢道。天眼第一。無有出者。然如来亦説。我弟子中天眼第一。所謂阿那律比丘是」（T. 125, ii 647b19–22）と説明する件があるが、ここにも彼の成阿羅漢が明記されている。また『根本説一切有部毘奈耶薬事』にはアニルッダ自ら「三明已通達（中略）証得阿羅漢」（T. 1448, xxiv 86c17, 24）と説く記述がある。

つぎに Th. のアニルッダの偈頌（892–919）を見ると、「三明を獲得せり」（903）とか「心解脱せり」（906）などと説かれているので、成阿羅漢を暗示しているし、Ap. のアニルッダの偈頌の中にも定型表現ではあるが、「四無礙解・八解脱・六神通を獲得した」（36.11–12）ことが説かれている。

(5) レーヴァタ

彼に関する成阿羅漢伝承はきわめて少なく、パーリ資料の Th. と Ap. において確認できるのみである。Th.（645–658）の最後の三偈には「我は師に仕え、仏の教えを実践せり。重荷は降ろし、有に導く〔煩悩〕を根絶せり。我の出家して家なき状態へと入りたる目的、即ち一切の結の滅尽を、我は達成せり。（中略）いざ我は般涅槃せん。我は一切において解脱せり」（656–658）とあり、彼が阿羅漢とみなされていたことを確認できる。また Ap. では、定型表現である最後の偈において「四無礙解・八解脱・六神通を獲得した」（52.13–14）と説かれている。

(6) カッピナ

仏伝資料で彼の成阿羅漢を伝えるものはないので、仏伝資料以外でこれを確認する。まず SN であるが、ここにはブッダが自分に近づいてくるカッピナを「善男子が正しく家より家なき状態へと出家する目的は、無上なる梵行を完成させるためであるが、彼はそれを現法において自ら了知し、作証し、〔それを〕成就して時を過ごしている」（ii 284.20–23）と比丘たちに説明している。この表現からすれば、彼は阿羅漢になっていると考えてよいだろう。

Th. には彼の偈頌があるが（547–556）、この中に彼の成阿羅漢の記述はない。しかし、その注釈書では、ブッダが彼を「阿羅漢性に安住させた（arahatte patiṭṭhāsi）」（Pd ii 232.27）、「また〔彼は〕阿羅漢性を獲得して（arahattaṃ pana patvā）」（Pd ii 232.31）と説かれている。また Ap. も「勝者に教えを被りて、我は阿羅漢性を獲得せり（arahattaṃ apāpuṇiṃ）」（470.20）と明記する。さらに Dhp-a. によれば、王であったマハーカッピナはブッダが自分の妻である妃とその従者に対して説いた法を聞いて、従者共々「〔四〕無礙解とともに阿羅漢性を獲得した（arahattaṃ pāpuṇi）」（ii 125.5–6）と説かれている。[66]

一方、北伝資料を見ると、『賢愚経』「大劫賓寧品」は彼がブッダの神変を見て出家を願い、それが許されると「尽得阿羅漢果」（T. 202, iv 399a7–8）と説く。またAśも彼が「一切の煩悩を断じて阿羅漢性を作証した（arhattvaṃ sākṣātkṛtam）」（ii 108.7）と説く。[67]

(7) バックラ

彼についても、仏伝資料には成阿羅漢を伝えるものがない。そこでMN（no. 124）を見てみよう。この経はBakkula-suttaと呼ばれ、彼が旧友の裸行者カーシャパに説いた経である。ここでは「完全智が生じた」（iii 127.10）とか「今日、私は般涅槃するだろう」（iii 127.26–27）という表現が見られる。[68][69]

Th.（225–227）に彼の偈頌があるが、この中で彼が阿羅漢になっていることを確かめることはできない。しかし、その注釈書では、彼が「阿羅漢性を獲得した（arahattaṃ pāpuṇi）」（Pd ii 88.20）とか「また阿羅漢性を獲得して（arahattaṃ pana patvā）」（Pd ii 88.23）と説かれている。一方、Ap. に見られる彼の偈頌は、定型表現である最後の偈で「四無礙解・八解脱・六神通を獲得した」（330.25）と説く。

北伝資料では『増一阿含経』が「此尊者婆拘盧已成阿羅漢諸縛已解」（T. 125, ii 611c6）とし、成阿羅漢を明記する。

(8) **チュンダ**

彼も仏伝資料以外で成阿羅漢伝承を確認する。Th.（141–142）における彼の偈頌は成阿羅漢には言及しない。注釈書は「阿羅漢になった」とは明言しないが、出家し修行すると、久しからずして「六神通を具えた」（Pd ii 18.31）とするので、彼が阿羅漢と考えられていたとみてよい。また、Ap. に見られる彼の偈頌は、定型表現である最後の偈で、彼が「四無礙解・八解脱・六神通を獲得した」（103.5–6）と説く。

また、北伝資料では『賢愚経』が二箇所において彼の成阿羅漢に言及する。一つは「次後復有十六沙弥均提之等。（中略）年始七歳。得羅漢道。諸漏永尽」（T. 202, iv 395b13–18）、もう一つは「沙弥均提品」というチュンダを主人公とした章で「時舎利弗。便受其児。将至祇洹。聴為沙弥。漸為具説種種妙法。心意開解。得阿羅漢。六通清徹。功徳悉備。時均提沙弥。始得道已。自以智力。観過去世」（T. 202, iv 444c9–13）と説かれている。

(9) **スヴァーガタ**

彼が律文献に登場するのは、飲酒に関する規則の制定においてである。Vin.（iv 108.21 ff.）、『五分律』（T. 1421, xxxii 59c26 ff.）、『四分律』（T. 1428, xxii 671b21 ff.）、『十誦律』（T. 1435, xxiii 120b29 ff.）、そして『鼻奈耶』（T. 1464, xxiv 891b15 ff.）は、彼が火光三昧（火界定）に入って毒龍を調伏したことを伝えるが[70]、彼が阿羅漢になっているかどうかには言及していない。では、火光三昧に入ることが阿羅漢固有の属性といえるのかどうか。Ja（no. 81）にも彼の毒龍調伏の話が見られるが、そこでは「長老スヴァーガタは凡夫の神通力を（puthujjanikāya iddhiyā）具えていたので（後略）」（i 360.12–13）とするので、これを見るかぎり、火光三昧を阿羅漢固有の属性とはみなせない。

では広律の中で唯一、彼の成阿羅漢に言及する『根本説一切有部毘奈耶』を紹介しよう。この部分にはインド原典がないので、平行文が存在するDivy. 第一三章から内容を概観する。基本的なプロットは他の広律と同じだが、話自体はかなり増広されている。ここでも毒龍の調伏が説かれるが、「世尊は〔彼を〕出家させ、具足戒を授け、教誡を与えられた。彼は勤め励み精進して、（中略）一切の煩悩を断じて阿羅漢性を証得し、阿羅漢となった（arhattvaṃ sākṣātkṛtam arhan saṃvṛttaḥ）」（180.20–25）[71]とあり、毒龍調伏の前に彼は阿羅漢になっている。[72]

最後にAp. の用例を紹介する。彼についても定型表現である最後の偈において、「四無礙解・八解脱・六神通を獲得した」（84.3–4）と説かれているし、「我は無漏者として時を過ごすなり」（84.2）とも説かれている。

以上、ここでは法華経において成仏の記別を受ける主要な仏弟子、および副次的な仏弟子の成阿羅漢伝承を考察した。仏弟子によっては、仏伝資料にその用例を見いだせない者もあり、その場合は仏伝資料以外の文献（主に経と律）によりながら、確認作業を行った。その結果、用例の多寡はあるものの、とりあげたすべての仏弟子が阿羅漢とみなされていたことが確認できた。

むろん、これは最低限の考察であり、これのみを以て法華経の編纂者が彼ら全員を阿羅漢とみなしていたとは結論づけられない。なぜなら、これらの成阿羅漢伝承が法華経編纂以前に成立していたことはまだ実証できていないし、またかりに法華経成立以前に伝承が成立していたとしても、それを法華経の編纂者が知っていたかどうかは確かめられないからである。これについては今後の詳細な研究を待たなければならないが、ここでは少なくとも彼ら全員の成阿羅漢伝承が現存の経と律とに存在することを確認したことで満足し、つぎに進む。

第三章　仏伝としての法華経

ではこれまでの仏伝（および仏弟子の成阿羅漢伝承）の考察に基づき、法華経の構造が仏伝とどのように重なるのか、換言すれば、仏伝の構成がどのように法華経の構造に組みこまれているのかを、法華経の序品から順番に検証していく。論の進め方は、まずその品の内容を紹介し、その後で先学の研究を紹介しながら、批判的に考察を進めていくことにしよう[1]。

一　序品〔1〕——燃灯仏授記

〔内容〕　まさに法華経の幕開けとなる序章である。比丘・比丘尼に加え、大乗経典ではあたりまえの、文殊をはじめとする菩薩たちと一緒に、ブッダは時を過ごしていた。所はラージャグリハ（王舎城）のグリドラクータ（霊鷲）山、時は、経典自身の語るところによれば、成道後四〇年あまりというから[2]、三五歳で成道し、八〇歳で入滅したとする仏伝伝承にしたがえば、ブッダ入滅の五年前から入滅直前の間ということになる。このとき、ブッダは「無量義」と呼ばれる法門を説示し、その後、結跏趺坐すると「無量義処」と呼ばれる三昧に入った。すると、天上の花の雨が降り注ぎ、大地が六種に震動する。
そのとき、ブッダの眉間にある白毫から一筋の光明が放たれ、その光明が東方に向かって一万八千の仏国土を照らしだすと、その仏国土で説かれているそれぞれの仏の説法も聞こえ、またそこで般涅槃した仏の塔なども見えた。そこで、弥勒はこのような奇瑞の意味を文殊に尋ねる。

「文殊よ、世尊が神力でこのような希有未曾有なる光明を作りだされると、如来を上首とし、如来を導師とした、色とりどりで見目麗しく、最高に美しい一万八千の仏国土が見られましたが、これにはいかなる因やいかなる縁があるのですか」(SP 8.5–7)

文殊はブッダがこれから偉大な法を全世界に轟かせようとする予兆であり、如来が世間の者にとって信じがたい法門を説こうとするときには、このような光明を放って輝かせるという予兆を示されるのだと説明し、自らの体験をつぎのように説いて聞かせるのである。

はるか遠い大昔、日月灯明という名の如来が世に現れた。彼は声聞のために四聖諦や十二因縁[3]の経説を説き、また菩薩には六波羅蜜を説いた。彼の後、同じ日月灯明という名の如来が次々と二万人現れ、声聞には四聖諦や十二因縁、菩薩には六波羅蜜を説いた。この相続の最後の日月灯明如来には、出家する前にもうけた八人の王子がいたが、彼らも出家した父にしたがって出家した。そのとき、今のブッダと同じく、日月灯明如来が「無量義」と呼ばれる法門を説示し、その後、結跏趺坐して「無量義処」と呼ばれる三昧に入ると、白毫から一筋の光明が放たれ、その光明が東方に向かって一万八千の仏国土を照らしだした。

さてその如来の衆会には妙光という菩薩がいた。日月灯明如来は彼に妙法蓮華の法門を説いて六〇中劫が過ぎると無余涅槃界に般涅槃したが、その前に日月灯明如来は吉祥胎菩薩に成仏の記別を授ける。そして仏滅後は妙光菩薩が、八〇中劫の間、この法門を護持し、説示した。

さて、その八人の出家した王子は妙光菩薩の弟子になり、多くの仏に仕えて最後には無上正等菩提を証得したが、その中の最後がディーパンカラ如来であるという。(4) また「妙光菩薩は私（文殊）であり、その弟子で怠け者であった菩薩はあなた（弥勒）であった」と連結で説かれる。こうして、ブッダの現した希有未曾有なる光明は法華経が説かれる予兆であり、それは今生だけでなく、過去においても同様であったという。

〔**考察**〕　横超［1969: 25］は、つぎの方便品でシャーリプトラがブッダに説法を懇願する部分だけで充分に序幕的役割を果たせるのに、なぜこのような序品が必要だったのかについて、

A：過去の日月灯明如来も法華経を説いてから入滅せられたので、いまの釈迦仏もかならずや法華経を説かれるであろう。

B：そのように過去と現在とを結びつけて推察をするためには、過去仏と現在仏とに共に師事したという文殊と弥勒とを登場させる必要があった。

という二つの目的を達成させるため、いま釈迦仏が法華経を説くのは釈迦仏にのみかぎった特別なことではなく、古今の諸仏に一貫するものであるとして、法華経の普遍的真実を仏教特有の因縁談によって具体的かつ文学的に表現しようとしたと考える。

また勝呂［1996: 201–204］は、ブッダの眉間から放たれた光明に照らしだされた有情の姿が序品の偈

頌で詳細に説かれるが、それはつぎの五つに分類できるという。

①声聞・縁覚・菩薩の三乗（第九〜一一偈）
②菩薩の布施行（第一二〜一九偈）
③出家修行者の空閑処住（第二〇〜三〇偈）
④六波羅蜜の修行（第三一〜四二偈）
⑤舎利塔供養（第四三〜四七偈）

従来、序品と方便品［2］との所説内容は直接には結びつきがたいといわれてきたが、このような多様な有情の姿に象徴される多様な仏教の教説を方便として位置づけてこそ、つぎの方便品で一乗を説く意味がより明確になり、したがって序品は方便品の所説の前提となっていると勝呂は指摘する。

一方、苅谷［2009: 56–59］は、勝呂が言及した①から⑤のような状況を、法華経作者が見た当時のインド仏教の混乱した現状だと指摘し、その無仏の世にあって真の仏教とは何かを提示するのが序品であるとする。さらに、序品は仏滅後の問題に対して重要な解答を提示すると指摘する。すなわち、仏滅後、八人の王子は法華経の法師である妙光菩薩の侍者となり、法華経を聴聞することで成仏したことを説くが、これは無仏の世に成仏を可能にするのが法華経であることを明白に示しているというのである。

右にとりあげた所説は思想的・内容的な観点からすればもっともであるが、私は形式的な側面から、法華経が序品においてディーパンカラに言及している点にまず注目したい。伝統的な解釈にしたがえば、ジャータカ等においてディーパンカラはブッダが修行する起点に位置づけられる仏であり、過去仏思想の第一に位置する仏であるが、法華経においては、日月灯明如来がすべての起点になり、それに相対化される形でディーパンカラが位置づけられている。

しかし、ここではディーパンカラのみに注目してはならない。これは蟬の抜け殻であり、真に注目すべきは旧来の「燃灯仏とブッダ」の関係が、ここでは「日月灯明如来とブッダ」の関係に置き換えられていることである。つまり、法華経においては、従来の燃灯仏が演じた役割を日月灯明如来が演じている点が重要なのである。

さらにここで注目すべきは、「日月灯明如来と八人の王子」の関係が「ブッダとラーフラ」の関係を暗示する点である。(5) 法華経において八人の王子は、父である日月灯明如来に師事した妙光菩薩に師事して成仏を確定したとするなら、この妙光菩薩に相当するのは誰か。それはラーフラを出家させたシャーリプトラをおいて他にない。シャーリプトラはこの後、法華経を聞いて最初に成仏の記別を授かる仏弟子であり、法華経では重要な役回りを演じているが、ここでもそれは暗示されていると解釈することができよう。

ここでもう一つ、考えておきたいことがある。それは、法華経の伝持者の問題である。燃灯仏授記の物語において、管見の及ぶかぎり、燃灯仏に息子がいたと説く伝承はないが、ここではその燃灯仏に相当する日月灯明如来に八人の息子がいたことを説き、彼らが法華経によって成仏したというのであるから、経典には明記されていないが、彼らも法華経の伝持者として位置づけることができ、その最後をディーパンカラとする点で、法華経は血統による伝持を強く意識しているという印象を受ける。ただし、血統あるいは「仏の子」といっても、ここではラーフラがブッダの遺伝的な「血の継承者」であると同時に「法灯の継承者」であるという事実に基づいた、「法灯の継承」（血脈）という、比喩的な意味での「仏の子」として、である。

後ほど第五章で詳しく考察するが、法華経には「父子関係」の譬喩が多用され、また「仏の子」という表現も頻出する。つまり、しばしば指摘されているように、法華経の伝持者は法師と呼ばれる人たちであったというが、彼らは自らを「仏の子」と位置づけ、その使命を全うしようとした節があり[6]、ここでの日月灯明如来とディーパンカラの関係およびブッダとラーフラの関係は、その投影とも考えられるのである[7]。

ともかく、法華経を仏伝として見るなら、法華経がその修行の起点であるディーパンカラに言及するのは当然であるが、ただしこれは旧来の伝承をそのまま借用したのではなく、すでに見てきたように、それを法華経的に解釈しなおしている点を忘れてはならない。ディーパンカラ以前に二万人の仏を置き、また法華経によってディーパンカラが仏になり、また従来の仏伝におけるディーパンカラが法華経では日月灯明如来である点が法華経独自の展開であり、旧来の燃灯仏伝承を法華経は再解釈・再構築しているのである[8]。

二　方便品〔2〕――梵天勧請から初転法輪

〔内容〕　この序品の幕開けを受けて、いよいよ法華経の核心ともいうべき一仏乗の教説が説かれることになる。無量義処三昧において沈黙を守っていたブッダは、シャーリプトラに「如来の覚った真理は深遠であり、また如来の説法は理解し難い」と告げた。そのことに疑問を抱いた声聞や独覚の心を察知し、またその発言に対する自分自身の疑念を晴らすべく、シャーリプトラが代表してブッダにこう質問する。

「世尊よ、世尊が過剰なまでに繰り返して如来たちの善巧方便・知見・説法を称讃されるには、いかなる因やいかなる縁があるのですか。『私はまた深遠なる法を覚った』とか、『深い意味の込められた〔言葉〕は理解しがたい』と〔世尊〕は繰り返して説かれますが、このような法門を、かつて私は世尊のもとで聞いたことがありません。また世尊よ、この四衆も疑問や疑念を抱いています。如来が如来の深遠な法をなぜ何度も称讃されるのか、〔そのわけを〕どうか世尊は明らかにしてください」(SP 34.1-5)

ブッダは「その意味を説いても世間の者たちは恐れを抱くから」といってシャーリプトラの申し出を拒否するのであるが、三度、シャーリプトラは世尊に説法を懇願する。

「世尊はその意味をお説きください。善逝はお説きください。世尊よ、この衆会には、私と同じように何百もの多くの有情がおります。(中略)彼らは前世において世尊が成熟された者たちであり、彼らは世尊の言葉を信じ、信頼し、保持するでしょう。それは彼らにとって、長夜にわたり、幸福のため、利益のため、安楽のためになるでしょう」(SP 37.6–11)

そこでブッダは同志シャーリプトラが三度にわたって説法を懇願するのを知り、説法を決意するが、そのとき、五〇〇〇人の高慢な比丘たちがその場から立ち去ってしまう。それを見たブッダは「私の衆会から不要な籾殻が取り除かれた、彼らが立ち去ったことはよいことだ」といって、いよいよ説法がはじまる。その内容はつぎのように要約できよう。

「如来は真実を語る者であり、(9) 妙法は思慮分別を超え、如来の仕事は如来の知見を有情に獲得させることだけである。よって、如来は一切知者たることを究極の目的とする如来の乗物についてだけ説法する。必要に応じ、善巧方便で、それを三つの乗物に分けて説く。それゆえに、存在するのはただ一つの乗物、すなわち仏の乗物(一仏乗)だけである。この全世界には過去・現在・未来にわたって多くの如来がいるが、彼らはすべて同様に説法する。そういうわけで、いかなる行為であろうとも仏法を信じて行動すれば、誰でもそれが因となって、将来、如来になることができるのである。仏塔や仏像を造り、これに供養を捧げ、あるいはこれに対して礼をなすのも同様である。私が菩提樹の元で覚りを開いたとき、一時は説法せずに般涅槃すべきであると思ったが、梵天が懇願したので、私自身も過去の如来が善巧方便を用いて説法したことを思い起こし、まずは三乗に分けて説法することを決意すると、十方の如来もそれを称讃したのである」(SP 39.7 ff.)

〔考察〕　このように、シャーリプトラが三度ブッダに説法を懇願し、それを受けてブッダが説法を行うという件を見れば、この方便品の話が仏伝の梵天勧請から初転法輪を下敷きに構成されていることは明白であるし、第一章で見たように、これはすでに研究者によって指摘されているところでもある。ただ、ここで従来の初転法輪と法華経における第二の転法輪が違う点に触れておけば、それは説法を決意した理由である。すべての用例をここで紹介することはできないので、インド原典のある資料から、その決意の理由を見てみよう。Vin. では、「覚ることもできる者もいるから、説法されますように」という梵天の要請を受けたブッダはつぎのように説かれる。

たとえば、青蓮華の池・赤蓮華の池・白蓮華の池で、ある青蓮華・赤蓮華・白蓮華は、水中に生じ、水中で育ち、水面には顔を出さず、水中に沈んだままで繁茂し、ある青蓮華・赤蓮華・白蓮華は、水中に生じ、水中で育ち、水面に留まり、ある青蓮華・赤蓮華・白蓮華は水中に生じ、水中で育ち、水面より高いところに留まって、水に触れることがないように、世尊は仏眼で世間を観察されると、有情の中には、塵垢の少ない者と塵垢の多い者、利根の者と鈍根の者、相貌の善い者と相貌の悪い者、理解力の優れた者と理解力の劣った者がおり、またある者は来世と罪過に恐怖を認めて時を過ごしているのを見られた。（Vin. i 6.28–7.2）(10)

ここでは、説法を「理解できる者」の存在がブッダに説法を決意させた理由となっている。Vin. では有情が「利根者／鈍根者」というように二種類に分類されているが、MSV 破僧事ではこれが三種類に分類され、つぎのように説かれる。

〔梵天は言った。〕「大徳よ、有情たちは〔同じ〕世間に生まれ〔同じ〕世間で成長しますが、

〔その中には〕利根の者、中根の者、鈍根の者もおります。容姿は素晴らしく、教導しやすく、〔心の〕塵は少なく、生まれつき〔心の〕塵が少ない者たちも、正しい法を聞かなければ堕落してしまいます。大徳よ、ちょうど青蓮華・黄蓮華・赤蓮華・白蓮華が〔同じ〕水に生まれ〔同じ〕水の中で成長しますが、あるものは水面から顔を出し、あるものは水面と同じ高さにあり、またあるものは蕾を水面下に留めているのとまったく同じように、大徳よ、有情たちは〔同じ〕世間に生まれ〔同じ〕世間で成長しますが、〔その中には〕利根の者、中根の者、鈍根の者もおります。容姿は素晴らしく、教導しやすく、〔心の〕塵は少なく、生まれつき〔心の〕塵が少ない者たちも、正しい法を聞かなければ堕落してしまいます。世尊は法を説示してください。善逝は法を説示してください。法宝を理解する者たちもきっといるはずです」と。

そのとき、世尊はこう考えられた。〈私は自ら仏眼を以て世間を観察しよう〉と。世尊は自ら仏眼を以て世間を観察された。世尊が自ら仏眼を以て世間を観察されていると、有情たちは〔同じ〕世間に生まれ〔同じ〕世間で成長するが、〔その中には〕利根の者、中根の者、鈍根の者もおり、容姿は素晴らしく、教導しやすく、〔心の〕塵は少なく、生まれつき〔心の〕塵が少ない者たちも、正しい法を聞かなければ堕落してしまうのを見られた。見られると、彼には有情に対する大悲が沸き起こってきた。(MSV vi 129.18–130.6)

このように三種類に有情を分類しているが、いずれにしても Vin. と MSV 破僧事はその分類された有情の中で一番上の利根者が説法の対象となり、彼らの存在によって、ブッダは説法を決意したと説く。これに対し、Mv. はつぎのように説く。

そのとき、世尊は自ら覚りによって〔得られた〕智によりマハーブラフマンの懇願を知ると、一切世間を無上なる仏眼で観察し、有情の上下や貴賤を見、性質が悪く、導きがたく、〔その心を〕浄めがたい有情を見、性質がよく、導きやすく、〔その心を〕浄めやすい有情を見、一を聞いて一〇を知る者、一〇を聞いて一を知る者、言葉を最高とする者を見、〔また〕利根や鈍根の有情を見られた。

有情には三つの集団がある。邪見と結びついた集団、正見と結びついた集団、どちらとも結びついていない集団である。あたかも具眼者は蓮池の岸に立って難なく、青蓮華・赤蓮華・白蓮華、あるいは他にも水中の〔蓮〕、水面の〔蓮〕、水上の〔蓮〕を見るように、世尊は仏眼で一切世間を観察しつつ、〔世間の人を〕見られたのである。そのとき、世尊はこう考えられた。

〈私は法を説くべきか、あるいは説かざるべきか。〔説いても〕虚偽に安住せる集団はこの法を理解しないだろう。私は法を説くべきか、あるいは説かざるべきか。正義に安住せる集団はこの法を理解するだろう。どちらにも確定していない集団は、もし彼らに法を説けば理解するだろうが、説かなければ理解しないだろう〉

そこで世尊はどちらにも確定していない集団を考慮され、マガダ国のバラモンや長者の間にこのような不善なる邪見が生じているのを知り、またマハーブラフマンが懇願してきたのを考えて、また七無数劫の昔に準備して起こした自己の誓願を知って、また有情に大悲を起こし、また立派な天主や世間の自在者が〔自分に〕近づいて聖なる法輪を転じるように懇願したことを思い起こして、世尊は聖なる法輪を転ずることをマハーブラフマンに約束されたのである。(Mv. iii 317.19–

319.1)

ここでもMSV破僧事と同様に、有情が三種類に分離されるが、ここでは、不定聚の有情を顧慮して説法を決意している点が大きく異なる。(11) では、法華経はどうか。その経緯を偈頌の記述から探ってみよう。

梵天、帝釈天、四大王天、大自在天、自在天、さらに幾千コーティものマルット神の群れは、=全て合掌し、敬意を表して立てり。しかして、我はその意味を考えたり。〈我は如何になさん。我は菩提を褒め讃えて語るに、かの有情等は苦に苛まれ、=これら愚者等は我の説ける法を罵り、罵ることにより、悪しき境涯に赴かん。〔故に〕我は全く何も説かざるにしくはなし。まさに今、我には静寂なる涅槃あるべし〉と。=〔しかるに〕過去の諸仏と彼等の善巧方便の如何なるかを随念し、「いざ我もまたこの仏の菩提を三種に説き、ここに明かさん」と。(SP 55.3–10)

これは最初の説法に言及する箇所であるが、傍線で示したように、ここでは過去の諸仏の所行に則って、ブッダが最初の説法を決意したと説かれている。そして、第二の説法、すなわち法華経の説法を決意した理由はつぎのように説かれる。

しかしてその刹那、我にかくの如き思念は生じたり。〈最上なる法を説くべき時の我に到来せり。そのためにこそ我はこの世に生まれたる、その最上なる菩提を今ここで我は説かん〉(SP 57.5–6)

これを見ると、法華経の説法がブッダ出世の本懐であることが述べられるが、それは有情にその機が熟したことと表裏の関係にある。また、この偈頌では明記されていないが、説法を決意した理由は、最初の説法と同様に、それが過去仏たちの所行に則っていることも指摘しておこう。なぜなら、長行において、過去の諸仏も未来の諸仏も現在の他方諸仏も、方便を用いて法（三乗）を説き、後に一乗の教えを説くように、自分も同様にすることが明記されているからである。その箇所はつぎのとおり。

「〔過去の諸仏・未来の諸仏・現在の他方諸仏と同様に〕私もまた、シャーリプトラよ、如来・阿羅漢・正等覚者として、多くの人々の幸福のために、多くの人々の安楽のために、世間を憐愍して、神や人など、大勢の人々の幸福・利益・安楽のために、様々な傾向を持ち、様々な要素や意向を持つ有情たちの思惑を知って、様々な決意や説示、多様な原因・論証・例証・論拠・語源解釈といった善巧方便を駆使して、法を説く。私もまた、シャーリプトラよ、ただ一つの乗物、すなわち一切知性を究極とする仏の乗物に関して、有情たちに法を説く。換言すれば、有情たちに如来の知見を得させ、如来の知見を見させ、如来の知見に入らせ、如来の知見を覚らせ、如来の知見の道に入らせる法を、有情たちに説くのである」（SP 42.12–43.1）

このように、過去仏と同じように、法華経の説法が今のブッダにかぎった特別なことではなく、過去の諸仏も未来の諸仏も、そしてまた現在の他方諸仏も行うことであると説くことで、法華経の説法に普遍性を持たせようとしていることが窺える(12)。

さてここで、法華経におけるシャーリプトラの役割について、すこし言及しておきたい。法華経ではブッダの対告者としてシャーリプトラが登場し、またこの後に見られるように、法華経を一番最初に理解した仏弟子として彼が位置づけられている点からすれば、彼が法華経において重要な役回りを演じていることは容易に理解される。法華経がシャーリプトラを対告者とする理由について、苅谷

[2009: 61] は「それは、もとよりこれからの所説内容が「仏智」を主題とするからであって、その場合、舎利弗は仏弟子の中で智慧第一とされるところから、彼の智慧とこれから言及される仏智との間に雲泥の差のあることを際立たせるために他ならない」とする。もっともな説であり、異論はないが、これについては第五章においてすこし違った観点から、後ほど改めて検討する。

さて、仏教がブッダの覚りに端を発することはいうまでもない。しかしその覚りの内容が言葉として表現され、またそれが誰かに理解されなければ、歴史的宗教、すなわち歴史に刻まれた宗教としては存在しないのであるから、この初転法輪の仏教史における位置づけはきわめて重要であるといわなければならない。仏伝においては、その内容が「中道・八正道・四聖諦」であり、これこそが初期仏教の中核となるわけだが、それと同様に法華経においては、ここで開陳される一仏乗の教え、そしてそれを説くのがブッダ出世の本懐であるとすることがその中核となる。したがって、広義の法華経は序品から普賢菩薩勧発品までの二八品を指すが、狭義の法華経はこの方便品ということになろう。

三　譬喩品［3］――初転法輪とカウンディンニャの覚り

〔内容〕　法華経の核ともいうべき方便品［2］に続き、譬喩品では、その名のとおり「三車火宅の喩え」を用いて、三乗（小乗〈声聞・独覚〉・大乗〈菩薩〉）と一乗（仏乗）との関係が分かりやすく解説されるが、ここにはブッダがシャーリプトラに成仏の記別を授ける話が見られ、仏伝との関係でいえば、これはカウンディンニャの覚り（成阿羅漢）に相当する箇所である。

さてシャーリプトラはブッダの説法を聞いて非常に喜び、今こそが真の涅槃であることをつぎのように述べる。

「嘗て我は邪見に固執し、外道に尊敬さるる遊行者なりき。その後、師は我が願いを知りて邪見より解脱せしめんがため、涅槃を説き給えり。＝我はその一切の邪見より解脱し、諸法の空なるを体得し、それによりて〈我は涅槃せり〉と錯覚せり。しかるに、これは〔真の〕涅槃とは言われず。[13]＝一方、最高なる有情として仏となり、人・神・夜叉・羅刹に崇められ、三十二相の容姿を具えし者とならば、そのとき、〔人〕は完全に涅槃す。＝神々を含める世間の前にて、〔世尊〕の〔我に〕最高なる菩提を予言し給うとき、〔その〕声を聞きて、我が自惚れは全て除かれ、今日、我は〔真の〕涅槃を得たり」（SP 62.13–63.4）

これを承けて、ブッダはシャーリプトラにこう告げる。

「シャーリプトラよ、私はお前を二百万コーティ・ナユタの仏のもとで、無上正等菩提において成熟させてきた。そしてお前は、シャーリプトラよ、長夜にわたり、私にしたがって学んできた。シャーリプトラよ、そのお前は、菩薩であるという教誡によって、また菩薩であるという秘密によって、今この私の教えの中に生まれてきたのだ。しかし、シャーリプトラよ、お前は〔私が〕菩薩〔であったとき〕の加持により、過去での行と誓願、また〔自分が〕菩薩であるという教誡や〔自分が〕菩薩であるという秘密を思いだすことなく、自分は涅槃に入ったと思いこんでいる。シャーリプトラよ、私は〔お前の〕過去での行と誓願、知を覚ったことをお前に思いださせようとして、すべての仏が受持する広大な経典であり、菩薩のための教えである、この「妙法

蓮華」という法門を、声聞たちに向かって説き明かすのである」（SP 64.10–65.2）

そしてこの後、シャーリプトラが未来世において「華光」と呼ばれる如来になるとブッダは予言し、彼に成仏の記別を授けた後、その如来の国土・劫名・有情・寿命・涅槃について詳細に説く。すると、それを聞いて、神々が天上の曼荼羅華をブッダに降り注ぎ、楽器が打ち鳴らされ、つぎのようにいう。

「かつて世尊はヴァーラーナシーのリシパタナの鹿野苑において法輪を転じられたが、今日再び、世尊は第二の無上なる法輪を転じられた！（anuttaraṃ dvitīyaṃ dharmacakraṃ pravartitam）」（SP 69.12–13）

「世に匹敵する者なきお方よ、貴方は法輪を転じ給えり。偉大なる勇者よ、ヴァーラーナシーにて〔五〕蘊の生滅〔を説く法輪〕を。‖導師よ、そこにては最初の〔法輪〕、〔今〕ここにては第二〔の法輪〕は転じられたり。導師よ、彼らには容易に信じ難き〔法〕は、今、説かれたり」（SP 69.15–70.2）

この表現が仏伝の初転法輪を意識していることは、用語の上からも明白である。このように、法華経作者は「中道・八正道・四聖諦」を内容とする「最初の法輪」に対し、この法華経を「第二の法輪」として仏伝を解釈しなおしていることがわかる。そしてこの後、シャーリプトラはブッダに対して、さらにつぎのように懇願する。

「世尊よ、有学にせよ無学にせよ、世尊の声聞の中には、我見・有見・無見といった一切の邪見[14]を捨て去り、自分たちはすでに涅槃の境地に入っていると自認している二〇〇〇人の比丘たちがいます。いまだかつて聞いたこともないような法を世尊から聞いて、彼らは疑惑を抱きました。

世尊よ、どうか世尊はこの比丘たちの疑念を取り除くために、またこれら四衆の疑惑や疑心がなくなるように、お話しください」（SP 71.1–5）

これを承けて、法華七喩の中でもとくに重要な「三車火宅の喩え」が説かれ、ブッダがなぜ最初から法華経を説かずに三乗を説いたのか、その理由が明かされる。そして最後に法華経を信受することの功徳と誹謗することの恐ろしさなどが説かれる。

〔考察〕 ここでは、直前の方便品を承け、その核である一仏乗の教えを譬喩で分かりやすく解説することが目的なので、横超〔1969: 41〕は「譬喩品は方便品の説に対する確認として、領解や授記という形式を採用し、さらに敷衍解説として譬喩を用いたのにとどまり、思想的には特別新しいものが入ってきたのではないといってよいであろう」と指摘している。確かに思想的には新たな展開をみせていないが、仏伝との関係で法華経を見る場合、譬喩品にいたって初めて登場するシャーリプトラへの授記は、見過ごすことのできない重要な要素である。

というのも、このシャーリプトラへの授記を皮切りに、法華経にはここから授記の記述が頻出するからである。授記（vyākaraṇa）は vy-ā √ kṛ に由来する名詞であるから、本来は「説明」や「解答」を意味するが、前田〔1964: 299–301〕は九分・十二分教の veyyākaraṇa（vyākaraṇa）の原意を考察する中で、本来「解答」を意味するこの語が、誰かの死後の行き先に対する問いの「解答」になった場合、それはたんなる「解答」というよりは「未来に対する予言」的意味が含まれていると指摘する。すなわち、本来的には「解答」を意味する veyyākaraṇa（vyākaraṇa）が、いわゆる「授記」につながる可能性を、その最初から秘めていたことになり、またそのような用例が実際に初期経典に見られることは、田賀［1974: 11–40］の指摘するところである。

そして、いわゆる「予言」としての授記は、仏伝の場合、燃灯仏授記がその最初ということになり、説話文献、とくに有部系の説話文献において、ブッダが様々な記別を授ける話は枚挙にいとまがないが、その多くは転輪王や独覚の記別を与える例が多く、成仏の記別の用例はほとんどない。(15) ところが大乗経典で成仏の授記は一般化し、法華経では声聞に対する成仏の授記として多用される。

だとすれば、法華経においては声聞授記が重要なテーマであり、それまでは小乗（声聞乗・縁覚乗）では成仏できないとして切り捨てられてきた声聞に成仏の可能性を開いたと解釈したくなるが、これに対して苅谷［2009: 132, 161］は「これは声聞に対する授記ではあっても、その実質は、声聞のぼさつなるが故の授記であって、'bodhisattva' に対する授記という本来からの授記の観念から一歩もはみ出すものではないのである」と指摘し、「この「声聞に対する授記」がこれまで特異な事柄として問題視されてきたのは、偏に〈仏乗〉ひいては『法華経』が「一切衆生は本来から菩薩である」と主張していることを理解しえなかったからである。そして、その根本原因は、仏が世に出現した唯一つの為すべき事（一にして大なる仕事）とは何かを、現行梵本から本来の文を復元して「ぼさつを鼓舞すること」、則ちそれは「一切衆生は本来からぼさつである」という仏智による洞察を衆生に示し、理解させ、悟認させ、その道に導き入れるという一連の過程を指していることを把握しえなかったからに他ならない」と注記している。(16)

この指摘は法華経を考える上で重要であろう。般若経系の経典である維摩経においては、声聞が徹底的に虚仮にされ、声聞の代表であるシャーリプトラにいたって、それは頂点を迎える。つまり、般若経や維摩経は小乗（声聞乗・縁覚乗）の否定の上に大乗（菩薩乗）が成り立つが、法華経は三乗と一乗との関係を、三乗の否定の上に一乗を考えるのではなく、すでに方便品で見たように、「本来は一乗しかないが、方便として三乗を説いた」という立場に立つのであるから、三乗を一乗に収めるというのが基本的スタンスであり、横超［1969: 45］の言葉を借りるなら、「三乗の別を積極的に主張するのが目的ではなくて、反対に三乗の別を解消せんとする」のが法華経の立場なのである。

この三乗と一乗との関係は、ここで説かれる「三車火宅の喩え」で説明される。ここでは、家が火事になっているにもかかわらず、それに気づかずに火宅の中で遊ぶ三人の子どもたちを、父親がそれぞれ彼らの好きな羊車・鹿車・牛車（三乗）で誘いだし、そして最後には大白牛車（一乗）を与えたという喩えを以て、三乗を一仏乗に統合する教えが説かれる。子ども（有情）たちの機根に合わせて三つの車（三乗）を用意したが、本当に父親が与えたかったのは大白牛車（一仏乗）であるというのである。

この三乗と一乗の関係は、さらにこの後の化城喩品で、「化城宝処の喩え」を似て説明される。ここでは隊商主が大きな隊商を引き連れて宝島に出発するが、その途中で大きな森林荒野が現れ、隊商はそれを見て引き返そうとするが、隊商主は神通力で都城を化作し、隊商を励まして、とにかくその都城まで行くよう彼らを励まし、同じ手順で順次、彼らを誘導するという譬喩が説かれる。

この譬喩を手がかりに、般若経の説く三乗の関係と、法華経の説く三乗の関係を比較してみよう。すでに指摘したように、般若経は小乗（声聞・縁覚）を否定して大乗を説くのであるから、これを道に喩えるなら、二本分かれている道がある場合、一方は小乗に通じる道で、それは間違った道であるが、もう一方の道は大乗に通ずる道であり、これが正しい道であるとする考え方である。これに対し、法華経の場合は、最初から一本の道しかない。つまり、声聞乗とか縁覚乗とかいわれるのは、その一本しかない道の「通過点」に過ぎず、そこを「最終的なゴール」と見誤ることの非が説かれるのである。よって、その道自体は間違っていないということになる。

したがって、無上正等菩提を得るには、般若経の場合、誤った道を進んだならば、分岐点まで引き返して正しい道を歩みなおさねばならないが、法華経の場合、道は最初から一乗という一本道しかないので、その途中で止まることなく、その道をさらに歩ききらなければならないということになるであろう。問題になるのは、般若経の場合は誤った道を進むことであり、法華経の場合は化城（通過点）を真城（ゴール）と見誤ることといえる。こう考えれば、般若経の場合、一乗は二乗と別に存在することになるが、法華経の場合、二乗（小乗・大乗）乃至三乗（声聞・独覚・菩薩）は一乗（仏乗）に包摂されることになる。[17]

さきほど、シャーリプトラがブッダにさらなる説法を懇願する場面で、「世尊の声聞の中には、我見・有見・無見といった一切の邪見を捨て去り、自分たちはすでに涅槃の境地に入っていると自認している二〇〇〇人の比丘たちがいます。いまだかつて聞いたこともないような法を世尊から聞いて、彼らは疑惑を抱きました」という件を紹介したが、これを「化城宝処の喩え」でいうなら、最終ゴールだと思っていた地点がそうではなかったと知らされたがための疑惑と理解できよう。

ともかく、法華経におけるシャーリプトラへの授記は、仏伝において、ブッダが五比丘に最初の説法を行い、それを聞いたカウンディンヤがまず覚りを開いて阿羅漢になったという部分に相当するとみなすことができる。

四　信解品〔4〕～授記品〔6〕――五比丘の覚り

〔内容〕　**信解品〔4〕**　さて、ブッダによってシャーリプトラに成仏の記別が授けられ、また第二の法輪である法華経の教えが開陳されると、スブーティ、カーティヤーヤナ、カーシャパ、そしてマウドガリヤーヤナの四人の声聞は喜びに打たれ、座から立ちあがると合掌して、「我々はすでに涅槃に達したのだと思って、無上正等菩提に対しては精進努力を怠ってしまいました。なぜなら、我々はすでに涅槃を獲得したと思いこみ、また老いぼれてしまったからです。しかし今、声聞たちも無上正等菩提を獲得することができると聞いて、立派な宝を得ました」とブッダに告げる。つづいて自分たちがブッダの教えを理解した様を「長者窮子の喩え」(18)で説明する。

薬草喩品〔5〕　ここでブッダはカーシャパを対告者として如来の説法を「三草二木の喩え」で説明する。すなわち、この地上には条件が異なる様々な場所に様々な種類の植物（たとえば、大・中・小の薬草や、大・小の木）が生息しているが、そこに雲がわき起こり、いたる所で同時に雨を降り注げば、それらの植物は、その力量に応じ、またその場所に応じて、その雨から水の要素を吸いあげて成長の仕方はそれぞれ異なるものの、それらを生長させたのは同一味の水である。これと同じように、如来の説く法もすべて解脱・離貪・涅槃等の同一の味を有するものであり、その同一味を持つ法を、様々な機根を持つ衆生に雨のごとく降り注ぐという。
つづいて、ブッダは「生盲の喩え」を以て、生まれつきの亡者も医者の慈悲によって視力を回復し、さらに聖仙の教えと自らの修行とによって五神通を得ると説くが、生盲とは輪廻する有情、医者は如来、また視力を回復した者は声聞と独覚のことであり、彼らは如来に教導されて空を覚り、菩薩になるという。

授記品〔6〕 さてここで、ブッダはカーシャパに成仏の記別を与え、つづいて、スブーティ、カーティヤーヤナ、そしてマウドガリヤーヤナの順に成仏の記別を授ける。

〔考察〕 このように、信解品から授記品の三品にわたって、スブーティ、カーティヤーヤナ、カーシャパ、そしてマウドガリヤーヤナの四人の声聞に対する授記が説かれるが、岡田［2007］はシャーリプトラへの授記を仏伝のカウンディンヤの覚りに比定しているにもかかわらず、その後の四人の声聞に対する授記については何も言及していない。しかし、仏伝という視点から見れば、シャーリプトラとこの四人の声聞を合わせた五人は、仏伝の五比丘の覚り（成阿羅漢）に見事に対応している。すでに紹介したように、法華経にはかなりの先行研究があるが、これを五比丘の覚り（成阿羅漢）に同定した研究は一つもない。
法華経における「シャーリプトラの三度の説法懇願→第二の転法輪→シャーリプトラへの成仏の授記」という流れが、仏伝の「梵天勧請→初転法輪→カウンディンニャの覚り」という流れに対応することは、すでに研究者によって指摘されているが、ここまで分かっていながら、どうしてここから先をさらに仏伝で読み解こうとしなかったのであろうか。不思議である。

横超［1969: 52–53］は方便品と譬喩品との関係を「方便品だけでも論旨は明白になっているのに、譬喩品はそれを徹底させるための敷衍であったと見られる」と前置きした上で、譬喩品と信解品との関係も同様に解釈できるという。すなわち、個別的な例証としてはシャーリプトラへの成仏授記で充分だが、趣意を徹底させるために四人の声聞に対しても成仏授記の話がここに見られると指摘するのである。(19)

一見もっともな説だが、ではなぜ「四人（あるいはシャーリプトラを入れて五人）」でなければならなかったのかが説明できない。趣意を徹底させるためなら、「三人」でも「六人」でもかまわないはずだ。しかし、法華経が仏伝を下敷きにしているとすれば、当然ここでは「四人（あるいはシャーリプトラを入れて五人）」という数にこそ意味があり、これ以外の数はありえないのである。

さてここで、このあたりの成立に関する苅谷［2009: 165–173］の説を見てみよう。まず苅谷は薬草喩品に見られる「三草二木の喩え」や「日光・壺の喩え」および「盲目の喩え」の合わせて三つの喩えが法華経本来の仏乗思想とは異質のもので、後代に別人によって作られ、付加・挿入された「後分」であるとし、それを除いた部分が信解品のつぎに接続して存在していたと指摘する。そしてこの品の第一六偈から第一九偈あたりで如来の出現を乾期の終わりに湧きあがる大雲に喩え、その轟かす雷鳴を如来の説法に擬した部分、および第四三偈から第四四偈、すなわち、

「我は確信せる法を明かし、時来たりなば、仏の菩提を示すなり。これぞ、我と一切の世間の導師等の最高なる善巧方便なり。〓我の真実に説けるは、かくの如き最高の真理なり。『声聞等

は皆〔既に〕涅槃に入るにあらず。[20] 彼等は〔今〕最上なる菩提の行を修すなり。〔かくして〕将来、この声聞等は仏になるべし』」(SP 131.9–12)

これが本来の薬草喩品の内容であり、これがどこにつながるのかというと、現行の授記品の冒頭の一文「そのとき、実に世尊はこれらの偈頌を説かれてから、比丘の僧伽すべてに対して告げられた」(SP 144.1) であるという。そしてこの冒頭の一文に導かれて、カーシャパをはじめとする四大声聞に記別を授ける話が説かれるが、苅谷はこの一文が四大声聞への授記の記述とはうまく接続しないとして、この冒頭の一文はさらにそのつぎの章である化城喩品の冒頭部分、すなわち「比丘たちよ、かつて過去世において、数えられない劫の～」(SP 156.1 ff.) に接続する可能性を示唆する。というのも、さきほど見たように、化城喩品の冒頭部分がいきなりブッダの言葉ではじまるからである。

こうして苅谷は、「三草二木の喩え」等を除去した残りの長行・偈頌の一段と授記品の冒頭の一文が化城喩品の冒頭部分を形成していたのではないかと指摘する。つまり、授記品に関しては、冒頭の一文を除けば、あとはすべて後代の挿入とみるのである。話が複雑になったので、苅谷の示唆する原形の化城喩品を図示してみよう。

原形の化城喩品
　冒頭
　　現行の薬草喩品から「三草二木の喩え」等を除去した残りの長行と偈頌
　　現行の授記品の冒頭の一文のみ

現行の化城喩品（ここにも様々な増広があるとするが、ここでは省略）

内容的に見れば、このような解釈が可能になるのかもしれないが[21]、形式的に見れば、すなわち法華経が仏伝をベースにできあがっているという前提から見れば、カウンディンヤの覚りの後には残りの四比丘の覚りが説かれなければならないので、法華経の授記品で説かれる四大声聞への授記はなくてはならないプロットといえよう。

ただ、ここで考えなければならないのは、法華経が最初から仏伝をベースに創作されたのか、あるいは原始法華経なるものが現行の法華経とは違った形で存在し、それが増広される過程で仏伝という枠組を採用したのか、ということである。課題は山積みだが、少なくとも、現行の法華経をもとに考えれば、すでに指摘したように、授記品に見られる四大声聞授記の話は欠くべからざる重要な要素と考えられるのである。

では最後に、シャーリプトラを含めた五人の声聞の授記の内容をまとめておこう。なお、各項目の順番は、Skt・『正法』・『妙法』とする（『添品』は『妙法』と同じなので省略）。

シャーリプトラ

仏　　名：Padmaprabha・蓮華光・華光

仏国土名：Viraja・離垢・離垢

劫　名：Mahāratnapratimaṇḍita・大宝厳・大宝荘厳
寿　命：一二中劫・一二中劫・一二小劫

カーシャパ

仏　名：Raśmiprabhāsa・大光明・光明
仏国土名：Avabhāsaprāptā・還明・光徳
劫　名：Mahāvyūha・弘大・大荘厳
寿　命：一二中劫・一二中劫・一二小劫

スブーティ

仏　名：Śaśiketu（v.l. Yaśasketu）・称歎・名相
仏国土名：Ratnasaṃbhava・宝成・宝生
劫　名：Ratnāvabhāsa・宝音・有宝
寿　命：一二中劫・一二中劫・一二小劫

カーティヤーヤナ

仏　名：Jāmbūnadaprabhāsa・紫磨金色・閻浮那提金光
仏国土名：全資料に記述なし
劫　名：全資料に記述なし
寿　命：一二中劫・一〇小劫・一二小劫

マウドガリヤーヤナ

仏　名：Tamālapattracandanagandha・金華栴檀香・多摩羅跋栴檀香
仏国土名：Manobhirāma・意楽・意楽
劫　名：Ratiprapūrṇa・楽満・喜満
寿　命：二四中劫・二〇中劫・二四小劫

これを見ると、カーティヤーヤナに関しては、仏国土名や劫名の記述がなく、またマウドガリヤーヤナの寿命が他の四人に比べて長くなっている点が特徴的である。

五　五百弟子受記品〔8〕――ヤシャスの出家とカーシャパ兄の回心

〔**内容**〕　順番から考えれば、つぎは化城喩品〔7〕であるが、これは仏伝の流れからは外れ、挿話として位置づけられるので後ほど別出して考察し、ここでは仏伝において五比丘の覚りの後にくる「ヤシャスの出家」と「ウルヴィルヴァー・カーシャパの教化譚」に相当する五百弟子受記品の内容を見ていく。

十大弟子の一人であるプールナ・マイトラーヤニープトラは、方便の知見を内容とし、深い意味のこめられた教説、声聞たちへの授記等を聞いて歓喜し、ブッダを讃えた。すると、ブッダはプールナ・マイトラーヤニープトラの過去世における修行の様を解き明かす。すなわち、説法第一で有名な彼は、過去世においてもたくみに法を説く者で、多くの有情を教化し、また菩提に成熟させたのであり、過去七仏のもとでも彼は説法の第一人者であったとブッダは告げ、そして成仏の記別を彼に授ける。これをさきほどと同じようにまとめると、つぎのとおり。

プールナ・マイトラーヤニープトラ

仏　　名：Dharmaprabhāsa・法照・法明

仏国土名：Suviśuddhā・善浄・善浄(22)

劫　　名：Ratnāvabhāsa・宝明・宝明

寿　　命：無量無数劫・無量劫・無量阿僧祇劫

そのとき、一二〇〇人の阿羅漢たちは〈自分たちにもブッダが成仏の記別を授けてくれればよいのに〉と考えた。すると、ブッダは彼らの心を知り、カーシャパに向かって「彼ら一二〇〇人に対しても記別を授けるだろう」といって、まずカウンディンニャが、将来、普明と呼ばれる如来になることを予言した後、つぎのように述べる。

「カーシャパよ、そこにはこの同じ〔普明という〕名前を持つ五〇〇人の如来たちがいるだろう。ゆえに、五〇〇人の偉大な声聞たちは皆、立て続けに無上正等菩提を覚り、すべての者が普明と呼ばれる如来になるのだ。すなわち〔大声聞とは〕ガヤー・カーシャパ、ナディー・カーシャパ、ウルヴィルヴァー・カーシャパ、カーラ、カーローダーイン、アニルッダ、レーヴァタ、カッピナ、バックラ、チュンダ、スヴァーガタなどをはじめとする五〇〇人の自在者である」（SP 207.1–5）

そのとき、五〇〇人の阿羅漢たちは自分たちに成仏の記別が授けられたのを聞いて非常に喜び、つぎのように懺悔する。

「世尊よ、我々は常日頃より〈これは我々の般涅槃であり、我々はすでに般涅槃したのだ〉という考えに馴れ親しんでしまっていたので、世尊よ、〔その〕過ちを我々は懺悔いたします。これは、世尊よ、私たちが〔真理に〕暗く、未熟で、道理を弁えない者だったからです。それは何故かというと、世尊よ、我々は如来の知を覚るべきであったのに、このようなわずかばかりの知で満足してしまっていたからです」(SP 210.1–4)

これにつづいて、「衣裏繋珠の喩え」が説かれる。すなわち、ブッダが前世において菩提心を発こさせてくれたのに、そのことに気づかず、阿羅漢になったことで満足していた彼らは、過去世において成熟させてもらった善根があると知らされ、また成仏の記別を授けてもらったことをおおいに喜ぶ。

〔考察〕 まずは先学の理解を見てみよう。横超〔1969: 76–78〕はここで三度目の授記が説かれた理由を二つあげる。一つはシャーリプトラおよび四大弟子だけでは不充分であり、他にも知名の弟子たちがいるから、彼らを無視するのは情において忍びないということ、もう一つは法華経は声聞の成仏を説くが、その普遍性を力強く人々の心に訴えるには数の多さが必要となり、したがって一二〇〇人の阿羅漢にも成仏の記別が授けられることになった、というものである。

またブッダは最初に一二〇〇人の比丘に記別を授けるとしながら、実際には五〇〇人の比丘にしか記別を授けなかった理由を、「私見によればそれは経としてどちらでもよかった。五百という数は、仏滅後に五百人の阿羅漢があって遺教を結集したという伝説がある。そのために会座の千二百人を説こうとしていたところ急に遺弟五百人の阿羅漢のことが想起され、ついに以上のような混乱を生じたのではないかと思う」と説明する。

つづいて苅谷［2009: 203–212］の解釈を見てみると、この品自体が先の授記品［6］と同様に後代に挿入された異質な部分とする。また一二〇〇人と五〇〇人の齟齬について、もともとこの品は五〇〇人の阿羅漢への授記を述べるものとして創られたが、それが法華経に挿入される段になって、現行法華経全体の整合性を考慮し、序品や方便品で登場する一二〇〇人の中にこの五〇〇人が組みこまれたと苅谷は説明し、そしてこの齟齬を会通するのが本品の第三三偈であり、それをつぎのように訳している。

「迦葉よ、ここで今、お前はこれら満五百人の自在を得たものたち、そして、私の他の（即ち、残りの七百人の）声聞たちも又、このようである（evam）と憶持せよ。そして他の声聞たちにも（このことを）話せよ」

そしてこの五〇〇人とは、横超と同様に、仏滅後、マハーカーシャパの呼びかけで開かれたという結集に参加した五〇〇の羅漢と、同一といわないまでも深い関わりがあることを示唆しているという。

ではこれを仏伝という視点からみたとき、どのように解釈できるであろうか。ここではまずプールナ・マイトラーヤニープトラに成仏の記別が授けられるが、これは仏伝の流れでいえば、五比丘の覚り（成阿羅漢）の直後に位置するヤシャスの覚り（成阿羅漢）に相当する。そしてこの後が問題だが、ブッダ自身「一二〇〇人の阿羅漢に記別を授ける」と宣言しておきながら、実際に記別を授かるのは、カウンディンニャをはじめとする五〇〇人の阿羅漢たちである。漢訳三本を見ても、内容はこの梵本と同じであり、その品名の「授五百弟子決品」（『正法』）、「五百弟子受記品」（『妙法』）、そして「五百弟子授記品」（『添品』）からもわかるように、実際に記別を授かったのは五〇〇人の阿羅漢ということになる。苅谷の指摘するように、本来は五〇〇人の阿羅漢に対して授記するというのがこの品の原形であったと考えられる。

仏伝ではヤシャスの覚りの後にくるのが、ウルヴィルヴァー・カーシャパとその弟子五〇〇人の教化であるが、これが法華経のカウンディンニャをはじめとする五〇〇人の阿羅漢たちに相当すると考えられる。厳密にいえば、仏伝の場合はウルヴィルヴァー・カーシャパと五〇〇人の弟子（つまり五〇一）であるのに対し、法華経ではカウンディンニャをはじめとする五〇〇人の阿羅漢（つまり五〇〇）であるから、人数は法華経のほうが一人少なくなるが、両者が対応している可能性はかなり高い。

この「五〇〇」という数だが、仏典においては集団の数を表すときに好んでこの数が用いられ、したがって、ここでも「五〇〇」に特別な意味を認める必要はないのかもしれない。しかし、法華経が仏伝に基づいているという仮説にしたがってこの数を解釈すれば、それはウルヴィルヴァー・カーシャパの弟子の数を反映していることになり、意味のある数字ということになる。横超や苅谷はこの五〇〇という数を仏滅後の結集に集まった阿羅漢の数と関連づけて考えるが、仏伝という視座からみれば、これはウルヴィルヴァー・カーシャパの弟子の数を前提にしているとみることができよう。

法華経では、仏伝のようにウルヴィルヴァー・カーシャパに続く弟二人の教化譚に相当する話はないが、しかし成仏の記別を授かる五〇〇人の阿羅漢たちの中に「ガヤー・カーシャパ」と「ナディー・

カーシャパ」が含まれているのはきわめて示唆的である。このように、プールナ・マイトラーヤニープトラに対する記別、およびカウンディンニャをはじめとする五〇〇人の阿羅漢に対する記別は、仏伝のヤシャスの覚りとカーシャパ兄の教化譚という流れを踏まえて構成されていると考えられるのである。

さてここで、この法華経と奇妙な一致を見せる用例を検討しておこう。それは Mv. の用例である。Vin. に見られる仏伝の流れはすでにみたが、これと Mv. の流れを比較して整理するとつぎのようになる。

Vin	Mv.
五比丘の覚り	五比丘の覚り
ヤシャスの覚り	三〇人の教化
三〇人の教化	プールナ・マイトラーヤニープトラの出家譚
カーシャパ教化譚	ヤショーダ（＝ヤシャス）の覚り
	カーシャパ教化譚

両者を比較してわかることは、Vin. では「ヤシャスの覚り→三〇人の教化」という順番で説かれるのに対し、Mv. では「三〇人の教化→ヤショーダ（＝ヤシャス）の覚り」と順番が入れ替わり、さらにその中間にプールナ・マイトラーヤニープトラの出家譚[23]が入っている点である。このように、プロッ

トの順番に若干の違いは見られるものの、法華経に見られるプールナ・マイトラーヤニープトラの授記の位置と、Mv. のプールナ・マイトラーヤニープトラの出家譚の位置は近似しているのである。これを偶然の一致として片づけるか、あるいは何らかの関係性をここに読みとるべきなのか。今後の検討を要する課題である。

六　授学無学人記品［9］——シャーリプトラとマウドガリヤーヤナの出家

〔内容〕　五〇〇人の比丘に対して成仏の記別が授けられると、アーナンダとラーフラも自分たちに授記してくれるようブッダに懇願した。また二〇〇〇人以上の有学・無学の声聞たちも無上正等菩提の記別を授けてほしいという心を起こした。すると、ブッダはまずアーナンダに対して成仏の記別を授ける。そのとき、その衆会にいた八〇〇〇人の菩薩たちはつぎのように考えた。

〈そもそも、私たちは菩薩に対してさえ、このような広大な予言をかつて聞いたことがない。ましてや、声聞たちについてはいうまでもない。これには、いかなる因やいかなる縁があるのだろうか〉（SP 218.6–7）

これを承けて、ブッダは自分とアーナンダが前世において空王如来のもとで菩提心を発こしたことを説く。この後、ブッダはラーフラに対しても成仏の記別を授け、そして最後に二〇〇〇人以上の有学・無学の声聞たちにも成仏の記別を授けた。ここでも先例に倣ってアーナンダとラーフラの授記をまとめておく。

アーナンダ
仏　名：Sāgaravaradharabuddhivikrīḍitābhijña・海持覚娯楽神通・山海慧自在通王
仏国土名：Anavanāmitavaijayantī・記述なし・常立勝幡
劫　名：Manojñaśabdābhigarjita・柔和・妙音遍満
寿　命：無量劫・不可計数億百千姟・無量千万億阿僧祇劫
ラーフラ
仏　名：Saptaratnapadmavikrāntagāmin・度七宝蓮華・踏七宝華(24)
仏国土名：全資料に記述なし
劫　名：全資料に記述なし
寿　命：全資料 Sāgaravaradharabuddhivikrīḍitābhijña に同じとする

〔**考察**〕　横超［1969: 79］は有学・無学の二〇〇〇人に対して成仏の授記が説かれる理由を「すべての衆生が成仏し仏知見を得ることそれが仏の出世本懐であるとするならば、無学たる阿羅漢にのみ作仏を授記すべきでなく、学人にも作仏の授記があって然るべきであろう」と指摘する。また有学に対する授記の理由として、アーナンダへの授記からの連想をあげる。すなわち彼はブッダの侍者として有名であり、彼だけを被授記者から外すことはできないが、彼はブッダの在世中まだ阿羅漢になっておらず、仏滅後に初めてカーシャパの教導を得て阿羅漢になったといわれているから、この関係で有学に対しても成仏の授記が授けられたとする。
苅谷［2009: 213］はこの二〇〇〇人とはいかなる者であるかを序品の一文に求める。そこには、一二〇〇人の阿羅漢たちが登場し、それはカウンディンニャをはじめとしてラーフラにいたる二六名の列挙に続いて現れるが、苅谷はこれをつぎのように訳している。

これら大声聞たち（千二百人）と、そして有学（śaikṣa）の尊者阿難と、そして、その他の有学と無学（śaikṣāśaikṣa）との二千人の比丘たちと共に、世尊は霊鷲山におられた。

これを以て、ラーフラとアーナンダと有学・無学の二〇〇〇人の比丘の登場を説明する。しかし「無学＝阿羅漢」であるから、一二〇〇人の阿羅漢の他に無学はいないはずなので、「その他の有学と無学の二〇〇〇人の比丘たち」とは本来「その他に有学の二〇〇〇人の比丘たち」ではなかったかと推定している。確かに法華経の内容を矛盾なく理解しようとすれば、このような解釈が必要になることもあるだろう。
しかし、この齟齬が純粋にテキスト編纂上の問題から生じている場合（たとえば、この部分が他文献からコピーされ、文脈を無視してここに嵌めこまれているような場合）、それを思想的あるいは内容的な観点から会通することは、かえって問題の本質を隠蔽するという陥穽に陥る危険性も孕んでいることを忘れてはならない。ただし、このケースがどちらなのかを判断する能力はもとより私にはないが。
本題に戻ろう。ラーフラとアーナンダ、および有学・無学の二〇〇〇人の比丘に対する授記が仏伝の何に相当するかといえば、それはカーシャパ三兄弟の教化の後に位置するシャーリプトラとマウドガリヤーヤナ、それに彼らの弟子たちの帰仏と覚り（成阿羅漢）に他ならない。ただここでは、残念ながら、仏伝に見られるシャーリプトラとマウドガリヤーヤナの弟子の数が二〇〇〇人ではない。たとえば、すでに引用したVin.ではその数を「二五〇」とし、『根本説一切有部毘奈耶出家事』は「爾時鄔波底沙与倶哩多。各与二百五十弟子。即出王城」(T. 1444, xxiii 1027c25–26)とするので、「五〇〇」となり、Mv.も『仏本行集経』も「五〇〇」とし、その数を「二〇〇〇」とする仏伝資料はないし、法華経の漢訳三本もすべてその数を「二〇〇〇」とする。

しかし、ここでラーフラとアーナンダに加え、二〇〇〇人の比丘に対して授記がなされた点は、シャーリプトラとマウドガリヤーヤナに加え、彼らの弟子たちもあわせて帰仏し出家したとする仏伝との類似性は注目してよいであろう。

七　提婆達多品〔12〕——デーヴァダッタの破僧（悪事）

〔内容〕　梵本の見宝塔品では後半に存在するが、ここでブッダはつぎのような過去物語を説いて聞かせる。

ブッダは過去世において国王であったとき、無上正等菩提に心を発こし、「私に優れた法を贈り、その意味を教示すれば、私はその者の奴隷になる」と布告した。すると、一人の聖仙が自分に奴隷として仕えるなら法華経を説いて聞かせるという。こうして王は彼の奴隷となって仕えた。

そのときの王はブッダであり、聖仙はデーヴァダッタであったと連結で説かれ、さらにつぎのような記述が見られる。

「実に比丘たちよ、デーヴァダッタは私の善知識であり、デーヴァダッタのお陰があればこそ、私は六波羅蜜を成就したし、偉大な慈・悲・喜・捨も、三十二の偉人相と八十種好も、金色の皮膚も、十力・四無畏・四摂事・十八不共法・大神通力、十方の有情の救済も、すべてはデーヴァダッタのお陰〔で成就できたの〕だ」(SP 259.2–6)

このように、従来、悪玉として名を馳せたデーヴァダッタは、法華経で善玉として生まれ変わることになる。そしてこれに続き、デーヴァダッタにも成仏の記別が授けられる話が見られる。これも先例にならってまとめておく。

デーヴァダッタ
仏　名：Devarāja・天王・天王
仏国土名：Devasopānā・天衢・天道
劫　名：全資料に記述なし
寿　命：二〇中劫・二〇中劫・二〇中劫

この後、法華経を聞いて信受する者は誰でも三悪趣に堕ちることはなく、仏国土に生まれることをブッダが告げる。すると、このブッダの言葉を裏づけるように、文殊に法華経を以て教化されたサーガラ龍王の娘が現れ、ブッダに宝珠を布施すると、女身を捨て去って男性となり、自ら菩薩であることを示すと、南方の無垢世界において覚りを開き法を説いている様を皆に見せた。

〔考察〕　二七品同時成立説を唱える勝呂［1996: 69］でさえ、提婆達多品は後世の付加であるとする。一見したところ、前半の多宝如来の仏塔出現とデーヴァダッタにまつわる過去物語の間には何の脈絡もなく接合しているし、また最後の龍王サーガラの娘の話も唐突な印象を受けるため、勝呂のみならず、他の研究者でもこの立場を取る者が多い。

横超［1969: 96］はデーヴァダッタの成仏と龍女成仏の話が法華経に存在する根拠をつぎのように説明する。「法華経の根本精神よりすれば、デーヴァダッタも決して仏の慈悲に漏れるものではないから、悪逆の者もついには経力によって成仏せしめられるし、また龍女成仏に関しては、女性不成仏の俗信に対抗し、一乗思想よりすれば女性もまた成仏に漏れるものではないことを主張したからだ」（取意）ということになる。これを敷衍すれば、阿羅漢作仏の道を開いた一乗思想のさらなる展開として、悪人成仏と女人成仏を唱道したということになるであろうか。

提婆達多品が後代の付加かどうかを判断する能力を、残念ながら現時点で私は有していない。しかしながら、確実にいえるのは、最初から存在していたとしても、後代の付加であるとしても、そのあるべき場所はこの辺りにしか収めようがないということである。本書では、法華経が仏伝に基づいて編纂されているという仮説に基づいて論を展開しているわけだが、仏伝に沿って悪玉としてのデーヴァダッタの登場場面を考えた場合、それはシャーリプトラとマウドガリヤーヤナの帰仏と覚りよりは後（なぜなら、破僧のさいにデーヴァダッタが連れだした比丘たちを呼び戻すのは、シャーリプトラとマウドガリヤーヤナであるから）であり、またブッダが涅槃に入るよりは前（なぜなら、ブッダが死んでしまえば、ブッダに悪

事を働けないから）でなければならない。とすれば、さしずめこのあたりが絶好の場所といえるのである。(25)

さてここで、さらに、デーヴァダッタへの成仏の授記が何を意味するのかについて考えてみたい。横超に拠れば、それは「悪人成仏」を主張するためであったということになる。はたして、そういえるだろうか。確かに、初期経典以来、デーヴァダッタは悪玉として登場し、数々の悪事を働いたことは数多の仏典が喧しく説くところであるが、法華経でのデーヴァダッタは「悪人」を代表しているのだろうか。結論を急ぐなら、ここでの彼の役回りは「独覚」の代表とも考えられるのである。

法華経（広義）の中の法華経（狭義）ともいうべき方便品で説かれたように、その核は小乗大乗対立の仏教を一仏乗に統合することにある。これまで見てきたように、確かに小乗の一つである声聞については、阿羅漢を中心に様々な有学・無学の声聞たちに記別が授けられてきた。一方、小乗のもう一つの重要な存在である「独覚」への授記はこれまで一度も説かれてこなかったわけだが、初期経典中において独覚となった仏弟子の存在は知られていないので、説きたくても説けなかったというのが実情であったと推察される。(26)

しかし、仏伝をベースにしながら、三乗を一仏乗に摂することをテーマとする法華経としては、仏弟子であって、なおかつ独覚である者の存在がどうしても必要であったと考えられるのである。さて、問題はそのような都合のよい仏弟子がいたのかどうかであるが、いたのである。それこそがデーヴァダッタであり、いくつかの仏典にデーヴァダッタが独覚になる話が見られる。まずはMSV破僧事の用例から紹介しよう。場面は、破僧を企てたが失敗に終わったデーヴァダッタが自らブッダを殺しにやってくるところである。

〔デーヴァダッタがやってくるのを見て〕世尊は〈如何なる心で彼は私に近づいてきたのか〉と考えられた。すると、殺人の心〔で近づいてくるの〕が分かった。そこで世尊は足の裏から膝頭まで水晶作りの足を化作し、黙って住していた。彼は世尊の足を爪で引っかこうとしたが、彼の爪は折れてしまい、〔逆に自分が〕毒に中たって言った。「お前に帰依する。お前は『仏に帰依する者は悪趣に赴かない』と言ったな。もしも私が悪趣に赴いたなら、お前は嘘をついたことになる」と。

〔この言葉を〕発することで〔機縁が〕熟した業は、たちどころに〔デーヴァダッタの〕身体に襲いかかった。彼は生きながらにして阿鼻〔地獄〕の火に包まれ、「熱い、アーナンダよ！熱い、アーナンダよ！」と叫び声をあげはじめた。そのとき、慈悲深く、慈愛を本性とし、〔他人をも〕身内のように慈しむ同志アーナンダは「さあデーヴァダッタよ、如来・阿羅漢・仏に帰依せよ」と言った。彼は苦痛に苛まれながら、目の前で〔自らの業〕果〔が熟するの〕を見て、誠の心を起こし、「この私は全身を以て仏・世尊に帰依いたします！」と言葉を発した。〔こう〕いうと、身体ごと阿鼻大地獄に落ちていったのである。

そこで世尊は比丘たちに告げられた。「比丘たちよ、デーヴァダッタは善根を取り戻した。彼は一劫の間、阿鼻大地獄に留まった後、独覚の覚りを作証し、アスティマットという独覚になるだろう（pratyekāṃ bodhiṃ sākṣātkariṣyati asthimān nāma pratyekabuddho bhaviṣyati）。彼は正覚を得るや否や、施食を一隅に置き、両手を擦りながら、〈どうして私は長夜にわたって輪廻を流転していたのであろうか〉と精神を集中する。精神を集中しながら〈生まれる度に私は、世尊が菩薩であったときも、一切の所知に関して自在を獲得されたときも、彼に挑戦し、また財利や尊敬を〔手に入れようとした〕ためである〉と知るのである。彼はその一つの施食をも口にすることなく上空に舞いあがると、火・熱・雨・雷といった神変を現し、無余なる涅槃界に般涅槃するだろう」（MSV vii 261.11–262.12）

これとほぼ同内容の話が『増一阿含経』とMil. にも見られる。

『増一阿含経』

仏告阿難。於是提婆達兜従地獄終生善処天上。経歴六十劫中不堕三悪趣。往来天人最後受身。当剃除鬚髪著三法衣。以信堅固出家学道。成辟支仏名曰南無。爾時阿難前白仏言。如是世尊。提婆達兜由其悪報致地獄罪。為造何徳六十劫経歴生死。不受苦悩後復成辟支仏号名曰南無。仏告阿難。弾指之頃善意其福難喩。何況提婆達兜博古明今多所誦習。総持諸法所聞不忘計。彼提婆達兜昔所怨讎起殺害心向於如来。復由曩昔縁報故。有喜悦心向於如来。由此因縁報故。六十劫中不墜堕三悪趣。復由提婆達兜。最後命終之時。起和悦心称南無故。後作辟支仏号名曰南無。（T. 125, ii 804c9–23）

Mil.

「大王よ、世尊は『私の教えにしたがって出家すれば、〔彼の〕苦は終わるだろう』といって、慈悲を垂れ、デーヴァダッタを出家させた。大王よ、そしてデーヴァダッタの苦はなくなった。大王よ、デーヴァダッタは臨終のさいに『全身以て、かの最上なる人、神を超えし神、調御丈夫、普眼者、百の福相を持てる人たるブッダに、我は命の限り帰依せん』といって、命のあるかぎり

〔ブッダに〕帰依した。大王よ、もしもあなたが一劫を六分するなら、デーヴァダッタが破僧したのは、第一分を過ぎた時である。残りの五分を地獄で過ごした後、そこから脱して、アッティッサラと呼ばれる独覚になるだろう（aṭṭhissaro nāma paccekabuddho bhavissati）」（Mil. 111.4–16）

最後にDhp-a. の用例を紹介する。破僧を企てるも失敗に終わって病にかかり、回心したデーヴァダッタはブッダに会いたくなると、侍僧たちに頼んで、担架に載せてもらい、ブッダのもとに近づこうとした。その途中、担架から降りて川岸で休憩していると彼の足が徐々に地中に沈んでいき、顎の辺りまで沈んだときに、Mil. の用例で見たのと同じ偈頌を以て、心の底からブッダに帰依を表明したので、ブッダは彼に「彼は今から百千劫の後、アッティッサラと呼ばれる独覚になるだろう（aṭṭhissaro nāma paccekabuddho bhavissati）」（Dhp-a. i 148.2–3）と独覚の記別を与える。

このように独覚の名前こそ異なっているが、この四つの資料はいずれも彼が独覚の記別を授かったことを説く。Mil. にこの話が見られるということは、デーヴァダッタへの独覚授記の伝承が、少なくとも紀元前一五〇年頃には成立していたことになる。もしもこの伝承が原始法華経の編纂時に存在していたとすれば、法華経でデーヴァダッタに成仏の記別を授ける意図は、「悪人成仏」ではなく「独覚成仏」であり、このように解釈した方が、三乗を一乗に摂することを主題とする法華経の趣旨に合致するのではないだろうか。

もしも原始法華経の編纂時より遅れてデーヴァダッタの独覚授記の伝承が成立したか、あるいは原始法華経の編纂後に後代の編纂者がこの伝承を知ったとすれば、三乗の一仏乗への統合を主題としながら、声聞に対する成仏授記のみで独覚に対する成仏授記を説かない法華経に不足を感じ、法華経の完成度をより高める目的でこの話をここに挿入した可能性もある。これ以上の詮索は想像の域を超えないのでさしひかえるが、現時点では法華経に見られるデーヴァダッタ伝承が「悪人成仏」ではなく、「独覚成仏」として解釈する方が、法華経の趣旨に合致しているとだけ指摘しておく。

八　勧持品［13］――カピラヴァストゥ帰郷

〔内容〕　この品は、薬王菩薩と大楽説菩薩が従者である二百万の菩薩とともに、つぎのような誓いの言葉を述べる場面からはじまる。

「どうか世尊はこの〈仏滅後の法華経弘通の〉ことで心配なさいませんように。世尊よ、如来が般涅槃された後、私たちがこの法門を衆生に説示し、説明するでしょう。さらにまた世尊よ、その時代の有情たちは悪意があり、善根は少なく、高慢で、利得と名誉にとらわれ、不善根を行い、調御しがたく、信解の志向を欠き、信解の意向も強くないでしょう。しかし、世尊よ、私たちは忍耐力を発揮して、そのような時代にもこの経典を解説し、受持し、説明し、書写し、恭敬し、尊重し、尊敬し、供養するでしょう。また、世尊よ、私たちは体と命を抛ってこの経典を説き弘めるでしょう。どうか世尊はこのことで心配なさいませんように」（SP 267.2–9）

その後、他の有学・無学の比丘五〇〇人と、ブッダに成仏の記別を授かった有学・無学の比丘八〇〇〇人も、娑婆世界以外の世界で法華経の弘通に努めることを誓う。そのとき、ブッダは養母であった比丘尼マハープラジャーパティーが〈自分には授記されなかった〉と落胆しているのを知って、彼女に成仏の記別を授け、さらにかつて妻であった比丘尼ヤショーダラーも同様に落胆しているのを知って、彼女にも成仏の記別を授ける。この他にも八十万億ナユタの菩薩たちがいたが、彼らも法華経の弘通を誓う。最後にマハープラジャーパティーとヤショーダラーへの授記を、前に倣ってまとめておく。

マハープラジャーパティー
仏　名：Sarvasattvapriyadarśana・一切衆生咸敬・一切衆生喜見
仏国土名：全資料に記述なし
劫　名：全資料に記述なし
寿　命：全資料に記述なし

ヤショーダラー
仏　名：Raśmiśatasahasraparipūrṇadhvaja・具足百千光幢幡・具足千万光相
仏国土名：Bhadrā・仁賢・善国
劫　名：全資料に記述なし
寿　命：無量・不可限・無量阿僧祇劫

〔**考察**〕最初の二人の菩薩の誓いに見られるように、この品では仏滅後の法華経弘通がテーマになっているが、仏伝という視座から見れば、涅槃を扱う如来寿量品［16］が近づくにつれ、この品あたりでブッダの入滅をにおわせる記述が見られることは興味深いといえよう。周到な準備のもとにプロットが組み立てられ、話が進行しているとも解釈できる。

横超［1969: 102–108］はこの品を分析し、ここで五種類の者たち(1)薬王菩薩と大楽説菩薩、(2)阿羅漢五〇〇人、(3)学無学八〇〇〇人、(4)マハープラジャーパティーとヤショーダラー、(5)八十万億ナユタの不退転の菩薩）が登場するが、仏滅後の法華経弘通の場所は、(1)と(5)の菩薩が此土であるのに対し、(2)と(3)と(4)の声聞は彼土であるとし、此土における弘経のほうがより困難であるから、菩薩だけがその任に堪えうると指摘する。

また苅谷［2009: 339–352］はこの品を七つのプロットに分類し、本来は最後の八十万億ナユタの菩薩たちの弘誓の件だけしかなかったと指摘する。その根拠として、たとえば、薬王菩薩と大楽説菩薩の従者の数の齟齬をあげる。つまり、薬王菩薩は序品［1］や法師品［10］にすでに登場し、また大楽説菩薩も見宝塔品［11］ですでに登場しているが、そこでは、この品で説かれるような「二百万の菩薩を従者とする」ことが説かれていないことなどを理由に、最初からヤショーダラーへの授記までを後代の付加とする。

ともかく、この品に登場するマハープラジャーパティーとヤショーダラー、それからすこし遡って提婆達多品［12］のデーヴァダッタ、さらにもうすこし遡って授学無学人記品［9］のアーナンダとラーフラは皆、シャーキャ族に関係のある人物であることを考えるなら、そして法華経が仏伝を前提として作られたという仮説に立つなら、これはブッダのカピラヴァストゥ帰郷を下敷きに構成されていると解釈することが可能となる。

ただし、破僧とカピラヴァストゥ帰郷の前後関係は定かではない。水野〔1972: 203〕は仏伝資料を渉猟し、ブッダによる故郷訪問に、成道第二年説、第六年説、第一二年説などがあって定説がないと指摘し、故郷訪問は一回だけではなく、成道後に数回訪問した可能性を示唆する。なぜなら、カピラヴァストゥが仏教の二大中心地であるコーサラとマガダの往復の途中にあるからだという。ここでは歴史的にブッダがいつ帰郷したかとか、何度帰郷したかは問題にしない。仏伝資料によって帰郷の時期や回数にばらつきがあったとしても、重要なのは、そのような伝承が当時存在していたという事実である。

そして大雑把にいえば、破僧もカピラヴァストゥ帰郷も、シャーリプトラとマウドガリヤーヤナの出家帰仏譚の後であることを確認しておけば、法華経における仏伝の出来事の流れを考える上で充分であろう。なぜなら、カピラヴァストゥ帰郷と破僧のいずれにおいても、デーヴァダッタに従った比丘を連れ戻し、ラーフラを出家させるという重要な役割を演じるのはシャーリプトラであり、破僧とカピラヴァストゥ帰郷の前にシャーリプトラ（そしてマウドガリヤーヤナ）が出家してさえいれば、後の話の流れに支障はないからだ。

換言すれば、大事なのは「破僧」と「カピラヴァストゥ帰郷」の前後関係ではなく、「シャーリプトラとマウドガリヤーヤナの出家帰仏」と「破僧とカピラヴァストゥ帰郷」の前後関係なのである。したがって、繰り返しになるが、仏伝という視座から見ると、法華経の提婆達多品〔12〕は「シャーリプトラとマウドガリヤーヤナの出家帰仏」に相当する授学無学人記品〔9〕の前には入りようがないのだが、カピラヴァストゥ帰郷に相当する勧持品〔13〕の後には入りこむ可能性があったといえる。

ではなぜ、勧持品の前だったのか。もしも仏伝の流れを意識して提婆達多品がその編纂当初から創作されていたか、あるいは誰かがこれを後代に挿入したとすれば、その当初の編纂者あるいは後代の挿入者が、破僧の発生時期をカピラヴァストゥ帰郷の前と位置づける仏教史観を持っていたと考えられるが、これはまったく想像の域を出ないので、今後の検討課題としておく。

九　如来寿量品［16］――般涅槃

〔内容〕　智顗の「迹門／本門」という分類にしたがえば、本門の中心となるのがこの如来寿量品である。仏伝においてもとりわけブッダの入滅は重要な出来事であるから、法華経においても、これに相当する如来寿量品の位置づけは重要であるといわなければならない。

ブッダは菩薩の全集団に向かって「善男子よ、私を信用せよ。真実の言葉を語る如来（tathāgatasya bhūtāṃ vācaṃ vyāharataḥ）[27]を信じよ」（SP 315.1–2）と三度述べ、それに答えて菩薩の集団が「世尊はそのわけをお話しください。善逝はお話しください。私たちは如来の説かれることを信じるでしょう」と三度懇願すると、ブッダは自らの涅槃について話をはじめる。梵天勧請に相当するシャーリプトラの説法懇願もそうであったが、このような「三度の懇願」は、これからなされるであろう説法がきわめて重要であることを告げる予兆となっている。そしてそこで明かされる真実、それは聴衆の予想をはるかに超えるものであった。ブッダはいう。

「善男子よ、この天・人・阿修羅を含む世間の者たちは、〈シャーキャムニ世尊・如来はシャーキャ族の家から出家され、ガヤーと呼ばれる大都城の近くの、もっとも優れた菩提座に登って、今〔初めて〕無上正等菩提を覚られた〉と思っているが、そう見てはならない。そうではなく、善男子よ、実に私が無上正等菩提を覚ってから、何十万コーティ・ナユタもの劫が経過しているのである」（SP 316.1–5）

ここできわめてショッキングな事実が明かされた。つまりブッダはもうすでに遠い昔において無上正等菩提を覚っていたというのである。ここで覚りについての新たな事実がブッダ自身によって明かされたのであるが、この事実は涅槃に対する聴衆の解釈にも新たな変更を迫ることになる。続けてブッダはいう。

「そのとき以来、善男子よ、私はこの娑婆世界や他の何十万コーティ・ナユタもの世界において有情に教えを説き、しかも善男子よ、そのあいだに私が称讃してきたディーパンカラ如来をはじめとする如来・阿羅漢・正等覚者たち(28)、それら正覚を得た尊敬されるべき如来たちの般涅槃は、善男子よ、私が善巧方便を以て説法を完遂するために作りだし〔て説い〕たものなのである。（中略）如来はかくも遠い昔に覚りを開き、無量の寿命の長さ（aparimitāyuspramāṇa）を有し、常に現存しつづけ、般涅槃したことはないが、如来は〔衆生を〕教化するために般涅槃してみせるのである。しかも、善男子よ、今もなお私の過去の菩薩行は完成されていないし、寿命の長さもまだ満ちてはいないのだ。善男子よ、私の寿命の長さが満ちるまでには、私にとって今からでも〔今までの〕二倍にあたる何十万コーティ・ナユタもの劫がかかるだろう」（SP 317.9–319.4）

つまり、この世における覚りが最初でないように、この世における涅槃が最後でもないというのである。換言すれば、まさにこの品名の「如来寿量」が示すとおり、「如来の寿命がこの娑婆世界における誕生から入滅に限定されるものではなく、誕生以前と入滅以後にも延長される」という新たな知見がブッダによって披瀝されたわけである。ではなぜ、ブッダは真の意味においては涅槃に入ることがないのに、涅槃に入ると告げるのかについては、つぎのように説明する。

「それはなぜかというと、善男子よ、私はこのような仕方で有情を成熟させるからである。〔すなわち〕私がきわめて長いあいだ〔この世に〕存在し続けると、有情は〔私に〕いつでも会えることで、有情は善根を積まず、福徳を欠き、貧窮し、愛欲を貪り、盲目となり、邪見の網に覆われ、〈如来は〔いつも〕おられる〉と考えて、〈彼らの私に対する〉感覚が麻痺することがないよう、また如来について会いがたいとの思いを起こさないということがないよう、さらに〈我々は如来の近くにいる〉と〔考えて〕三界から出離するために精進努力を起こさなかったり、如来は会いがたいという思いを起こさなかったりということがないように、である」(SP 319.5–9)[29]

つまり、涅槃に入る姿を見せるのは、有情を教化するための巧みな方便というわけである。そしてこれを説明するために、「良医病子の喩え」を説いてこの品は閉じる。これにしたがえば、ブッダは久遠の過去においてすでに覚りを開き、またこれから先の未来にも久しく存在し続ける仏ということになる。これはすでに仏伝を解説したところで述べたように、仏伝が誕生と入滅を超えて過去と未来に拡大していったのと呼応するように、法華経においても、今生におけるブッダの生涯は、誕生する以前の過去と入滅した後の未来に向かって広がりを見せることになる。

〔考察〕　まずここで、この品名でもある「如来の寿命の長さ」について考えてみよう。さきほどの引用の中に如来の形容句として「無量の寿命の長さ（aparimitāyuspramāṇa）」という表現があったが、これを文字どおり「無量」、つまり「永遠」と理解してよいかという問題である。この理解に苅谷〔2009: 411〕は警鐘を鳴らす。彼によれば、この「無量の（aparimita）」とは、凡夫の知では量りえないというだけの意味であり、決して「無限」を意味するのではないにもかかわらず、従来は「常住にして永遠」の永遠仏としてブッダを解釈してきたが、それは誤りであるとする。[30] 確かに、さきほど引用した中の「私の寿命の長さが満ちるまでには、私には今からでも〔今までの〕二倍にあたる何十万コーティ・ナユタもの劫がかかるだろう」という表現からすれば、ブッダの寿量はきわめて長い時間ではあるが、それは「無限」ではなく「有限」といえよう。[31]

どうもここの読みには問題があり、私自身、思想的には切りこめないので、如来の寿命の長さ自体に関する解釈はさしひかえざるをえないが、しかし少なくとも、この品が仏伝の涅槃に相当し、ブッダの入滅を扱っていることだけは確かである。すでに見た涅槃経に「望むならば、如来は一劫でも、この世に留まるであろうし、あるいはそれよりも長い間でも留まることができるであろう」という表現が見られたが、これは、無限ではないにしても、少なくとも八〇年ではない、きわめて長い期間、ブッダはこの世に留まることができることを説いており、法華経の記述と重なるところがある。

ブッダの寿命が有限であれ無限であれ、この章ではその名の示すとおり、ブッダの寿命が問題にされ、有情を教化する方便ではあるが、ブッダは涅槃に入ると説くのであるから、これが仏伝の般涅槃に相当するのは確実である。

一〇　分別功徳品〔17〕以下――仏滅後

分別功徳品以下、普賢菩薩勧発品〔28〕までの一三章は、仏滅後の仏教徒のあり方を問題にしているという点で一括りにできるが、分別功徳品〔17〕と随喜功徳品〔18〕と法師功徳品〔19〕の三章は法華経読誦等の功徳を説く点で共通している。ただし、分別功徳品〔17〕では、法華経全体というよりは、この直前の如来寿量品〔16〕という法門に限定して、その読誦などの功徳が説かれている。

また常不軽菩薩品〔20〕以下では、おおむね具体的な菩薩に言及しながら、彼らの法華経護持の姿が描かれるが、分別功徳品〔17〕以下は仏滅後に法華経を護持することの重要性を説く点で共通している。なお、仏伝という視点からは分別功徳品〔17〕以下が仏滅後のことに相当するので、仏伝という視点からの考察はここまでとする。

第四章　挿話の考察

一　化城喩品［7］——城喩経類との関係

〔内容〕　章を改め、仏伝に相当する品の間にはめこまれた挿話の考察に移る。まずは化城喩品からである。では詳しくその内容を見ていこう。

　ここでは、ブッダが比丘たちに過去世における大通智勝如来の事績を説明するという流れで話が進行する。大通智勝如来は一〇中劫もの時間をかけて覚りを開くと、彼が太子であったときに設けた一六人の王子たちが父の覚りを偈頌で称讃する。そしてその後、一六人の王子たちは、如来となった父に説法するよう懇願する。そのとき、大地は六種に震動し、巨大な光明が出現すると、東・南東・南・南西・西・北西・北・北東・上・下という十方の梵天界がその威光で光りだした。そこで十方の大ブラフマンたちはこぞって大通智勝如来のもとに近づくと、各方角のブラフマンたちは天の乗物を彼に献上し、偈頌で称讃し、同じく説法を懇願してつぎのようにいう。

「世尊は世間において法輪を転じてください。世尊は涅槃を示してください。世尊は有情を救ってください。世尊はこの世間に恩恵を与えてください。世尊は、神々を含み、魔を含み、ブラフマンを含むこの世間のために、また沙門とバラモンを含み、神・人・阿修羅を含む生類のために、法を説いてください。それは、多くの人々の幸福のために、多くの人々の安楽のために、世間を憐愍せんがために、神々や人々の大衆の利益・幸福・安楽になるでしょう」（SP 173.8–12）

こうして、幾百千コーティ・ナユタのブラフマンたちと一六人の王子たちに懇願された大通智勝如来はいよいよ説法を開始するが、その内容はまず四聖諦、そしてそれにつづいて十二支縁起を流転から還滅という順で説く。この説法は四回繰り返され、一々の説法のたびに多くの有情が解脱し、彼の僧伽の数は計算を超えるほどであった。

一方、彼の一六人の息子たちは出家して沙弥となると、二万劫の後、大通智勝如来は彼らに法華経を説いた。彼らは法華経を受持し、憶持し、理解したので、大通智勝如来は彼らに無上正等菩提の記別を授けるが、法華経を八〇〇〇劫の間、休みなく説き続けると、八万四千劫の間、僧房に引き籠もったので、その間、一六人の沙弥たちが大通智勝如来に代わって法華経を説き、有情を成熟させた。八万四千劫の後、三昧から起きあがった大通智勝如来は、一六人の沙弥たちの所行を称讃する。これら一六人が、その後、どの方角でどのような仏になったかをブッダは詳細に説き示すが、その内容をまとめると、つぎのとおりである。(1)

東　(1) Akṣobhya・無怒・阿閦
　　(2) Merukūṭa・山崗・須弥頂

南東　(3) Siṃhaghoṣa・師子響・師子音
(4) Siṃhadhvaja・師子幢・師子相
南　(5) Ākāśapratiṣṭhita・一住・虚空住
(6) Nityaparinirvṛta・常滅度・常滅
南西　(7) Indradhvaja・帝幢・帝相
(8) Brahmadhvaja・梵幢・梵相
西　(9) Amitāyus・無量寿・阿弥陀
(10) Sarvalokadhātūpadravodvegapratyuttīrṇa・超度因縁・度一切世間苦悩
北西　(11) Tamālapattracandanagandhābhijña・梅檀神通・多摩羅跋梅檀香神通
(12) Merukalpa・山蔵念・須弥相
北　(13) Meghasvaradīpa・楽雨・雲自在
(14) Meghasvararāja・雨音・雲自在王
北東　(15) Sarvalokabhayacchambhitatvavidhvaṃsanakara・除世懼・壊一切世間怖畏
中央　(16) Śākyamuni・吾(2)・釈迦牟尼(3)

この後、涅槃は唯一であって、第二や第三の涅槃があるわけではないが、それらが説かれるのは如来の巧みな方便によってであるとして、有名な「化城宝処の喩え」が説かれる。宝島を目指して五〇〇ヨージャナの荒野を行く隊商が疲労困憊し、引き返そうとするとき、優れた道案内は神通力で都城を化作し、隊商を励まして、その都城まで隊商を導く。一度は挫けそうになった隊商も、その都城を見て元気を取り戻して歩を進めるが、そこに到着して荒野を抜けだしたと思うや、道案内は彼らが疲労から回復したのを知って、真実を明かし、宝島を目指してさらに旅を続けるよう隊商を励ます。

これと同じように、いきなり真実の涅槃を示すと、有情は疲れ退転してしまうので、如来は巧みな方便を用い、彼らを休息させるために、途中に声聞の涅槃と独覚の涅槃を示したに過ぎないという。この喩えにしたがうなら、声聞の涅槃と独覚の涅槃は、真実の涅槃に向かう道程の「通過点」という位置づけになる。では本章の最後におかれた韻文の一部（第一〇四偈～第一〇九偈）を紹介しておく。

それ故、我はかく思惟せり。〈彼等は〔涅槃の〕安穏を得たれば、疲労を回復せん〉と。また〈これは一切の苦の寂滅にして、汝等は阿羅漢の位を得て、為すべきを為し終えり〉と。＝しかるに、汝等、この〔安穏の〕状態に安住し、皆が阿羅漢になれりと見定めしとき、そこにて皆をここに集め、この〔法華経の〕教えの如く真実の義を顕わにす。＝偉大なる聖仙等の三乗を説けるは、導師等の巧みなる方便なり。実に乗物は一にして第二のものなけれども、〔有情を〕休息せしめんが為に、〔他の〕二乗を説けり。＝（中略）導師等の教説はかくの如し。〔有情を〕休息せしめんが為に〔彼らに二乗の〕涅槃を説き、〔そこにて彼等の〕休息を取れるを知るや、〔真実の〕涅槃〔を得しめん〕が為に、皆を一切知者の知に導くなり。（SP 197.11–198.10）

〔考察〕　この品の Skt. 名は Pūrvayoga である。苅谷〔2009: 173〕はこの品名の意味を、「今、現に霊鷲山の会座にあって「この法門」即ち『法華経』を説いている仏陀釈尊と、それを聴聞している声聞たち—それは舎利弗を筆頭に大迦葉等の四大声聞を含む、総じて千二百人の無漏の阿羅漢たち—との“結びつき”（yoga）が決して今回だけでのものではなく、はるか過去世（pūrva）から無数回にわたって繰り返されてきたことを指して言っているのである」と説明する。

このSkt. 名は漢訳の『正法』「往古」には対応するが、『妙法』および『添品』の「化城喩」には直接対応しない。「化城喩」という名称は、今見たとおり、この品の最後で説かれる喩えに由来するが、『妙法』および『添品』の「化城喩」という漢訳がいかなるSkt. に基づいていたのかは知る由もない。可能性だけを模索するなら、現在のSkt. 名であるPūrvayogaを、『妙法』および『添品』の漢訳者が最後の譬喩に重きを置いて「化城喩」と訳したのか、あるいは両者の基づいたSkt. 原典にはPūrvayogaとは違ったSkt. 名が付されていたことも考えられる。

さて、「化城喩」という字面だけに注目すれば、現存する資料ではパーリのNagara（SN）、あるいは説一切有部系のNagaropamasūtra等が想起されるが、内容的に何らかの関連性は認められるのであろうか。ここでは、この点を考察してみたい(4)。

まずはSNの内容を見てみよう。ここではブッダが成道直前の心の動きを比丘たちに語るという形式をとり、十支縁起が流転・還滅の順で説かれるのが特徴だ。そしてその後、ブッダはこれを喩えで説明するのに、「都城（nagara）」が説かれる。

「たとえば比丘たちよ、〔ある〕人が荒野の林叢をさまよっていると、過去の人々が辿った古道・古径を発見したとしよう。〔そして〕彼はそれにしたがい、それに沿って行くと、園林を具え、森を具え、蓮池を具え、城壁に取り囲まれて麗しく、過去の人々が止住していた古き都城

（nagara）・古き王国（rājadhānī）を発見したとしよう」（SN ii 105.35–106.3）
この喩えを踏まえて、ブッダ自身も過去の正等覚者たちの辿った道を発見したと言い、つぎのように述べる。

「比丘たちよ、過去の正等覚者たちが辿った古道・古径とは何か。それは聖なる八正道である。すなわち、正見（中略）正定である。比丘たちよ、これぞ過去の正等覚者たちが辿った古道・古径である。これにしたがい、これに沿って行きつつ、老死を知り、老死の原因を知り、老死の滅を知り、老死の滅に赴く道を知ったのである」（SN ii 106.18–27）

これと同内容の資料はかなりあり、また十支縁起・十二支縁起の支分が流転と還滅とで異なっているというバリエーションから、⑴流転十支と還滅十支、⑵流転十支と還滅十二支、⑶流転十二支と還滅十二支、の三種に大別される。これを子細に検討すれば、部派帰属の問題や縁起説の発展過程など、複雑な問題を惹起するので深くは立ち入らないが、しかし少なくとも、ここで十支縁起・十二支縁起、および四聖諦が説かれている点は注目してよい。なぜなら、すでに見たように、法華経の化城喩品でも、流転十二支と還滅十二支の縁起および四聖諦が説かれていたからである。これはたんなる偶然として片づけられるであろうか。

この他にも共通点は認められる。城喩経類はブッダの成道の内容である十支縁起（あるいは十二支縁起）および初転法輪の内容である四諦八正道が、ブッダのオリジナルではなく、すでに過去仏によって覚られ説かれていたことを説くが、法華経の化城喩品でも、ブッダの法華経説示は実はブッダのオリジナルではなく、すでに大通智勝如来が過去世において説示していたと説く点も酷似している。過去仏という古仙の道を辿って覚りを開いたと説くことの意味は、ブッダの覚りに歴史的普遍性を付与することにある。

同様に、ここで法華経が大通智勝如来を登場させ、彼が十二支縁起を覚り、初転法輪として四諦を説示したことに加え、大通智勝如来がすでに太古の昔において法華経を説示していたのだと主張することで、法華経の歴史的普遍性を担保しようとしていると解釈できる。ただ、法華経の場合は、ブッダを大通智勝如来の息子の一人と位置づけ、城喩経類には見られなかった、より密度の濃い関係を、過去仏である大通智勝如来とブッダとの間に認めようとしている点が相違点として指摘できよう。また形式面においても、最後に都城の喩えが置かれている点も共通する。

城喩経類にはいくつかの種類が存在するが、では化城喩品の縁起説はどの資料と近いと考えられるであろうか。近年、城喩経類の縁起支について考察を加えた仲宗根［2004］の研究を参照しながら、この点を考えてみたい。すでに指摘したように、十支・十二支縁起には三つのパターンがあるが、仲宗根はこれをつぎのように整理している。(5)

(1) Pelliot が敦煌で発見した Nidānasūtra（Lévi［1910］）
(2) The Gopālpur Bricks II, III（Johnston［1938］）
(3) Nidānasaṃyukta（Sūtra 5）Nagara（村上［1973］）
(4) Nagaropamasūtra（Bongard-Levin, Boucher, Fukita, Wille［1996］）
(5)『雑阿含経』第二八七経（T. 99, ii 80b24–81a8）

(6)『貝多樹下思惟十二因縁経』（T. 713 xvi 826b4–827b20）
(7)『縁起聖道経』（T. 714 xvi 827b24–828c27）
(8)『仏説旧城喩経』（T. 715 xvi 829a–830b）
(9) SN xii 65 Nagara（ii 104.5–107.5）
(10)『増一阿含経』（T. 125, ii 718a13–c16）

資料	流転分の支分数	還滅分の支分数	帰属部派
(1)	(10)	12	説一切有部
(2)	10	12	不明
(3)	10	12	説一切有部
(4)	10	12	説一切有部
(5)	10	12	説一切有部
(6)	10	12	不明
(7)	10	12	不明
(8)	10	12	不明
(9)	10	10	南方分別説部
(10)	12	12	不明

また仲宗根は大本経系の縁起説もとりあげ、つぎのように整理している。

資料	流転（散文）	還滅（散文）	流転（韻文）	還滅（韻文）	帰属部派
大本経（Skt.）(6)	10	12	12	12	説一切有部
大本経（Pāli）(7)	10	10	―	―	南方分別説部
大本経（漢訳）(8)	12	12	12	12	法蔵部
毘婆尸仏経(9)	12	12	12	12	不明

まずは縁起の支分に注目してみよう。化城喩品の内容はつぎのとおりである。

「かくして比丘たちよ、実に無明を縁として行があり（avidyāpratyayāḥ saṃskārāḥ）、行を縁として識があり、識を縁として名色があり、名色を縁として六処があり、六処を縁として触があり、触を縁として受があり、受を縁として愛があり、愛を縁として取があり、取を縁として有があり、有を縁として生があり、生を縁として老死・愁・悲・苦・憂・悩がある。このようにして、この純粋な苦の大きな塊が起こるのである。〔逆に〕無明が滅すれば行が滅し（avidyānirodhāt saṃskāranirodhaḥ）、行が滅すれば識が滅し、識が滅すれば名色が滅し、名色が滅すれば六処が滅し、六処が滅すれば触が滅し、触が滅すれば受が滅し、受が滅すれば愛が滅し、愛が滅すれば取が滅し、取が滅すれば有が滅し、有が滅すれば生が滅し、生が滅すれば老死・愁・悲・苦・憂・悩が滅する。このようにして、この純粋な苦の大きな塊が滅するのである」（SP 179.4–13）

このように法華経では流転・還滅ともに十二支の縁起が説かれているが、右記の表から、流転・還滅ともに十二支の縁起を説くのは『増一阿含経』のみである。では『増一阿含経』の内容を見てみよう。

爾時世尊告諸比丘。我本為菩薩時未成仏道中有此念。此世間極為勤苦。有生有老有病有死。然此五盛陰不得尽本原。是時我復作是念。由何因縁有生老病死。復由何因縁致此災患。当思惟此時復生此念。有生則有老病死。爾時当思惟是時復更生念。由何因縁有生此由有而生。復生此念。有者何由而有。当思惟是時便生此念。此有由受而有。復念此受何由而有。爾時以智観之。由愛而有受。復更思惟。此愛何由而生。重観察之。由痛而有愛。復更思惟。此痛何由而生。当作是観察時。由更楽而有此痛。復重思惟。此更楽何由而有。我生此念時。縁六入而有此更楽。時我重思惟。此六入何由而有。観察是時。由名色而有六入。時我復作是念。名色何由而有観察是時復由識而有名色。此識何由而有。観察是時。由行生識。時我復作是念。行何由而生。観察是時。行由癡而生。無明縁行。行縁識。識縁名色。名色縁六入。六入縁更楽。更楽縁痛。痛縁愛。愛縁受。受縁有。有縁生。生縁死。死縁愁憂苦悩不可称計。如是名為苦盛陰所習。我爾時復作是念。由何因縁滅生老病死。我観察是時。生滅老病死滅。時復生此念由何而無生。観此生原有滅生則滅。復念由何而無有。時生此念無受則無有。時我生此念由何滅受。観察是時。愛滅受則滅。復生此念由何而滅愛。重更観察。痛滅愛則滅。復思惟由何而滅痛。観察是時。更楽滅則痛滅復思惟。更楽何由而滅。観察是時。六入滅則更楽滅。復観此六入何由而滅。当観察時名色滅則六入滅。復観。名色何由而滅。識滅則名色滅。復観察。此識何由而滅。行滅則識滅。復観。此行何由而滅。癡滅則行滅。行滅則識滅。識滅則名色滅。名色識則六入滅。六入滅則更楽滅。更楽滅則痛滅。痛滅則愛滅。愛滅則受滅。受滅則有滅。有滅則生滅。生滅則老病滅。老病滅則死滅是謂名為五盛陰滅。（T. 125, ii 718a14–b24）

法華経と比較すれば、『増一阿含経』の記述はきわめて長いが、しかし傍線で示したまとめの部分は法華経によく一致する。『増一阿含経』の帰属部派に関しては、様々な考察にかかわらず、まだ不明な点が多いが、平岡〔2007d, 2008a〕において、『増一阿含経』は説一切有部系の資料をベースにしながらも、それ以外の部派の資料も取りこんでパッチワークした文献であることを明らかにした。よって、帰属部派という点では現時点では不明であり、これを以て法華経をある特定の部派と関係づけることはできない。

そこですこし視点を変え、城喩経類以外で十支・十二支縁起を説く資料をとりあげてみよう。仏伝資料において成道に言及する資料には、十支・十二支縁起が説かれている可能性が高い。まずは、大衆部系の Mv. である。ここではブッダが正覚を得たときの心の動きがつぎのように叙述される。

「これあれば、かれあり。これなければ、かれなし。これ生起するがゆえに、かれ生起す。これ滅するがゆえに、かれ滅す。無明を縁として行あり（avidyāpratyayāḥ saṃskārāḥ）。行を縁として識あり。識を縁として名色あり。名色を縁として六処あり。六処を縁として触あり。触を縁として受あり。受を縁として愛あり。愛を縁として取あり。取を縁として有あり。有を縁として生あり。生を縁として、老死という憂・悲・苦・落胆〔等〕の苦悩が起こる。このようにして、この純粋な苦の大きな塊が起こるのである。しかし逆に、無明の滅によって行の滅がある（avidyānirodhāt saṃskāranirodhaḥ)。行の滅によって識の滅がある。識の滅によって名色の滅がある。名色の滅によって六処の滅がある。六処の滅によって触の滅がある。触の滅によって受の滅がある。受の滅によって愛の滅がある。愛の滅によって取の滅がある。取の滅によって有の滅がある。有の滅によって生の滅がある。生の滅によって老死という憂・悲・苦・落胆〔等〕の苦悩の滅がある。こうして、この純粋な苦の大きな塊が滅するのである」(Mv. ii 285.7–18)

傍線部を除くと、これは法華経の記述にきわめて近い。ではつぎに、説一切有部のMSV破僧事である。ここでは、ブッダが龍王ムチリンダの住処で思いのままに時を過ごしてから、菩提樹の根元に近づき、そこに設えられた草の敷物に坐って、七日間、結跏趺坐したまま時を過ごしていると、つぎのように十二支から成る縁起を順観・逆観したという。

〈これがあれば、かれがある。これ生ずるがゆえにかれ生ず。無明を縁として行がある(avidyāpratyayāḥ saṃskārāḥ)。行を縁として識がある。識を縁として名色がある。名色を縁として六処がある。六処を縁として触がある。触を縁として受がある。受を縁として愛がある。愛を縁として取がある。取を縁として有がある。有を縁として生がある。生を縁として老・死からくる憂・嘆・苦・愁・悩がある。このようにして、この純粋な苦の大きな塊が起こるのである。一方、これがなければ、かれもない。これ滅するがゆえにかれ滅す。無明の滅によって行の滅がある(avidyānirodhāt saṃskāranirodhaḥ)。行の滅によって識の滅がある。識の滅によって名色の滅がある。名色の滅によって六処の滅がある。六処の滅によって触の滅がある。触の滅によって受の滅がある。受の滅によって愛の滅がある。愛の滅によって取の滅がある。取の滅によって有の滅がある。

有の滅によって生の滅がある。生の滅によって老死からくる憂・嘆・苦・愁・悩の滅がある。このようにして、この純粋な苦の大きな塊が滅するのである〉(MSV vi 127.7–23)

これも傍線部を除くと、Mv. と内容的にはほぼ同じであり、したがって法華経との一致具合も高い。つづいて、LV の用例を見てみよう。

そこで菩薩はこう考えた。〈何があれば老死があるのか。また、何を縁として老死があるのか〉と。彼はこう考えた。〈生があれば、老死がある。生を縁として老死がある〉と。(以下、同様の繰り返しにつき、省略) そこで菩薩はこう考えた。〈何があれば行があるのか。また、何を縁として行があるのか〉と。彼はこう考えた。〈無明があれば、行がある。無明を縁として行がある〉と。比丘たちよ、菩薩はこう考えた。〈無明を縁として行がある (avidyāpratyayāḥ saṃskārāḥ)。行を縁として識がある。識を縁として名色がある。名色を縁として六処がある。六処を縁として触がある。触を縁として受がある。受を縁として愛がある。愛を縁として取がある。取を縁として有がある。有を縁として生がある。生を縁として老・死からくる憂・嘆・苦・愁・悩がある〉と。(中略)〈何がなければ老死がないのか。また、何の滅によって老死の滅があるのか〉と。彼はこう考えた。〈生がなければ老死はない。生の滅によって老死の滅がある〉と。そのとき、菩薩はこう考えた。〈何がなければ生はないのか。何の滅によって生の滅があるのか〉と。彼はこう考えた。〈有がなければ生はない。有の滅によって生の滅がある〉と。そのとき、菩薩はまた考えた。〈何がなければ、―広説乃至― 行はない。何の滅によって行の滅があるのか〉と。彼は考えた。〈無明がなければ行はない。無明の滅によって行の滅がある (avidyānirodhāt saṃskāranirodhaḥ)。行の滅によって識の滅がある〉と。―乃至― 〈生の滅によって老死からくる憂・嘆・苦・愁・悩の滅がある。このようにして、この純粋な苦の大きな塊が滅するのである〉と。(LV 346.5–348.15)

ここでも流転・還滅ともに十二支の縁起が説かれ、また傍線で示した箇所は法華経および Mv. や MSV 破僧事に近いが、これらの資料と比べて LV の用例はあまりに冗長であり、この意味での一致度は低い。では Mv. と MSV 破僧事のうち、どちらが法華経に近いと考えられるであろうか。十二支縁起に関する記述だけを見ていると、その判断はむずかしいので、この直前の記述に注目してみよう。法華経では、十二支縁起を説く前につぎのような記述が見られる。

「そこで比丘たちよ、かの世尊・正等覚者・阿羅漢である大通智勝如来は、それら〔十方の〕何十万コーティ・ナユタものブラフマンたちと、王子である一六人の息子たちの懇願を知って、そのとき、彼は三転十二行相から成る法輪を転じた。それは、沙門やバラモンによっても、あるいは神々やマーラやブラフマンによっても、その他の何者によっても、法にかなって世間で転じられたことのないものであった。すなわち、『これは苦であり、これは苦の原因であり、これは苦の滅であり、これは苦の滅にいたる道である、というのが〔四〕聖諦である』と説いたのだ」(SP 178.14–179.4)

このように十二支縁起に先だって、四聖諦の説示がなされるが、この点について法華経と共通するのは Mv. の方である。Mv. も十二支縁起に言及する前につぎのような記述が見られる。

〈これは苦である。これは苦の因である。これは苦の滅である。これは苦の滅にいたる道である。これは漏である。これは漏の原因である。これは漏の滅である。これは漏の滅にいたる道で

ある。今、残りなく、余りなく、漏は滅せられ、静められ、断じられ、止滅した〉（Mv. ii 285.3-7）

逐語的には一致しないものの、内容的には近いことがわかるが、このような四聖諦に関する記述はMSV破僧事には見られない。なお法華経に見られた流転分の表現形「Aを縁としてBあり（A-pratyayah(-am) B）」と還滅分の表現形「Aの滅によってBの滅あり（A-nirodhāt B-nirodhah）」は半ば定型化しているので、今見てきたように、この部分の表現は皆同じであり、したがって、これを以て法華経との親近性を確認することはできないが、支分の数の相違には意味があると考えられる。よって、法華経の流転分十二支・還滅分十二支のパターンは上記の資料（Mv.／MSV破僧事／LV）との親近性を示していると考えられるが、ただここで以下の二点には気をつけておかなければならないだろう。

(1)四諦説から十二縁起説に至る法華経の内容は、Mv. の記述に一番近く、ついでMSV破僧事の記述に近いことが分かったが、しかしこれは城喩経類という文脈ではなく、あくまで成道一般という文脈においてである。

(2)四諦説から十二縁起説に及ぶという内容は、法華経とMv. とで共通するが、しかし法華経はこれを説法の内容とするのに対し、Mv. は成道の内容とする点で異なる。

城喩経類という文脈で法華経の十二支縁起説に近いのは『増一阿含経』であったが、成道一般という文脈においてはMv. の十二支縁起説がその前に四諦説を説く点で法華経に近いことが確認された。

二　法師品〔10〕と常不軽菩薩品〔20〕――プールナの伝道説話

〔内容〕　経中において法師品と常不軽菩薩品の位置はすこし離れているが、両品には共通するテーマがあるように思われる。それは仏滅後、様々な困難に堪え忍びながら法華経を護持する者の態度、およびそのような過酷な状況において法華経を護持することの功徳の強調である。

法師品　ここではまずブッダが対告者の薬王菩薩につぎのように宣言する。

「薬王よ、彼らは皆、菩薩大士であり、この集会において〔この法門の中から〕わずか一偈頌でも一詩句でも聞くならば、あるいはわずか一度でも〔菩提〕心を発こし、この経典を随喜するならば、薬王よ、これらの四衆は皆、無上正等菩提を覚るだろうと私は予言する」(SP 224.5–7)

それほど功徳のある経であるから、法華経を説示する者に対して悪口をいうことは如来を謗ることよりも罪が重いとされ、つぎのように偈頌で表現される。

「さて誰かこの世で勝者の面前に立ちて、怒りの心を起こし、眉を顰め、満一劫もの間、〔勝者に〕非難を浴びせんに、その人は数多なる罪過を生ずべし。‖また経の受持者等の、この世でこの経を説き明かさん時、彼等に誰か悪口や雑言を吐かんに、彼の罪過は〔前者より〕更に重しと我は言う」(SP 229.7–10)

そして、仏滅後にこの経を説く場合は、如来の室（慈悲）で、如来の衣（忍辱と柔和）をまとい、如来の座（空性）に坐ってなすべきであると説かれる。そうすれば、迫害を受けても、ブッダが様々なものを化作して、彼らを守護することが説かれる。

常不軽菩薩品　昔々、威音王如来が世に現れ、般涅槃した後、正法が消滅し、正法に似た教えも消滅しつつあり、かの世尊の教誡が思いあがった比丘たちに攻撃されたとき、常不軽という菩薩の比丘がいた。なぜそう呼ばれていたかというと、その菩薩は比丘や比丘尼、あるいは優婆塞や優婆夷の誰に対しても、つぎのようにいっていたからである。

「同志方よ、私はあなた方を軽蔑いたしません。あなた方は軽蔑されません。それはなぜかというと、あなた方は皆、菩薩行を行じなさい。そうすれば〔将来〕、如来・阿羅漢・正等覚者となるお方だからです」（SP 378.1–3）

これが彼の名前の由来であった。しかし彼にそういわれた者たちは彼に対して腹を立て、悪意を抱いて非難し、こう言った。

「どうしてこの比丘は聞かれもしないのに、軽蔑の心を持たないなどと我々に説き示すのか。無上正等菩提を得るであろうと、望んでもいない虚偽の記別を我々に与えるなんて、〔我々〕自身を軽蔑している」（SP 378.10–12）

こうして多くの年月が過ぎ去ったが、常不軽菩薩は誰にも腹を立てず、悪意を起こさなかった。さて死期が近づいたとき、彼は空中からの声によって法華経を聞いた。二百万コーティ・ナユタの間、彼は神通力で自分の寿命を持続させ、法華経を説き明かした。以前は彼を軽蔑していた者たちも彼にしたがう者となり、また別の多くの有情を無上正等菩提に導き入れたのである。

彼はそこで臨終を迎えると、多くの如来たちのもとで法華経を得て、それを説き明かし、最後には無上正等菩提を獲得したが、その常不軽菩薩こそブッダ自身であったと連結で説かれる。また過去世で法華経を受持していたからこそ、このようにすみやかに無上正等菩提を覚ったとブッダ自身は語る。

〔考察〕 常不軽菩薩品では過去世のブッダが迫害に遭いながら法華経を説示した様子が説かれるが、それは過去の話でありながら、未来の仏滅後における法華経護持者のあるべき態度を暗示しているので、法師品と同様に、両品共通のテーマは仏滅後の法華経護持者の伝道における態度およびその功徳ということになる。大乗仏教も歴史的には初期仏教に根ざしているわけであるが、このような伝道のモデルは存在するのであろうか。するとすれば、それは誰なのであろうか。つぎに、この点を明らかにしてみたい。

初期経典等において伝道に熱い志を持った仏弟子といえば、なんといってもプールナをあげなければならない。彼の伝承も様々な仏典に説かれているが、ここではパーリ資料の MN からその内容を紹介しよう。ブッダに教化されたプールナはどこに居を構えたいかとブッダに質問され、つぎのような会話をブッダと交わす。

「シュローナーパラーンタカという地方がありますが、私はそこで時を過ごしたいと思います」

「プールナよ、シュローナーパラーンタカの人々は凶暴だ。プールナよ、シュローナーパラーンタカの人々は粗暴だ。プールナよ、もしもシュローナーパラーンタカの人々がお前を罵り誹るならば、その場合、プールナよ、お前はどうするつもりだ」
「大徳よ、もしシュローナーパラーンタカの人々が私を罵り謗るならば、その場合、私はこう考えるでしょう。〈ああ、このシュローナーパラーンタカの人々は善良である。彼らは私を手で攻撃しないとは！〉と。世尊よ、ここで私はこう考えるでしょう。善逝よ、ここでこう考えるでしょう」（MN iii 268.8–19）
この後、ブッダが「では手で攻撃してきたら、どうするか」と問うと、「土塊で攻撃しないので、彼らは善良だと考えます」とプールナは答える。ブッダが「では土塊で攻撃してきたら、どうするか」と問うと、「棒で攻撃しないので、彼らは善良だと考えます」とプールナは答える。同様に、棒で攻撃してきても刀よりはましだと答え、刀で攻撃してきても利剣よりはましだと答え、最後にブッダが「では利剣でお前の命を奪ったら、どうするか」という問いには、つぎのように答える。
「大徳よ、もしもシュローナーパラーンタカの人々が利刀で私の命を奪うなら、私はこう考えるでしょう。〈世尊の声聞には、身や命のことが原因で、憂い、恥じ、厭いながら、刺客を求める者たちがいる。しかし、探し求めずとも、私にはその刺客が得られている〉と。世尊よ、私はこう考えるでしょう。善逝よ、私はこう考えるでしょう」（MN iii 269.9–14）
こうして彼の堅い決意を知ったブッダは、「プールナよ、結構、結構！　プールナよ、お前は調御と寂止（damupasama）を具えているので、お前はシュローナーパラーンタカに住むことができるだろう。今がその時であると知れ」（MN iii 269.15–18）と彼に告げるのである。[10] これと同様の話は MSV 薬事（およびDivy. 38.6 ff.）にも見られるが、原語レベルでこのプールナ説話と法師品および常不軽菩薩品を比較すると、両者の浅からぬ関係を確認することができる。まずはブッダが仏滅後の菩薩大士のあるべき姿を薬王菩薩に説いて聞かせる場面に注目して見よう。

「薬王よ、誰かある菩薩大士が、如来（私）が般涅槃した後の時代、後の時節に、この法門を四衆に説き明かすとしよう。薬王よ、その菩薩大士は、如来の室に入り、如来の衣を着、如来の座に坐って、この法門を四衆に説き明かすべきである。薬王よ、如来の室とは何か。一切有情に対する慈悲の精舎こそが、薬王よ、実に如来の室であり、かの善男子はそこに入るべきである。また薬王よ、如来の衣とは何か。偉大な忍辱と柔和（kṣāntisauratya）こそが、薬王よ、実に如来の衣であり、かの善男子・善女人はそれを着るべきである。さらに薬王よ、如来の法座とは何か。一切法の空性に悟入することこそが、薬王よ、実に如来の法座であり、かの善男子はそこに坐るべきであり、坐って四衆にこの法門を説き明かすべきである」（SP 234.3–11）

これを受け、この後の偈頌ではつぎのように説かれる。

「しかして、慈悲の力は〔我が〕室、(a)忍耐と柔和（kṣāntisauratya）は〔我が〕衣、空性は我が座なり。実に、ここに立ちて〔法華経護持者は、この法門を〕説くべし。＝〔この法門を〕説く者に、(b)土塊や棒や槍、あるいは非難や脅迫の降りかからんに、その時は我を念じてそれらに耐えよ。＝（中略）しかして誰か、(c)土塊や棒、また非難や脅迫や侮辱を彼に与えなば、〔我の〕化作せし者等は彼を護らん」（SP 236.9–237.6）

まず我々の目を引くのは傍線部である。法華経の原語をMNおよびDivy.と比較してみよう。

傍線（b）：土塊（loṣṭa）・棒（daṇḍa）・槍（śakti）・非難（ākrośa）・脅迫（tarjanā）

傍線（c）：土塊（loṣṭa）・棒（daṇḍa）・非難（ākrośa）・脅迫（tarjanā）・侮辱（paribhāṣaṇā）

MN：罵詈雑言（akkosissanti / paribhāsissanti）・手（pāṇi）・土塊（leḍḍu）・棒（daṇḍa）・刀（sattha）・利剣（tiṇha）

Divy.：罵詈雑言（ākroṣyanti / roṣayiṣyanti / paribhāṣiṣynte）・手や土塊（pāṇi / loṣṭa）・棒や刀（daṇḍa / śastra）[11]

このように、かなりの点で両者は重なることがわかる。では法華経はMNとMSV薬事のうち、どちらの伝承により近いと考えられるであろうか。右記の比較だけからでは判断できないので、別の表現に注目してみよう。それは傍線（a）である。法華経の原語は「忍耐」がkṣānti、「柔和」がsauratyaであるが、MN（すでに引用した箇所の傍線部）ではこれが「調御と寂止」となっており、その原語はそれぞれdama / upasamaなので、法華経の表現とまったく重ならない[12]。ではDivy.はどうであろうか。プールナの伝道に対する決意を知ったブッダは、プールナをつぎのように称讃する。

「プールナよ、善いかな、善いかな。プールナよ、お前は、忍耐と柔和（kṣāntisauratya）[13]とを兼備している。お前はシュローナーパラーンタカ国に住めるし、シュローナーパラーンタカ国に住居を構えられよう。さあ、プールナよ、お前は〔自ら〕解脱して〔他を〕解脱せしめ、〔自ら〕渡って〔他を〕渡らしめ[14]、〔自ら〕安穏を得て〔他に〕安穏を得しめ、〔自ら〕般涅槃し〔他を〕般涅槃せしめよ」（Divy. 39.11–15）

このように、Divy.の表現は法華経に一致する。またこれ以外にも、原語レベルでDivy.と法華経が一致し、MNと一致しない用例があるので、それを確認してみよう。それは、常不軽菩薩品に見られる冒頭の表現である。ブッダは対告者である得大勢菩薩にこう告げる。

「このような次第で、得大勢よ、ともあれ、つぎのように知るべきである。すなわち、将来、このような法門を受持する比丘・比丘尼・優婆塞・優婆夷を、卑劣で乱暴な言葉を以て罵り、罵倒し（ākrośiṣyanti paribhāṣiṣyanti asatyayā paruṣayā vācā）、話しかける者たちには、好ましくない結果が生じるだろう」（SP 375.1–4）

Divy.では、ブッダに教化された直後、シュローナーパラーンタカに居を構えたいと申しでたプールナに、ブッダはつぎのように問いかける。

「プールナよ、シュローナーパラーンタカ国の人々は、凶暴で、野蛮で、荒々しく、〔人を〕罵り、中傷し、罵倒する。もしもプールナよ、シュローナーパラーンタカ国の人々が面と向い、お前を、粗悪で卑劣で乱暴な言葉を以て罵り、中傷し、罵倒するとすれば（asatyayā paruṣayā vācā ākrośyanti roṣayiṣyanti paribhāṣiṣyante）、その場合、お前はいったいどうするつもりだ」（Divy. 38.8–13）

このように、傍線で示した箇所は両資料でほぼ一致する。これに対応するMNはすでに紹介したが、その原文はsunāparantakā manussā akkosissanti paribhāsissanti（MN iii 268.12）であり、重なるところは下線で示した部分に留まる。以上の考察から、法師品および常不軽菩薩品に見られる仏滅後の法華経護持者の起源はプールナ説話に求められ、とりわけMSV薬事に説かれるプールナ説話と深い関わりのあることが確認できた。

このように、法華経編纂者が正法滅後における法華経護持者の理想的な姿をプールナに求めているとするならば、法華経の中で彼がどのように扱われているかを見ておくのも無益ではないだろう。すでに見たように、彼が授記を受けるのは五百弟子受記品［8］であったが、そこではブッダがプールナをつぎのように称讃している。ここでは、内容もさることながら、その量（長さ）が重要な問題となるので、少々（いや、かなり）長めの引用にはなるが、授記直前の、彼に対するブッダの説明を紹介してみたい。

「比丘たちよ、お前たちはこの声聞プールナ・マイトラーヤニープトラを見よ。彼は私がこの比丘の僧伽における説法者の中の第一人者であると明言し、その多くの真実の徳のために称讃した者であり、またこの私の教えにおいて、多くの仕方で正法を受持しようと専念してきた者である。〔すなわち〕彼は四衆を教示し、鼓舞し、激励し、勇気づけ、説法して倦まず、この法を解説するに充分であり、同梵行者たちを手助けすることができる。比丘たちよ、如来を除いて他に、〔教えの〕意味や言葉に関して、プールナ・マイトラーヤニープトラを凌ぐ者はいない。

比丘たちよ、お前たちはこれをどう思うか。彼は単に私の正法の受持者であるだけなのだろうか。しかし比丘たちよ、お前たちはそう考えてはならない。それはなぜかというと、比丘たちよ、私は過去世の九九コーティもの仏たちのことを思いだすからである。そこで、それらの諸仏・諸世尊の教えにおいて、彼は正法を受持したのであり、それはちょうど今、私のもとで〔そうしたのと〕同じである。そして、彼はどこでも説法者たちの中で第一人者であり、どこでも空性に通達し、どこでも〔四〕無礙智を獲得し、どこでも菩薩の神通に通達し、きわめて的確に法を示し、一点の疑念もなく法を示し、清浄な法を示していた。

また、彼はそれら諸仏・諸世尊の教えにおいて、命あるかぎり梵行を修し、どこでも〔真に〕「声聞」であると思われたのである。実に、彼はこの〔真に「声聞」であると思われるという〕方便によって、無量無数百千コーティ・ナユタもの有情に利益をもたらし、無量無数の有情を無上正等菩提に成熟させたのである。また、どこでも有情に対する仏の仕事を助け、どこでも自分の仏国土を浄め、有情を成熟させることに専念した。比丘たちよ、かのヴィパッシンをはじめとする〔過去の〕七人の如来たち、私がその七番目になるのだが、彼らのもとでも、彼こそは説法者たちの第一人者だったのだ。

さらにまた比丘たちよ、未来世においてこの賢劫のあいだ、四人の仏だけが足りない一〇〇〇人の諸仏が現れるが、このプールナ・マイトラーヤニープトラこそは、彼らの教えにおいても説法者の第一人者になり、正法の護持者となるだろう。同様に、彼は未来世において無量無数の諸仏・諸世尊の正法を護持し、無量無数の有情を利益し、無量無数の有情を無上正等菩提に成熟させるだろう。そしていつもたえず、自分の仏国土を浄め、有情を成熟させることに専念するだろう。彼はこのような菩薩行を成就して、無量無数劫ののち、無上正等菩提を覚るだろう」(SP 200.2–201.12)

これにつづいて、ようやく成仏の授記がなされる。法華経でブッダから成仏の記別を受けるのは十大弟子が中心だが、これほどの讃辞を以て称讃されている仏弟子は他にない。たとえば、最初に記別を授かるシャーリプトラの場合と比べれば、その違いは一目瞭然である。では授記直前の、彼に対する形容を見てみよう。

「また実にシャーリプトラよ、お前は未来世に、量ることも考えることも計算することもできない劫のあいだ、幾百千コーティ・ナユタもの多くの如来の正法を受持し、様々な供養を行い、この菩薩行を完成して（後略）」（SP 65.3–5）

この後もブッダの説明は続くが、それは彼の構える国土や劫の描写であり、プールナの場合のように、彼自身の徳を説明しているわけではない。なんたる差であろうか。プールナ以外の仏弟子に対する描写がきわめて簡素であるのと比較すれば[15]、逆にプールナに対する讃辞がいかに特異であるかが理解されよう。このような事実に鑑みても、法華経編纂者が仏滅後における法華経護持者の理想像としてプールナを意識していたことは疑いない[16]。

三　見宝塔品［11］——トーイカー遊行説話

〔内容〕　法華経を説示するブッダの面前において、衆会の中央の地中から巨大な塔が出現し、空中に留まった。これはすでに般涅槃した多宝如来の塔であったが、塔出現の理由をブッダは大楽説菩薩にこう説明する。

「大楽説よ、多宝如来・世尊・阿羅漢・正等覚者の誓願は重要であって、その誓願はつぎのようであった。『実に他の仏国土において、諸仏・諸世尊がこの妙法蓮華という法門を説かれるとき、この私の全身を祀る塔は、この妙法蓮華という法門を聴聞するために、〔それらの〕如来のもとに行くであろう。さらに、それらの諸仏・諸世尊が〔塔を〕開いて私の全身を四衆に示そうと思うとき、十方のそれぞれ異なる仏国土にいるその如来たちは、それぞれの仏国土で有情たちに法を説いている、〔彼らの〕体から化作された、互いに異なる名前の如来の分身たちをすべて〔衆会に〕参集させた後、その体から化作された如来の分身とともに、この私の全身を祀る塔を開いて四衆に示すべきである』と。こういうわけで、大楽説よ、十方のそれぞれ異なる仏国土である幾千もの世界において、有情たちに教えを説いている、〔私が〕化作した多数の如来の分身のすべてを、私もまたここに連れてこなければならないだろう」(SP 242.3–13)

その後、ブッダの白毫から光が放たれると、それによって十方の仏国土に住する数多の諸仏・諸世尊(すなわちブッダの分身)が照らしだされ、それを合図に、その仏たちは侍者を連れて多宝如来の塔を礼拝しに娑婆世界にやってきて、それぞれの獅子座に結跏趺坐した。彼らは皆、それぞれ侍者をブッダのもとに送って、多宝如来の塔を開くことに同意したことを告げさせる。これを踏まえてブッダは空中に立ち、その巨大な塔を真ん中から開くと、そこには完全無欠な体で結跏趺坐し、三昧に入っているかのごとき多宝如来が見えた。そこで、彼はつぎのような言葉を発する。

「結構だ、たいへん結構だ、シャーキャムニ世尊よ。あなたはこの妙法蓮華という法門を見事に説かれた。実にシャーキャムニ世尊よ、あなたがこの法華経という法門を衆会の真ん中で説かれたことは、じつに結構なことだ。世尊よ、私はまさにこの妙法蓮華という法門を聴聞するために、ここにやってきた」(SP 249.6–9)

その後、多宝如来は自らの獅子座を半分譲り、そこにブッダが坐るように勧めたので、ブッダがそこに坐ると、二人の如来が巨大な塔の真ん中で獅子座に並坐し、空中に留まっているのが見えた。それを見た四衆は、自分たちも同じように空中に留まりたいものだと考えると、それを知ったブッダはこう告げる。

「比丘たちよ、お前たちのうち、この娑婆世界でこの妙法蓮華という法門を説き明かすことができる者は誰か。如来が面前にいる〔今〕こそその時であり、その折なのだ。比丘たちよ、〔今〕この妙法蓮華という法門を〔その者に〕委嘱して、如来（私）は般涅槃することを欲している」（SP 250.10–13）

この後、法華経の説示がいかに難事であるかが偈頌で説かれる。そしてこの偈頌を受け（これ以下が、現行『妙法』の構成では提婆達多品［12］となる）、ブッダ自身が過去世において法華経を説く聖者に会い、彼の奴隷となって法を求めたことが説かれるが、この時の聖者こそデーヴァダッタであり、ここでは彼が善知識と位置づけられ、彼のお陰でブッダは六波羅蜜を成就し仏になったとされる。さらに、ここではデーヴァダッタが未来世において「天道」という名の如来になるという授記が見られるが、これについてはすでに考察したので省略する。

さて、この授記の後、ブッダは比丘の僧伽に「法華経を聴いて疑わず信ずる者は、三悪趣に堕ちることなく、どの仏国土に生を受けても、如来の前で七宝作りの蓮華の中に生まれるだろう」と告げると、これを証明するかのように、文殊が法華経を以て教化した、サーガラ龍王の八歳の娘が現れ、ブッダに宝珠を捧げて、男子となった。そして、自分が菩薩であることを現してみせると、南方の無垢世界において成仏し、如来として説法していた。

〔考察〕 さて、この有名な二仏並坐の起源は、何処に求められるであろうか。これについては、二つの異なった説が存在するようだ。一つは「仏弟子マハーカーシャパ」に関連づける説、もう一つは「過去仏カーシャパ」に関連づける説である。いずれも名前は同じだが、ブッダから見れば、仏弟子マハーカーシャパは未来の存在、一方、過去仏カーシャパは過去の存在であり、好対照をなす。

では最初に、多宝塔思想の起源を本格的に考察した横超〔1953〕の説をとりあげよう。彼の説は、二仏並坐の起源を仏弟子マハーカーシャパに求めるものである。さきに引用したように、ブッダは「比丘たちよ、〔今〕この妙法蓮華という法門を〔その者に〕委嘱して、如来〔私〕は般涅槃することを欲している」と述べているが、横超〔1953: 31〕はこの品が「唯法の普遍を説くのみでなく、教法の護持弘通が当面の課題であった」とし、二仏並坐を「釈迦仏の遺教護持に任じた仏弟子摩訶迦葉に起源する」と指摘する。

また正法の伝持者たる資格として、(1)正法を親しく仏陀より伝承していること、(2)その法は誤りなく仏陀と同一たるべきこと、(3)後世への法の伝持を以て自己の使命として念願していること、という三つを列挙するが、仏弟子マハーカーシャパはこの三条件をすべて満たしており、「多宝仏の本願が迦葉の念願に相当し、多宝仏塔として釈迦仏説法の会座に出現するという説話が僧迦梨若しくは遺教を伝持して弥勒の出世まで迦葉留住すという説話に関連がある」と横超〔1953: 33〕は考える。

さらに横超〔1953: 35〕は多宝塔思想と迦葉留住説話との類似点を五つ列挙しているが、同時につぎのような相違点があることも認めている。

(1)カーシャパは現在と未来とを結ぶ関係にあるが、多宝仏は過去と現在とを繋ぐものであり、時間的なづれがある。

(2)カーシャパは二仏の間の媒介者であるが、多宝仏はそれ自身が仏であると同時に媒介者であるという二重の性格を持っている。

(3)カーシャパは遺教の護持が当面の課題であったが、多宝仏は正法の普遍性強調が主眼である。

しかしながら、最後には「これら重要な推移不同があったことは事実である。然しそこにこそ経家が文学的手腕を発揮した跡が認められるのであって、それらの異同はこの思想の起源が摩訶迦葉説話に在るという推論に対して何等障害となるものではないのである」と結論づけている。だが、「何等障害となるものではない」という一言で片づけるには、右記の三点はあまりに大きな相違点のように思われる。とくに第一の相違点である「時間的なづれ」は無視できない。

これについては、部分的に横超と同じ理解を示しながらも、あらたな可能性を示唆する紀野［1962: 210–222］の説が参考になる。横超と同じく、「多宝塔思想を考える上で看過できないのがマハーカーシャパの遺教護持者としての性格である」と指摘した上で、紀野は法華経で多宝如来がブッダに半座を譲った話の起源を『雑阿含経』に求めるが、そこではつぎのように説かれている。

如是我聞。一時仏住舎衛国祇樹給孤独園。爾時尊者摩訶迦葉。久住舎衛国阿練若床坐処。長鬚髪著弊納衣。来詣仏所。爾時世尊無数大衆囲繞説法。時諸比丘見摩訶迦葉従遠而来。見已於尊者摩訶迦葉所。起軽慢心言。此何等比丘。衣服麁陋。無有儀容而来。衣服佯佯而来。爾時世尊知諸比丘心之所念。告摩訶迦葉。善来迦葉於此半座。我今竟知。誰先出家。(T. 99, ii 302a1–9)[17]

マハーカーシャパはブッダから直接に衣を譲られた弟子として有名であるが、衣の譲渡は、彼が法の継承者としてブッダに認められたことを意味し、またこの衣は、『増一阿含経』に説かれるように、弥勒が如来として娑婆世界に出現するさい、カーシャパから弥勒に伝えられることになっている。つまり、カーシャパはブッダから弥勒に法を伝える仲介者の役を演じるわけであるが、この伝承におけるカーシャパと弥勒の関係は法華経における多宝如来とブッダの関係に置き換え可能であると紀野は指摘する。

さらに紀野は多宝塔思想の起源に関して直接の素材となったのは、同じカーシャパでも、仏弟子のカーシャパではなく、過去仏のカーシャパであるという。結論を急ぐなら、過去七仏の伝承において、ブッダの直前に位置する第六仏、すなわちカーシャパ仏の伝承が、この法華経の多宝如来の話に関係があると私も考えている。

では以下、紀野の研究によりながら、この点を確認してみる。ただこの説話は複数の文献にまたがって存在するので、順次その内容を確認し、最後に法華経の説話が他文献のどの説話と近いかを確認する。では『四分律』の用例から見てみよう。

爾時世尊在拘薩羅国。与千二百五十比丘人間遊行。往都子婆羅門村到一異処。世尊笑。時阿難作是念。今世尊以何因縁笑耶。世尊不以無因縁而笑。偏露右肩脱革屣右膝著地合掌白仏言。世尊。不以無因縁而笑。向者以何故而笑。願欲知之。仏告阿難。乃往過去世時。有迦葉仏。般涅槃已。時有翅毘伽尸国王。於此処七歳七月七日起大塔已。七歳七月七日与大供養。坐二部僧於象蔭下。供第一飯。時去此処不遠。有一農夫耕田。仏往彼間。取一摶泥来置此処。而説偈言。(T. 1428, xxii 958a25–b8)

ここではブッダがカーシャパ仏の仏塔に言及し、またそれを王が供養したことに言及するだけで、法華経の話と重なる点はほとんどない。つづいて『五分律』である。

仏告阿難。彼迦葉仏般泥洹後。其王為仏起金銀塔。縦広半由旬高一由旬。累金銀墼一一相間。今猶在地中。仏即出塔示諸四衆。迦葉仏全身舎利儼然如本。仏因此事取一摶泥。而説偈言。(T. 1421, xxii 172c23–28)

『五分律』はカーシャパ仏の「全身舎利」に言及している点で『四分律』よりも法華経の記述にすこし近いが、重なるところは少ない。つづいて『摩訶僧祇律』の用例を見てみよう。

仏住拘薩羅国遊行。時有婆羅門耕地。見世尊行過。持牛杖住地礼仏。世尊見已便発微笑。諸比丘白仏。何因縁笑。唯願欲聞。仏告諸比丘。是婆羅門今礼二世尊。諸比丘白仏言。何等二仏。仏告比丘。礼我当其杖下有迦葉仏塔。諸比丘白仏。願見迦葉仏塔。仏告比丘。汝従此婆羅門。索土塊并是地。諸比丘即便索之。時婆羅門便与之。得已爾時世尊即現出迦葉仏七宝塔。高一由旬。面広半由延。婆羅門見已即便白仏言。世尊。我姓迦葉。是我迦葉塔。爾時世尊即於彼処作迦葉仏塔。諸比丘白仏言。世尊。我得授泥不。仏言得授。即時説偈言。(T. 1425, xxii 497b18–c1)

ここでは、「二仏」に言及し、またブッダが仏塔を地中より引きあげて見せている点はかなり法華経の記述に近づいているが、「全身舎利」には言及しない。最後に、MSV 薬事の用例である。

そこで、世尊は同志アーナンダに「アーナンダよ、トーイカーに案内せよ」と告げられた。「畏まりました、大徳よ」と同志アーナンダは世尊に同意した。さて世尊はトーイカーに到着されたが、その場所ではバラモンが〔牛に〕鋤を牽かせていた。そのとき、彼は、三十二の偉人相で完全に荘飾され、八十種好で体は光り輝き、一尋の光明で飾られ、一〇〇〇の太陽をも凌ぐ光を放ち、宝の山が動いているごとく、どこから見ても素晴らしい仏・世尊を見た。そして見ると、彼は考えた。〈もし私が世尊ガウタマに近づいて挨拶すれば、私の仕事が捗らない。だが、近づいて挨拶しなければ、私の福徳が失われてしまう。この場合、仕事を中断することなく、また福徳も断たれることのない巧みな手だては何かないものか〉と。

彼は閃いた。〈この場に居ながらにして挨拶しよう。そうすれば、仕事は中断しないし、福徳が断たれることもない〉と。

彼は〔牛を〕御する棒を手にしたまま、その場所に居ながらにして、「私は仏・世尊に御挨拶申しあげます」と挨拶した。そこで世尊は同志アーナンダに告げられた。「あのバラモンは過ちを犯した。もしも彼が〈この場所には正等覚者カーシャパの全身の遺骨がそのまま（avikopito 'athisamghātas）保存されている〉と考え、自ら知見が生じていれば、彼は私に近づいて礼拝したであろう。そうすれば彼は二人の正等覚者に礼拝したことになったのだ。それはなぜか。アーナンダよ、この場所には正等覚者カーシャパの全身の遺骨がそのまま（avikopito 'athisamghātas）保存されているからだ」と。

そのとき、同志アーナンダは大急ぎで上衣を四重に畳むと、世尊にこう申しあげた。「世尊は、設えられた座にお坐りください。そうすれば、この地所は二人の正等覚者によって受用されたことになるでしょう。すなわち〔過去の〕正等覚者カーシャパと、今の世尊によってであります」と。

世尊は設えられた座に坐られた。坐られると、比丘たちに告げられた。「比丘たちよ、お前たちはそのまま〔保存されている〕正等覚者カーシャパの全身の遺骨を見たいか」と。「世尊よ、その時です。善逝よ、その折です。世尊はそのまま〔保存されている〕正等覚者カーシャパの全身の遺骨を（śarīrasaṃghātam）比丘たちにお見せくださいませ」。比丘たちは〔それを〕見て、心を浄らかにするはずです」（MSV i 73.16–75.5; Divy. 76.10–77.13, 465.10–466.10）

ここでは「二仏」「坐る」「全身舎利」「舎利の開示」など、法華経と重なるモチーフが多いので、『四分律』『五分律』『摩訶僧祇律』よりもMSV薬事の用例が内容的に法華経に近いことがわかる。法華経のように「並坐」と直接表現されているわけではないが、過去仏であるカーシャパと現在仏であるブッダが同じ場所に併存するという場面が描かれている点は注目されるし、傍線で示した表現も重要である。紀野もこれに注目しているが、法華経にも同様の表現が見られた。それはブッダが多宝如来の塔を開いて、そこに参集した衆会の者たちに中を見せるという、この章の一番のクライマックスシーンにおいてである。もう一度、原文を見てみよう。

世尊は右手の指で、空中に留まるその巨大な宝塔の中央を開いて、〔中を〕顕わにされた。実に、その巨大な宝塔が開かれるや否や、そのとき、多宝如来・正等覚者・阿羅漢は、身は乾からびず、[18] 体は完全無欠の状態で（saṃghaṭitakāyaḥ）獅子座に結跏趺坐し、あたかも三昧に入っているかのように見えた。（SP 249.2–6）

問題の箇所の原語は、残念ながらまったく同じというわけではないが、この二つの話には偶然とはいえない強い結びつきがあることは明白である。

さて話はすこし本題から逸れるが、この法華経の二仏並坐の特異性を指摘する研究者がいる。それはSTRONGである。というのも、初期仏教以来、「一世界一仏論」を展開してきた仏教が、法華経にいたってこの大原則を破ってしまったからである。すでに指摘したように、同様の説話はいくつかの資料に説かれているが、STRONG〔2004: 36–39〕は「一世界一仏論」という視点からこのカーシャパ仏伝承を考察し整理している。

彼によれば、「一世界一仏論」に抵触しないよう、慎重に説話を構成しているのがMN（no. 81）のGhaṭikāra suttaであるという。その内容を見てみよう。アーナンダを連れてコーサラを遊行しているとブッダは道から外れて微笑を示した。その訳を尋ねるアーナンダにブッダはつぎのように答える。

「アーナンダよ、かつてこの場所に、栄え、富み、人は多く、人々で賑わうヴェーダリンガという集落があった。アーナンダよ、阿羅漢・正等覚者・世尊カーシャパは、ヴェーダリンガの集落に身を寄せて時を過ごしていた。アーナンダよ、ここには阿羅漢・正等覚者・世尊カーシャパの園林があったのだ。アーナンダよ、阿羅漢・正等覚者・世尊カーシャパはここに坐り、比丘の僧伽に教示したのだ」と。

そこで同志アーナンダは大衣を四重にして〔座を〕設え、世尊にこう申しあげた。「では大徳よ、世尊は〔ここに〕お坐りくださいませ。そうすれば、この場所は二人の阿羅漢・正等覚者によって受用されたことになります」（MN ii 45.11–22）

同様の話はMv. にも見られるので、紹介しておく。ここでもコーサラを遊行していたブッダは微笑を示すが、その意味を問うアーナンダとブッダとの会話で話は進行する。

世尊は同志アーナンダにこういわれた。「アーナンダよ、お前は大地のその部分が見えるか」。「世尊よ、確かに見えます」。「アーナンダよ、大地のその部分には、世尊カーシャパの園林があったのだ。アーナンダよ、大地のあの場所が見えるか」。「世尊よ、確かに見えます」。「アーナンダよ、大地のあの場所には、世尊カーシャパの小屋があったのだ。アーナンダよ、大地のあの場所が見えるか」。「世尊よ、確かに見えます」。「アーナンダよ、大地のあの場所には、世尊カーシャパが散歩する堂があったのだ。アーナンダよ、大地のあの場所が見えるか」。「世尊よ、確かに見えます」。「アーナンダよ、大地のあの場所には、世尊クラクッチャンダ、世尊カナカムニ、そして世尊カーシャパという三人の如来・阿羅漢・正等覚者の座があったのだ」

そのとき、同志アーナンダは、希有未曾有なることにギョッとして身の毛が逆立ち、慌てた形相で疾く疾く大地のその場所に近づくと、大地のその場所に四つに折り畳んだ上衣を設え、世尊のもとに向かって合掌礼拝して、世尊にこう申しあげた。「世尊は〔私が〕設えた、まさにこの座にお坐りくださいませ。大地のこの場所は、世尊クラクッチャンダ、世尊カナカムニ、世尊カーシャパ、そして現在の世尊という四人の如来・阿羅漢・正等覚者に享受されたことになりますので。よって、世尊は〔私が〕設えた、まさにこの座にお坐りくださいませ」と。（Mv. i 318.5–19）

MN に比べ、若干の増広は見られるが、ここではカーシャパの「塔」や「遺骨」ではなく、カーシャパの「園林」「小屋」「散歩する堂」等に言及することで、「一世界一仏論」に抵触することを慎重に避けているとSTRONG［2004: 37］は指摘する。

しかし、これがすでに見たMSV 薬事の用例になると、そこには「園林」や「小屋」ではなく、カーシャパの「遺骨」があるとして、MN や Mv. の記述からは一歩踏みだした内容に発展し、さらに法華経にいたっては、遺骨ではあるが、生きている仏と変わらぬように言葉を発する多宝如来とブッダという二仏が時空を同じくして並び立つと説かれるようになったと指摘し、その発展の過程を三段階（MN / Mv. → MSV → SP）に分けて説明している。[19]

法華経では多宝如来の塔の開示を見ようと十方の仏国土から数多の仏が雲集するが、これらの仏はブッダの化作した化仏であると説く点で、「一世界一仏論」という原則を破らぬように工夫している跡が見てとれる。[20] しかし、ブッダと並坐する多宝如来は、遺骨であるとはいえ、言葉を喋り、ブッダに半座を譲るという行為を行っている点で、この原則を破る結果となっている。[21]

話をもとに戻そう。ここでは二仏並坐の起源をカーシャパ仏伝承に求めるべく、「散乱していない遺骨」という共通表現に注目したわけであるが、これについて紀野［1962: 221–222］は「ともあれ、多宝塔思想は、大迦葉に関する伝説と、迦葉仏に関する伝説とを素材とし、それに象徴的・幻想的な詩精神という光をあてて生みだされたものである。迦葉仏は過去第六仏として、過去から直接、現在仏たる釈尊につながるものであり、したがって、それ自身仏でもあり媒介者でもある多宝仏に共通する性格を持っていること、および、この名の仏が九千あると『マハーヴァストゥ』に記されているように、正法の空間的普遍性をあらわしていること等から、大迦葉と並んで、プラブータラトナ如来を描きだす素材として用いられたのである」と結んでいる。紀野の考察は以上だが、ここではさらに、カーシャパ仏伝承と見宝塔品との関係を考察してみたい。

紀野は見逃しているが、両者の関係は以下の点において、より重要性を増す。見宝塔品のクライマックスはブッダが多宝如来の塔を開いてみせる場面であったが、これに相当する記述がトーイカー遊行説話にも存在するのである。さきほどの引用の続きになるが、ブッダの「比丘たちよ、お前たちはそのまま〔保存されている〕正等覚者カーシャパの全身の遺骨を見たいか」という問いかけに対し、それを望んだ比丘たちのためにブッダはカーシャパの全身の遺骨を見せるのである。

そこで世尊は世俗の心を起こされた。――諸仏・諸世尊が世俗の心を起こしたとき、虫や蟻といった生物でも世尊の心を〔自らの〕心で知ることになっている。――　龍たちは〈なぜ世尊は世俗の心を起こされたのであろうか〉と考え、〈〔世尊〕がそのまま〔保存されている〕正等覚者カーシャパの全身の遺骨を（śarīrasaṃghātam avikopitam）見せようとされているのだ〉と気づくと、彼らはそのまま〔保存されている〕正等覚者カーシャパの全身の遺骨を（avikopitaḥ śarīrasaṃghātaḥ）引きあげた。そこで世尊は比丘たちに告げられた。「比丘たちよ、形相を把握するがよい。それは消えてしまうぞ」と。それは消えてしまった。（MSV i 75.5–9; Divy. 77.13–22, 466.10–18）

「仏塔を真ん中から開く」のと、「全身の遺骨を龍たちに引きあげさせる」という違いはあるものの、両者の間に深い関係があることは否定しえないであろう。またこの後、トーイカー遊行説話では、その噂を聞いたプラセーナジット王が従者とともにその場に出向いたが、時すでに遅く、遺骨は消えてなくなっていた。そこで、その場にやってきた者たちはその場を右遶したり、そこに粘土の団子を布施したり、浄心を以て摘んだ花の山を布施したりした。それを見てブッダはそれらの行為を偈頌でつぎのように称讃する。

「ジャンブー河より採取せる百千貫もの黄金も、浄心もて仏塔を遶礼する賢者には敵わず。＝（中略）ジャンブー河より採取せる百千貫もの黄金も、浄心もて仏塔に粘土の団子を一つ供える人には敵わず。＝（中略）「ジャンブー河より採取せる百千貫もの黄金も、浄心もて摘まれし花の山を仏塔に〔撒きて〕積みあげたる人には敵わず。＝（中略）ジャンブー河より採取せる百千升分の黄金も、浄心もて花環を手にして仏塔を右遶する賢者には敵わず。＝（中略）ジャンブー河より採取せる百千億なる黄金も、浄心もて仏塔に灯明を布施する賢者には敵わず。＝（中略）ジャンブー河より採取せる百千なる黄金の聚積も、浄心もて仏塔に香水を振り掛けたる賢者には敵わず。＝（中略）百千なる黄金の山はメール山には等しきも、浄心もて仏塔に傘・幡・幟を立てる人には敵わず。無量の如来、大海の如き正覚者、無上の隊商主に対するこれらの布施が説かれたり」（MSV 77.3–78.4; Divy. 78.9–79.18, 467.5–468.28）

ここでは、仏塔に対するささやかな供養や布施が、黄金の集積よりもはるかに価値のある行為であることがブッダによって説かれているが、同様の記述が見宝塔品にも見られる。それは多宝如来がブッダに半座を譲って二仏の並坐が説かれた後、ブッダは法華経の説示が至難であることを偈頌でつぎのように説く。

「ある人の、全虚空界を一なる握り拳に収め、収めて後に歩くも、それは為し難きにあらず。＝一方、我が般涅槃の後の時代、人ありて、かくの如き経を書写せんに、これぞ為し難きなり。＝ある人の、地の要素全てを爪先に乗せ、乗せて後に歩きて梵天に登らん。＝この世の一切世間の面前にてかくの如き難事を行わんに、彼の行いしは為し難きにあらず、彼の努力はさして大なるにあらず。＝かくの如き人よりも、我が般涅槃の後の時代、一瞬さえもこの経典を説くはさらに困難なり。

（中略）＝八万四千の法蔵を受持し、それらを解釈ともども教えのままに幾コーティもの生類に説き、＝また比丘等を教導し、我が声聞等に五神通を得しめんも、それは為し難きにあらず。＝一方、この経典を護持し、信受し、信順し、或いは繰り返し何度も説かんに、これは更に困難なり。＝ガンジス河の砂の如く幾千コーティもの多くの、六神通を具えし、実に優秀なる人等を阿羅漢の位に立たしむと雖も、＝我が般涅槃の後の時代、〔この〕優れし経典を護持せん人こそ最高にして、より多くの難事を為せるなり」（SP 253.13–254.10）

ここでは、世俗的難事（虚空を握り拳に入れること・地もろとも足の爪先に乗せて梵天に登ること）や旧来の宗教的難事（八万四千の法蔵を受持・人々を阿羅漢果に確立すること）よりも、法華経の書写・説示・護持等のほうが難事であり、また優れていることが偈頌の形で説かれている。このように、法華経もトーイカー遊行説話も、一般的な信条と自分たちの信条とを比較し、価値観の転換を図っているところに共通点を見いだせる。原語レベルで比較すれば、決して両者は近いとはいえないが、価値観の転換という基本的立場は両者に共通するものだ。

このように、「二仏並坐」（法華経）と「二仏受用」（トーイカー遊行説話）、「仏塔の開示」（法華経）と「遺骨の示現」（トーイカー遊行説話）、そして世俗的価値観と比較した「法華経護持の称讃」（法華経）と「仏塔供養の称讃」（トーイカー遊行説話）という点で法華経の見宝塔品とトーイカー遊行説話との間に、密接な関係が確認された。

最後に、法華経の仏身観を考える上で、このトーイカー遊行説話に興味深い記述があることを指摘しておく。ここで仏塔供養の功徳が称揚されていることはすでに見たが、〈般涅槃された世尊を供養することによって、実にこれほどの福徳があると世尊はお説きになった。生きていらっしゃる〔世尊への供養〕にはいったいどれほどの福徳があるのだろうか〉という人々の疑念に答えるべく、ブッダは以下の偈頌を説く。

「生〔仏〕にせよ、涅槃〔仏〕にせよ、心を浄らかにして平等に供養せば、福徳に差別なし。‖かくの如く実に諸仏は不可思議なり。仏法もまた不可思議なり。不可思議なるものに浄信を抱く人たちの果報も不可思議なり。‖無敵の法輪を転ずる、不可思議なる正等覚者たちの徳の辺際を完全に理解すること能わず」（MSV 78.8–13; Divy. 79.19–24, 469.3–8）

このように、ここでは生きている仏（現在）と般涅槃した仏（過去）とが同一視され、両者に対する供養には差異がないと説かれている。つまり、この偈頌は「仏」が現在とか過去とかいう時間を超越した普遍的存在であること暗示している。したがって、法華経の二仏並坐も、過去せる仏（多宝如来）と現存せる仏（ブッダ）との出会い（合体）によって、時間を超越した仏（より正確には、その仏が説く法華経）の普遍性を象徴的かつ視覚的に表現しているとも解釈できるのである。(22)

四　従地涌出品〔15〕――舎衛城の神変

〔内容〕　地面が割れて、法華経を受持し説法する大勢の菩薩たちが出現すると、ブッダにこう申しでる。

「もしも世尊が我々にお許しくださるのなら、世尊よ、我々もまた如来が般涅槃された後に、この娑婆世界においてこの法門を説き明かし、読誦し、書写し、供養し、この法門のために努力する覚悟でおります。ですから、どうか世尊は我々にこの法門〔の説示〕をお許しください」

(SP 297.3–6)

しかしブッダは、すでにこの娑婆世界に多くの菩薩がいて、彼らがその任を果たすであろうと彼らの申し出を断った。そのとき、突然、娑婆世界がいたるところで割け、そこから多くの菩薩が出現すると、虚空に留まるブッダと多宝如来、それにブッダが化作した数多くのブッダの分身にも礼拝した。弥勒は地面から出現した菩薩たちを不思議に思い、ブッダに質問すると、ブッダはつぎのように答える。

「アジタよ、私はお前に告げよう。そして〔真実を〕知らせよう。アジタよ、今、大地の裂け目から現れでてきた、いまだかつてお前たちが見たこともないこれらの菩薩たちは、量り知れず、数えきれず、思議を越え、比べられず、計算もできないが、アジタよ、これらの菩薩大士はすべて皆、私がこの娑婆世界で無上正等菩提を正等覚した後に、私が無上正等菩提〔を覚らせるた

め〕に鼓舞し、激励し、勇気づけ、成熟させてきた者たちである」（SP 309.2–6）

これを聞いて、弥勒はさらにつぎのような質問をする。

「世尊よ、いったい、どのようにしてでしょうか。如来は太子だったとき、シャーキャ族の都城カピラヴァストゥを出られ、都城ガヤーからそう遠くない所にある最上の菩提樹の座にあって、無上正等菩提を正等覚されましたが、世尊よ、その時から今まで四〇年しか経っていません。それなのに、世尊よ、わずかこれだけの間に、如来はどのようにして、このような計り知れない如来の仕事を行われ、如来は如来の威厳と如来の勇猛さを示され、また世尊よ、わずかこれだけの間に、〔如来が〕無上正等菩提〔を覚らせるため〕に鼓舞し、成熟させられた菩薩の集団や菩薩の衆団、この菩薩の集団や菩薩の衆団は、世尊よ、何十万コーティ・ナユタ劫をかけて数えあげたとしても、〔その〕辺際を把握することはできません」（SP 311.2–8）

この問いは、つぎの如来寿量品において、如来の寿命に関する真実が明かされる伏線となっている。

〔**考察**〕見宝塔品に続き、従地涌出品でもスペクタクルが展開する。すでに見たように、娑婆世界の地面が縦横に割れ、そこから無数の菩薩たちが出現するのである。

世尊がこの言葉を述べ終わるや否や、そのとき、この娑婆世界はそこかしこで割れて裂けた。そしてその裂け目の中から、何十万コーティ・ナユタという多くの菩薩たちが現れでた。彼らは金色の体をし、三十二の偉人相を具え、この同じ娑婆世界に身を寄せ、この大地の下にある虚空界で時を過ごしていたのであるが、世尊のこのような言葉を聞いて、地下から現れでたのであった。（SP 297.12–298.4）

またこの後、つぎのような記述も見られる。

そして彼らは次々に現れでると、かの般涅槃された正等覚者・阿羅漢・世尊である多宝如来が、〔同じく〕正等覚者・阿羅漢・世尊であるシャーキャムニ如来とともに、その中の獅子座に坐っておられる、空高く空中に留まっているその巨大な宝塔に近づいた。近づくと、二人の正等覚者・阿羅漢・如来の両足を頭に頂いて礼拝した。（SP 299.14–18）

さらには、つぎのような記述も紹介しておこう。

そのとき、さらにまた、世尊であるシャーキャムニ如来に化作され、他の何十万コーティ・ナユタもの世界からやってきて、別の世界で有情に教えを説いていた正等覚者・阿羅漢・如来である〔如来の分身〕たちが、正等覚者・阿羅漢・世尊であるシャーキャムニ如来の周りで、八方にわたり、宝樹の根本にある巨大な宝石の獅子座に結跏趺坐した。（SP 307.3–6）

このように、ブッダと多宝如来を中心として、その周囲の虚空をブッダの分身である化仏や地面から現れでた無数の菩薩たちが埋め尽くす様は、舎衛城の神変を想起させるが、舎衛城神変説話にも様々な伝承があるので、ここでは宮治［2010: 120–158］の整理にもとづきながら、その内容を紹介しよう。現存の資料で舎衛城神変説話に言及するのはつぎのとおりである。

① Ja（no. 483）（iv 263.7–265.15）

② Dhp-a.（iii 199.9–216.13）
③『四分律』（T. 1428, xxii 946b12–951b4）
④『賢愚経』（T. 202, iv 360c15–366a9）
⑤『菩薩本生鬘論』（T. 160, iii 334c26–336c11）
⑥『仏本行経』（T. 193, iv 84c1–87a3）
⑦『根本説一切有部毘奈耶雑事』（T. 1451, xxiv 329a5–333c13）
⑧ Divy.（143–166）
⑨『仏所行讃』（T. 192, iv 39c16–23）

このうち、まずはパーリ資料の Ja と Dhp-a. の内容を確認してみよう。

① Ja：〔供養されたマンゴーをブッダが食べ、その実が大地に植えられると、ブッダはつぎのような神変を行使する。〕その瞬間、種を破って根が生え、鍬ほどもある赤い芽を吹いた。大勢の人々が見守るなか、幹は五〇ハスタ、枝も五〇ハスタ、また高さは一〇〇ハスタものマンゴー樹となったのである。（中略）〔シャクラ〕はヴィシュバカルマンに使いを遣り、一二ヨージャナの、青蓮華に覆われた七宝のパビリオンを作らせた。すると、一万の鉄囲山の神々が集まってきた。こうして、師は外道たちを打ち破るため、声聞たちでさえ珍しく思う双神変（yamakapāṭihāriya）を行い、多くの人々が浄らかな状態になったことを確かめてから、仏座に登られ、法を説かれた。二〇コーティもの生類が甘露を飲んだのである。（iv 265.2–15）

②Dhp-a.：〔マンゴーの種が植えられ、〕師がその上で手を洗われた。手を洗われたその瞬間、幹は鍬の頭ほどで、高さは五〇ハスタのマンゴー樹が現れでた。四方と上方とに、〔計〕五つの大きな枝がそれぞれ五〇ハスタ伸び、すぐにそれは花と実に覆われ、あちこちで熟したマンゴーの実をつけた。（中略）衆会の真ん中で、世尊は双神変（yamakapāṭihāriya）を行使されたのである。（iii 207.10—213.15）(23)

このように、パーリ資料で説かれる神変は「マンゴー樹の神変」と「双神変」の二つである。つぎに③『四分律』だが、ここでは一四日にわたり、それぞれ異なった神変を示現したことが説かれるが、ここでは初日と一四日目の内容のみを紹介しよう。

初　日：時有檀越次供日者授仏楊枝世尊為受嚼已。棄著背後。即成大樹根茎枝葉扶踈茂盛。（T. 1428, xxii 949a5–7）

一四日目：次供檀越以一掬花授世尊。世尊嗅已擲著空中。以仏神力故。変為万四千華台楼閣。華台楼閣中一切皆有座仏左右面。天帝釈梵合掌敬礼。而説偈言。
敬礼丈夫王　大人最無上　一切無能知　世尊所依禅（Ibid., 950a17–23）(24)

ここでは初日の神変の傍線部分が、さきに見た「マンゴー樹の神変」と共通する。また一四日に見られる傍線部分の記述が、きわめて簡素ではあるが、これから考察する「千仏化現」にやや近い。④『賢愚経』(25)にも、一五日にわたってブッダが神変を現したことが説かれるが、そのなかの八日目と一三日目に、つぎの記述が見られる。

八日目：於是如来。従八万毛孔。皆放光明。遍満虚空。一一光頭。有大蓮花。一一華上。皆有

化仏与諸大衆。囲繞説法。衆会観茲無上之化。信敬之心。倍益隆盛。(T. 202, iv 363a11–14)

一三日目：放於臍光。分作両奇。離身七仞。頭各有花。上有化仏。如仏無異。化仏臍中。復出光明。亦分両奇離身七仞。頭有蓮花。上有化仏。如是転遍大千国土。一切瞻覩。愕然驚喜。

仏為応時。随意説法。(Ibid., 363b8–12)

この二つの神変も「千仏化現」にやや近い。つづいて⑤『菩薩本生鬘論』であるが、ここではブッダが七日にわたって神変を現しているものの、初日の神変を「当月一日於晨朝時。仏与大衆初至論場。勝軍大王是日設食。浄心親手以奉楊枝。仏受嚼已擲残置地。忽然之間発生根茎以至青翠。漸次高大三百由旬。其条傍布二百由旬。枝葉華果七宝所成。有多種色随色発光。食其果者味如甘露。一切人民観是神変咸生信重」(T. 160, iii 335c20–26) とし、「マンゴー樹の神変」に近い記述はあるが、「千仏化現」を思わせる神変は説かれていない。つぎに⑥『仏本行経』を見てみよう。

爾乃現変　於仏宝座　四角化現　角有四仏　坐宝蓮花　因是転変　無数諸仏　坐宝蓮花　塞満虚空　諸仏光明　照曜十方　身或出水　如雲中雨　或復変現　水火倶出　満虚空中　化現如是

時仏奮現　如是神変 (T. 193, iv 86b15–21)

ここでは偈で「千仏化現」とともに、傍線部分では「双神変」と共通する表現が見られる。⑨『仏所行讃』は「正基坐空中　普放大光明　如日耀朝陽　外道悉降伏　国民普帰宗」(T. 192, iv 39c21–23) と述べるに留まるので、最後に「千仏化現」を詳細に説く⑦『根本説一切有部毘奈耶雑事』と⑧ Divy. (143–160) の内容を確認する。両者はほぼ平行文なので、インド原典のある Divy. 第一二章の記述を紹介しよう。ここでは、最後にブッダが仏華厳[26]の神変を行使する。

　龍王ナンダとウパナンダとは、葉が一〇〇〇もあり、車輪ほどの大きさで、すべて黄金〔造り〕であり、また宝石の茎を持つ蓮を作って世尊に献上した。すると世尊は、蓮の台に坐って結跏趺坐し、背筋をピンと伸ばして念を面前に定めると、蓮の上に蓮を化作された。そこでも世尊は結跏趺坐して坐られた。同じように、前にも後ろにも〔両〕脇にも。このようにして世尊は、仏の集団を化作し、終には色究竟天にいたるまで、諸仏・諸世尊の衆会を化作されたのである。ある化仏たちは歩き、あるいは住し、あるいは坐り、あるいは臥した。また〔世尊〕は火界〔定〕にも入って光・熱・雨・稲妻の神変を起こされた。ある者たちは質問し、別の者たちは答えて、二つの偈頌を唱えた。

　「〔精進〕を積め。出家せよ。仏の教えに専念せよ。死の軍隊を打ち破れ。象が葦の小屋を〔踏み潰す〕如く。この法と律とにしたがって放逸なく修行する者は、生〔死を繰り返す〕輪廻を断じ、苦を終わらせん」

色究竟天にいたるまでの仏華厳（buddhāvataṃsaka）を、下は幼い子供でさえも、一切世間の者たちが滞りなく見えるよう、世尊は加持された。あたかも仏は仏の神通力により、諸神は諸神の神通力によるがごとくであった。そこで世尊は比丘たちに「比丘たちよ、漸次に生じた仏華厳（buddhapiṇḍī）の相を直ちに執るがよい。それは一箇所に消えていくであろう」と告げられた。すると、それは一箇所に消えてしまった。（Divy. 162.9–163.2）

このように化仏が虚空を埋め尽くすという表現は、従地涌出品と舎衛城の神変とに共通し、何らかの関連が認められる。これを踏まえた記述は同じ Divy. の別の箇所にも見られる。それはいわゆる「アショーカ・アヴァダーナ」の中であり、アショーカ王がブッダを直に見たことがあるという長老ピンドーラ・バラドヴァージャから、つぎのように告げられる。

「大王よ、また世尊がシュラーヴァスティーで外道たちを征するために大神変を起こされ、色究竟〔天〕の住居にいたるまで、壮大な仏華厳（buddhāvataṃsaka）を化作されたが、その時その同じ場所に私はいた。私はその仏の遊戯を見たのじゃよ」(Divy. 401.13–16)

この記述が、さきに見た『根本説一切有部毘奈耶雑事』および Divy. を踏まえていることは明白である。以上の考察から、(27) 千仏化現は北伝特有の伝承であり、Divy. や『根本説一切有部毘奈耶雑事』以外の資料にもその用例は見られたが、その描写はきわめて簡略であるため、現時点で従地涌出品に近い記述は、説一切有部系の資料と考えられる。

両者の近親性が確認されたところで問題になるのが、この千仏化現の伝承が法華経成立以前に存在したのかどうかという点である。これについて宮治［2010: 136］は、現在多仏を説く大乗仏教の成立がさきで、「四世紀以降に編纂されたとみられる『ディヴィヤ・アヴァダーナ』の「舎衛城の神変」説話は、おそらくこうした大乗の影響によって生みだされたものだろう」と推論する。

しかし、すでに平岡［2002: 225］で指摘したことだが、Divy. の編纂時期とそこに収められた個々の説話の成立時期とは分けて考えなければならない。宮治の指摘するように、Divy. の編纂時期が四世紀以降（私は一〇世紀前後と設定している）だとして、個々の説話の成立も四世紀以降（しつこいようだが、私の推定は一〇世紀前後）ということにはかならずしもならない。基本的には、説話の成立が編纂時期に先行するからである（むろん、編纂されてからの改編の可能性を否定はしない）。

また宮治［2010: 152］は「「舎衛城の神変」の「千仏化現」がグプタ朝以降、仏伝の「八大事」の一つとして盛んにとりあげられ、しかも古代初期にこのテーマは見られず、経典の系統も異なることを考えると、ガンダーラでは多仏多菩薩の世界観を説く大乗仏教を背景にした仏説法図が制作され、それが伝統的な仏教に取り入れられ、「千仏化現」の仏伝として経典化され、また図像化されたと考えるのが妥当ではないか」と指摘するが、これも仏伝の八大事（誕生・降魔成道・初転法輪・千仏化現・従忉利天降下・酔象調伏・獼猴奉蜜・涅槃）[28]の一つとして、グプタ朝（四世紀前半）以降、舎衛城の神変の千仏化現が盛んにとりあげられるようになった時期と、その説話の成立とを一致させる必要はかならずしもない。[29]ともかく、現時点では、従地涌出品と説一切有部系の資料に密接な関係があるという指摘に留めておく。

五　薬王菩薩本事品［23］——自己犠牲のジャータカ

〔内容〕　宿王華菩薩から「どうして薬王菩薩は娑婆世界を遊歴するのか」という問いを受けたブッダは、薬王菩薩の過去物語を説いて聞かせる。それによれば、昔、彼は一切衆生憙見菩薩として、日月浄明徳如来のもとで困難な修行に励み、また日月浄明徳如来から法華経の説法を聞いたことにより、「現一切色身三昧」を獲得した。そこで、一切衆生憙見菩薩は日月浄明徳如来と法華経という法門に供養を捧げようと考え、自分の体を天の衣で包み、香油の中に浸して意を決すると、如来と法華経を供養するために自分の体に火をつけた。

この光によって数多くの世界が照らしだされ、各世界にいた仏たちは「身体の喜捨こそ、教えに対する最高の供養である」と、彼に讃辞を送った。この光は一二〇〇年もの間、消えることはなかった。さて、一切衆生憙見菩薩は死没すると、浄徳王の家に化生し、両親の膝の上に結跏趺坐して現れた。一方、日月浄明徳如来は般涅槃にさいして、一切衆生憙見菩薩にすべてを委嘱し、自分が般涅槃したときには遺骨に対して盛大な供養を行った後、塔を建てて遺骨を流布させよと伝えた。

これを承けた一切衆生憙見菩薩は日月浄明徳如来の遺骨を供養し、八万四千の仏塔を建立すると、その前で自分の腕を燃やして塔に供養を捧げた。こうして、一切衆生憙見菩薩は多くの声聞たちを教化したが、声聞たちは「今、私たちの師であり、教化者である、この一切衆生憙見菩薩大士が、不具となり、腕をなくしてしまわれた！」(SP 413.2–3) と歎くと、一切衆生憙見菩薩は「私は如来を供養するために、自ら私の腕を喜捨した。この真実により、真実語によって、私の体は金色になるように。その同じ真実により、真実語によって、私の腕はもとどおりになれ。この大地は六種に震動せよ。中空にいる天使たちも大きな花を雨降らすべし」(SP 413.8–10) と真実語をなした。すると、三千大千世界は六種に震動し、大きな花が天から降り注ぎ、菩薩の腕ももとどおりになったのであった。

〔**考察**〕 法華経では異色である自己犠牲タイプのジャータカが、ここに見られる。ジャータカの発生地に関して最初に興味深い説を提唱した杉本［1993: 205–211］は、玄奘の『大唐西域記』や法顕の『高僧法顕伝』などの旅行記の記述を手がかりに、北東インドと西北インドによってジャータカの内容が異なることを指摘する。すなわち、クシナガラ・ヴァーラーナシー・ヴァイシャーリー・マガダ等の北東インド地帯では、「雉王本生」「救生鹿本生」「六牙象本生」「兎王本生」など、動物を主人公にしたものが多いのに対し、西北インドには菩薩の修行処に記念のストゥーパが建立され、そこで菩薩は自分の目を施したり、自らの頭を布施するといった血生臭い話が目立つという。

またこの後、宮治［1996: 115–116, 125–127］も同じ点に着目し、西北インドには、体を裂いて鷹に与え、鳩を救ったシビ王本生処（スワート）、眼を人に施したという善目王本生処（ガンダーラ）、頭を切って人に施した月光王本生処（タキシラ）、そして身を餓虎に喰わせた捨身飼虎本生処（西北インド。現在の場所不明）という四つの本生処の聖蹟があり、(30) これらはいずれも中インドの記念碑的な場所としての聖地とは異なった、血生臭い自己犠牲の説話に基づいている聖蹟であるとし、つぎのように指摘する。

むごたらしい話は、さすがに不殺生を重んじるインド内のひとびとには受け容れられなかったようである。たんなる布施の本生譚ならばとにかくとして、こうした血なまぐさいまでの自己犠牲の説話には、もとになるインドの神話・民族説話などがない。おそらくガンダーラ地方でつくられたものではなかろうか。またこれとは逆に、中インドで好まれた輪廻世界に身をおいた動物を主人公とする寓話的な説話は、ガンダーラ地方では消えてしまっている。

この両者の説は、中インドないし東北インドにおいては動物を主人公とする寓話的なジャータカが中心をなし、また西北インドでは人間を主人公とする血生臭い自己犠牲のジャータカが好んで説かれていることを示唆している。(31) 西北インドは常に異民族の侵入に曝され、戦闘に明け暮れた場所であるから、この地に血生臭い説話が流行するのは自然であると思われるし、[32] またこの地域は残忍な野蛮人の住む国とされている。[33]

とするならば、少なくとも法華経の薬王菩薩本事品は西北インドと深い関係があり、またそこから法華経の成立自体も西北インドとの関係が浮かびあがってくる。この問題は第五章でも再びとりあげるので、ここではこれ以上は深入りせず、別の視点からこのジャータカを考察してみたい。かつて有部系の説話文献である Divy. が編纂された地域を考察したことがあるが、そのさい、Divy. にも自己犠牲型のジャータカが散見するので、その編纂地として西北インドとの関係を指摘した。

その Divy. の中に、薬王菩薩のジャータカと類似する話が存在するので、紹介しよう。それは第二二章のチャンドラプラバに関する説話である。ここでは何でも布施するというチャンドラプラバ王〔ブッダ〕に、悪心を抱いたバラモン〔デーヴァダッタ〕が王の頭を布施せよと迫るが、王は喜んで自分の頭を布施するという過去物語が説かれている。頭を布施する前に、王が立てた誓願とその直後の状況はつぎのとおり。

「皆の者、聞くがよい。十方に留まり住する神・アスラ・ガルダ・ガンダルヴァ・キンナラたちよ、私はこの遊園で喜捨をするが、喜捨の最たるものは自分の頭の喜捨である。私がこの真実〔語〕を以て自分の頭を喜捨するのは、王位のためでもなく、天界のためでもなく、財産のためでもなく、シャクラの地位のためでもなく、梵天の地位のためでもなければ、転輪王の国土のためでもない。そうではなく、なんとしても私は無上正等菩提を正等覚した後、調御されざる有情を調御し、寂静ならざる〔有情〕を寂静ならしめ、〔彼岸に〕渡らざる〔有情〕を渡らしめ、解脱せざる〔有情〕を解脱せしめ、安穏ならざる〔有情〕を安穏ならしめ、般涅槃せざる〔有情〕を般涅槃せしめよう。この真実により、真実語により、努力が報われるように。そして入滅した〔私〕が芥子の実ほどの大きさの遺骨になるように。そしてこのマニラトナガルバ園の中央に、どの塔よりも優れた大きな塔が建つように。また体の疲れた有情たちが塔に礼拝しようとやってきて、遺骨を蔵する、どの塔よりも優れたこの〔塔〕を見たら、彼らは疲れを癒すことができるように。私が入滅しても、〔その〕塔には人々がやってきて、〔塔を〕供養し、かならず天界や解脱に確定した者たちとなるように！」

（中略）さてチャンドラプラバ王が頭を喜捨するや否や、この三千大千世界は三度震れ、強く震れ、激しく震れ、動き、強く動き、激しく動き、震動し、強く震動し、激しく震動した。そして天空に留まっていた神々は、天の青蓮華・黄蓮華・赤蓮華・白蓮華、アガル樹の抹香・タガラ樹の抹香・栴檀の抹香、タマーラ樹の葉、天の曼陀羅華を撒きはじめた。また彼らは天の楽器を奏ではじめ、さらに衣を撒いた。その後、バラモンのラウドラークシャは〔王の〕頭を手にして園から出ていったが、そのとき、その中にいた何十万もの有情たちは叫び声をあげた。

「おお、悲しいかな！　あらゆる人の望みを叶えてくださる王が殺された！」（Divy. 326.14–327.16）

Divy. では真実語をなして首がもとどおりになったわけではないが、いずれも真実語をなしている点、大地が震動し、天から花が降っている点、それを見ていた人々の悲痛な嘆きなど、共通点は多い。これだけの共通点を以て、法華経とチャンドラプラバ王説話との間に直接の関係を認めるのは難しいが、その成立地に関しては、西北インドと深い関係があることは指摘できるだろう。

六　妙荘厳王本事品［27］——神変行使の典型例

〔内容〕　かつて雲雷音宿王華智如来が世に現れたとき、妙荘厳王はバラモン教を信奉していたが、妻の浄徳は仏教を信仰し、また二人の息子である浄蔵と浄眼は仏教徒として菩薩行を実践していた。二人の息子は如来が法華経を説示されるから、それを聞きに行こうと母を誘うが、父王はバラモン教を信じているので、行くことを許さないのではないかと告げると、一計を案じてつぎのように助言する。

「お前たちは、ともに自分たちの父である妙荘厳王を憐愍して、何か神変を現しなさい。〔父がそれを見れば〕きっとお前たちに浄信を抱き、心を浄らかにして、正等覚者・阿羅漢・世尊である雲雷音宿王華智如来のもとに行くことを私たちに許してくれるでしょう」（SP 459.7–10）

このアドバイスを受けた二人の息子は、つぎのような神変を行使する。

そこで二人の息子の浄蔵と浄眼は、そのとき、空中にターラ樹七本分の高さに舞い上がると、父である妙荘厳王を憐愍し、仏によって〔その行使が〕許されている双神変を行った。〔すなわち〕二人はその虚空にありながら、寝たり、その虚空を経行したり、その虚空の中で塵を振り払ったり、その虚空の中で、下半身からは水流を放ちながら上半身からは火の塊を燃えあがらせたり、上半身からは水流を放ちながら下半身からは火の塊を燃えあがらせたりした。〔また〕二人はその虚空の中で大きくなってはまた小さくなり、小さくなってはまた大きくなり、その虚空の中で姿を消したかと思うと地上に現れ、地上に現れたかと思うと虚空に現れた。善男子よ、実にこの二人の息子は、このような神通力による神変を行使して、自分たちの父である妙荘厳王を教化したのである。（SP 459.11–460.7）

こうして教化された王は如来のもとに行くと聞法し、おおいに歓喜して出家した。また彼は八万四千年をかけて法華経を理解し、一切浄功徳荘厳という三昧を獲得すると、雲雷音宿王華智如来は彼が将来、沙羅樹王如来になると授記したのであった。

〔考察〕　ここでは、神変行使に関する話が見られるので、考察しておきたい。大乗経典においては、何の制限もなく神変が行使される印象を受けるが、初期経典や部派の仏典では、神変の行使にある一定の法則性が見られる。これについてはかつて平岡［2007c］でまとめたことがあるが、その内容をここで再度確認してみよう。

インドという土地柄から、今でも不思議な超能力を発揮するとされる行者がテレビや新聞等で紹介されることがある。これは、特別な修行を長期にわたって続けると、常人にはない特別な能力（神通）が備わり、それによって不思議な現象（神変）を現出させることができるというインドの伝統に基づくものであろうが、そのような伝統の中で生まれた仏教も、在家生活を離れた出家者が修行に専念すると六神通が得られると説き、またそれを得ることが修行の進んだ証とみなされていたようである。[34]ただし、獲得された神通力をたんなる自己顕示のために行使することは禁止され、使用すればブッダに叱責されるという説話も存在するものの[35]、その一方では説話文献の中には夥しい数の神通・神変行使の用例が存在するのも確かである。

　ではどのような場合に神通・神変の行使は否定され、またどのような場合に神通・神変の行使は容認されるのであろうか。このような問題意識に基づいてパーリ・ニカーヤと漢訳阿含、それに所伝部派が明確で説話の用例を多く含む広律文献から蒐集してみると、ある程度その内容が整理できる。用例を分類するには様々な視点があり、視点を変えることで分類される用例も変わってくるが、ここでは、(1)緊急時の神通・神変（①他者のため／②自己のため／③僧伽のため）、(2)気配りの神通・神変、(3)逆縁者への神通・神変、(4)順縁者への神通・神変、(5)その他（上記の範疇に分類できないもの）という視点で用例を分類してみると、結果はつぎのようになった[36]。

	(1)-①	(1)-②	(1)-③	(2)	(3)	(4)	(5)	計
A	2	1	0	0	**11**	3	2	19
B	1	0	0	0	**12**	5	3	21
C	3	2	0	2	**13**	6	11	37
D	**23**	6	2	**9**	**47**	7	14	108
計	29	9	2	11	**83**	21	30	185

（A：ニカーヤ　B：阿含　C：有部以外の律（関連）文献　D：有部系の律（関連）文献）[37]

この表から読みとれる神通・神変の用例の特徴は、太字で示したように、まず「文献群にかかわらず、逆縁者への神通・神変の用例が一番多いこと」、そしてつぎに「他の文献群と比較すると、有部系の律（関連）文献では、緊急時の神通・神変（①他者のため）と気配りの神通・神変の用例が目立つ」という点であるが、ここでは、妙荘厳王本事品の用例を考える上で重要な⑶逆縁者への神通・神変の用例に焦点を絞り、その具体例を紹介しよう。

まずは他の諸律においても屢々お目みえするパンタカ弟の話であるが、ここではSkt. が存在するDivy. から紹介する。彼は生まれつき記憶力のない鈍根者であったが、ブッダの計らいで阿羅漢になる。しかし、周囲の者たちは、出家者・在家者を含め、彼が阿羅漢になったことが信じられない。そこでブッダは〈スメール山に等しき偉大な声聞に、大勢の人々は悪意を抱いている。彼の徳を顕示せねばならぬ〉と考え、彼に比丘尼たちを教導するよう命令する。しかし彼女たちは彼を馬鹿にし、彼に恥をかかそうと、坐ればその座が崩れる仕組みになっている獅子座を蔓草で設えた。

同志パンタカは獅子座が設けられているのを見た。見て考えた。〈浄信を生じた者たちによって設けられたものか、あるいは下心ある者たちによってか〉〔と〕。やがて彼は下心ある者たちによってであると察知した。同志パンタカは象の鼻のごとき腕を伸ばすと、地面に安定させるべくその獅子座を押さえつけた[38]。同志パンタカはそこに坐ると、ある者たちには坐っている同志パンタカが見えたし、ある者たちには見えなかった。そのとき、そこに坐った同志パンタカは、心を集中させると、自分の座から〔姿を〕消し、東方の上空に舞いあがるような禅定に入った。――広説乃至――神通による神変を示現し終わると、その神通の行使を止め、設けられた座に坐った。

（Divy. 494.13–23）

こうして、神変を見せることで自ら獲得した徳を彼女たちに知らしめ、説法の素地ができてから、つまり彼女たちに「聴く耳」を持たせてから、ようやく説法をはじめ、彼女たちを教化するのである。(39)

つぎは不信心な婆羅門をブッダが教化する話。

〔婆羅門は世尊を〕見て考えた。〈もし沙門ガウタマが遊園に入ってきたら、彼は遊園と井戸を汚すだろう〉と。そこで、彼は紐と桶とを隠して立っていた。そのとき、世尊は神通力を行使して遊園に入られた。そして大夜叉の将軍パーンチカはその井戸の水を溢れさせたので、その遊園は一面水浸しになった。そこでかのバラモンは〈かの沙門ガウタマは偉大な神通力と偉大な威神力とを有している!〉と知ると、浄信を生じて言った。「世尊ガウタマよ、おいでください。これが紐です。これが桶です。好きなだけ水をお取りください」(MSV i 24.12–25.2)

こうしてブッダは神力で婆羅門に浄信を生ぜしめ、彼を出家させている。また人間以外にも仏教に敵対する逆縁者の有情に対して神力・神変を行使し、教化する用例がある。有名なブッダの酔象ダナパーラカ調伏譚である。

すると世尊は右の掌で、鬣があり、冠布を付けた五頭の獅子を化作した。獅子たちの臭いを嗅ぐと、〔象〕は放尿脱糞して逃げだそうとした。世尊〔の力〕で〔象の〕四方八方は燃え、燃え盛り、燃えあがり、ただひたすら燃えていたが、自分の足下だけは例外的に寂静で涼しくなるように加持した。すると、象のダナパーラカはあちこちを走り回りながら、〔自分の周囲が〕すべて燃えているのを見た。(中略)その後、ダナパーラカは発狂や興奮が治まり、ゆっくりとした歩調で歩きながら、世尊のもとに近づいた。輪・卍・ナンディ・アーヴァルタの相を持ち、何百という福徳から生まれ、また怯える者たちを安心させる手で、世尊は〔象の〕頭を撫でられた。
（MSV vii 188.15–26）
この後、ブッダに浄信を抱いたため、ダナパーラカは死没して四大王天に生まれ変わっている。最後に、ブッダが故郷カピラヴァストゥに戻ったときの話を MSV 破僧事からいくつか紹介する。まずは入城のさいの描写である。

世尊はこう考えられた。〈もしも私が歩いてカピラヴァストゥに入ったら、高慢なシャーキャ族の者たちは不信の心を抱くであろう。「サルヴァールタシッダ王子が苦行林に行くとき、沢山のことが起こった。すなわち、王子は何百千もの神々に随行されながら上空を飛んで出家されたが、しばらくの間、百千もの苦行を実践して不死を獲得した今、歩いて〔都城に〕入ってくる」と〉（MSV vi 188.18–23）

こう考えると、ブッダは火界定に入り、空中で様々な神変を示現する。そして、その後ではじめてブッダは、シャーキャ族の者たちに説法する。しかし、シュッドーダナ王だけは「自分の息子だけがこんなに素晴らしい神力を獲得したのだ」という慢心があったので、真理を知見しなかった。そこでブッダはマウドガリヤーヤナに命じ、シュッドーダナ王に神変を見せるようにいう。王は彼の神変を見て、仏弟子も同じような神変を行使できることを知り、ようやく彼の慢心は取り除かれたのであった（MSV vi 195.5 ff.）。

この後、ヤショーダラーはブッダを性的な魅力で誘惑し、彼を取り戻そうとして後宮の女たちに媚態を尽くさせようとするが、それを見てブッダはこう考える。

〈もしも〔これを〕享受すれば、所化者の時機を逸してしまう。この女たちは愛欲や貪欲に負け、真理〔を受けとめる〕器とはなっていない。神力は凡夫を直ちに魅了する（prthagjanasya riddhir avarjanakari）。いざ私は後宮の女たちを神力による神変で魅了しよう〉（MSV vii 36.33–37.2）

この後、ブッダは双神変を示して彼女たちを改心させてから説法すると、彼女たちは預流果を作証している。この他にも逆縁者に対する神変は枚挙に暇がない。

外道や聖仙といった、仏教に敵愾心を持つ異教徒、慢心や懈怠に陥っている者、性的に誘惑してくる者、仏教や出家者に危害を加えようとする者など、逆縁者にも様々なタイプがあるが、要するに逆縁者とは「ブッダの教えに対して聴く耳を持たない者」、あるいは「理屈が通じない者」であり、このような有情にいきなり説法しても無駄であることは容易に想像がつく。逆縁者に対してはまず聴く耳を持たせることが必要だが、この目的を達成するために、言語・論理・理屈を超えた神通・神変は有効に機能したと考えられるのである。

以上の考察から、妙荘厳王本事品の神変行使の用例は、異教徒の父を仏教に回心させるためのものであるから、まさにこの「逆縁者に対する神変」の流れを汲む用例といえよう。また興味深いのは、妙荘厳王本事品の引用文中、傍線で示した「仏によって〔その行使が〕許されている双神変を行った」という記述である。これは無闇に神変を行使してはならないという初期仏教以来のルールを意識しての表現と考えられるのではないだろうか。

初期経典と大乗経典を比較すれば、そこには超えがたい思想的断絶が存在することも確かだが、ここで確認したように、底辺では初期仏教以来の流れをしっかりと意識して創作された部分も大乗経典には確かに存在するのである。

第五章　法華経の成立をめぐる諸問題

一　全体の構成

　では以上の考察によって、法華経の全体図を俯瞰しておこう。すでに法華経の成立に関する研究を概観したさいに見たように、近現代の研究者も智顗にはじまる「迹門／本門」や、道安に端を発する「序分／正宗分／流通分」という枠組を、法華経の解釈にさいして採用していた。それにしたがった解釈をかならずしも否定するつもりはないが、しかしそれはあくまで中国仏教の文脈で用いられた手法であるから、かならずしも現代の研究者がそれに拘泥する必要はない。(1) 表題で「新解釈」と謳っているのであるから、ここでは従来とは違った観点から法華経の構造を分析してみたい。

　ここまでは仏伝という視点から法華経を分析してきた。よって、その分類も、必然的にブッダの生涯にあわせたもの、すなわち、(1)ブッダが今世に誕生する以前の物語、(2)ブッダの今世における物語、そして(3)ブッダの滅後における物語、の三部構成となる。またすでに見たように、この仏伝を核として、様々な挿話も随所に嵌めこまれていたが、その構造を示すと、つぎのようにまとめられよう（挿話は※印で示す）。

(1)過去の物語：ブッダがこの世に誕生する以前の物語

序品［1］：日月灯明如来による法華経説法　↑　燃灯仏授記

(2)現在の物語：ブッダ在世の物語

①方便品［2］：シャーリプトラの三度にわたる説法懇願　↑　梵天勧請

②譬喩品［3］：法華経の説法とシャーリプトラへの授記　↑　初転法輪とカウンディンニャの覚り

③信解品［4］～授記品［6］：授記(1)―〔シャーリプトラ・〕カーシャパ・スブーティ・カーティヤーヤナ・マウドガリヤーヤナ　↑　五比丘の覚り（阿羅漢）

※化城喩品［7］：過去の因縁　↑　城喩経（法華経の永遠普遍性の強調）

④五百弟子受記品［8］：授記(2)―プールナ　↑　ヤシャス

⑤五百弟子受記品［8］：授記(3)―カウンディンニャと五〇〇人の阿羅漢　↑　カーシャパ兄とその弟子五〇〇人

⑥授学無学人記品［9］：授記(4)―アーナンダとラーフラと比丘二〇〇〇人　↑　シャーリプトラとマウドガリヤーヤナとその弟子二五〇人

※法師品［10］：法華経受持者の態度　↑　プールナ伝道説話

※見宝塔品［11］：多宝如来の塔出現（全身舎利）　↑　カーシャパ仏の遺骨

⑦見宝塔品［11］：授記(5)―デーヴァダッタは善知識　↑　デーヴァダッタの破僧

⑧勧持品〔13〕：授記(6)─マハープラジャーパティーとヤショーダラー ↑ カピラヴァストゥ帰郷

※従地涌出品〔15〕：地面より湧きでる菩薩たち ↑ 舎衛城の神変（仏華厳）

⑨如来寿量品〔16〕：久遠実成 ↑ 涅槃

(3)未来の物語：ブッダの滅後における物語

分別功徳品〔17〕以下：法華経護持の功徳および正法滅後の仏教徒のあり方

このように整理してみると、「迹門／本門」や「序分／正宗分／流通分」という従来の分類形式では見えてこなかった法華経の新たな姿が浮かびあがってくる。(2) また各品を詳細に見ていくと、そこには現在世のエピソードに関連して様々な過去物語が説かれるのも法華経の特徴だが、つぎにこの点を整理してみよう。

(1)序品〔1〕：文殊が自らの体験を語る中で、過去世の日月灯明如来という同じ名前の如来があいついで現れ、その最後の如来が法華経を説示したことが説かれる。

(2)化城喩品〔7〕：はるか昔の過去世において、大通智勝如来が現れて法華経を説示し、また彼が太子であったときに設けた一六人の王子たちも出家して法華経を説示したので、大通智勝如来は彼らに成仏の記別を授ける。

(3)提婆達多品〔12〕：過去世において国王であったブッダは、法華経を説く聖者（デーヴァダッタ）の奴隷となって、彼から法を求めた。

(4)常不軽菩薩品〔20〕：ブッダの本生である常不軽菩薩は、人々に非難されながらも彼らに菩薩行の実践を勧めた。

(5)薬王菩薩本事品〔23〕：遠い過去世において、一切衆生憙見菩薩（薬王菩薩）は、自分の師匠である日月浄明徳如来と法華経を供養するために、自分の体に火をつけ喜捨した。また日月浄明徳如来は自分が般涅槃するにさいし、一切衆生憙見菩薩にすべてを委嘱すると、一切衆生憙見菩薩は自分の腕を焼き、日月浄明徳如来の遺骨供養を行った。

(6)妙荘厳王本事品〔27〕：はるか昔、過去世において妙荘厳という王はバラモン教の信者であった。仏教徒であった彼の妻の信心と二人の王子の神通力で教化された父王は、王子の師匠である雲雷音宿王華智如来の教えに信を抱き、出家すると、八万四千年の間、法華経を理解すべく励み、三昧を獲得したので、雲雷音宿王華智如来は彼に成仏の記別を授ける。

このように、仏伝をベースにして、随所に過去物語を配するという法華経は、形式的には、説一切有部の仏伝ともいうべきMSV破僧事や大衆部系の仏伝文献であるMv.、また漢訳で法蔵部系の仏伝資料『仏本行集経』と共通する構造を持っているということであり、この点でも法華経はある意味で「仏伝文献」とみなすことができるのである（誤解のないように強調しておくが、たんなる「仏伝文献」でもない）。

二　成立の問題——仏伝の発達と法華経段階成立説

前節では、法華経が仏伝であること、より正確にいえば、仏伝の構成を踏まえて、あるいは下敷きにして編纂されていることを確認した。この事実から、我々は法華経の成立に関する何らかの手がかりを得ることができるであろうか。この点をつぎに考えてみたい。

現行の法華経が段階的に形成されていったのか、あるいは、ある一定の比較的短い時期に形成されたのかは、今もなお研究者の間に議論の絶えないところである。今ここでもこの問題をとりあげるが、とうてい決定的な結論を導きだすことはできない。しかし、仏伝にも発展段階があるわけであるから、それに基づいて法華経成立に関する様々な可能性を模索してみたい。まずは末木［2009: 60–78］の解釈を参考にしよう。末木は従来の説をつぎのようにまとめて図示している。

迹門

序　品［1］――第二類

方便品［2］
譬喩品［3］
信解品［4］
薬草喩品［5］
授記品［6］
化城喩品［7］
五百弟子受記品［8］
授学無学人記品［9］
――第一類

- 法師品〔10〕
- 見宝塔品〔11〕
- 提婆達多品〔12〕
- 勧持品〔13〕
- 安楽行品〔14〕

本門

- 従地涌出品〔15〕
- 如来寿量品〔16〕
- 分別功徳品〔17〕
- 随喜功徳品〔18〕
- 法師功徳品〔19〕
- 常不軽菩薩品〔20〕
- 如来神力品〔21〕
- 嘱累品〔22〕

――第二類

- 薬王菩薩本事品〔23〕
- 妙音菩薩品〔24〕
- 観世音菩薩普門品〔25〕
- 陀羅尼品〔26〕
- 妙荘厳王本事品〔27〕
- 普賢菩薩勧発品〔28〕

――第三類

このうち、第三類は成立が遅れ、第一類と第二類では、第一類のほうが成立が早いと考えられているが、最近は二七品（提婆達多品を除く）全体、あるいは少なくとも第一類と第二類は同時に成立したとする説も有力になっていると指摘し、末木は法華経の成立に関する研究を総括している。末木によれば、各類の間に一貫性が見いだせれば同時成立説、思想的な断層が確認されれば段階成立説を採るべきであるとし、同時成立説として苅谷［1983］の研究に言及する。苅谷の説は法華経が菩薩思想で一貫しているとするもので、第一類の思想は「小乗・大乗の区別なく、一切衆生はじつは大乗の菩薩である」と定式化でき、第二類は仏滅後の菩薩の実践を主題とし、また第三類は様々な菩薩の実例を示しているので、法華経全体は菩薩を軸に展開しているという。

末木はこの説が魅力的であるとしながらも、第一類と第二類の間には大きな断絶があり、最初から一貫して書かれたとはいいがたく、したがって段階成立説を採る。末木［2009: 72］によれば、第一類は「一切衆生は菩薩として他者との関係に取りこまれていること、そこから孤＝個に逃げだそうとした声聞たちも、結局は菩薩であることを認めざるをえないことが示され、ほぼ一貫したテーマをうかがうことができる」と結論づける。

また、第一類の「一切有情は菩薩である」という原理の展開上に第二類が形成されたとし、第二類では、見宝塔品に象徴されるように、死者（多宝如来）と合体することで永遠の力を獲得した生者（ブッダ）たる仏に関わりながら、仏滅後に法華経を流布させる菩薩の実践の問題がクローズアップされていると末木［2009: 75］は指摘する。このように、末木は苅谷の説によりながら、第一類と第二類の間に断層を認め、その違いを以上のようにまとめている。

これはこれで説得力のある説だが、では法華経が仏伝に基づいて編纂されているという前提に立てば、仏伝という「枠組」から法華経の成立はどのように考えられるであろうか。ここでは末木や苅谷が行ったような思想的な（あるいは内側からの）アプローチではなく（むろん、これを否定しているわけではまったくない）、あくまで「枠組」という外側からの考察を試みたい。

仏伝と一口にいっても、すでに見たように、多種多様であるが、成立史的に現存の資料の中でもっとも古いのは、パーリ律に見られる「大品」の記述であろう。ここではブッダの成道からシャーリプトラとマウドガリヤーヤナの帰仏までの事跡が時系列に沿って記されているが、もしもこのような仏伝に準拠して最初期の法華経ができあがっているとするならば、法華経の中でもっとも成立の古い部分は、仏伝の成道から初転法輪に相当する方便品［2］から、シャーリプトラとマウドガリヤーヤナの帰仏に相当する授学無学人記品［9］までの八品ということになり、右記の第一類にうまく符合する。

このうち、化城喩品［7］は直接、仏伝とは関係のない挿話的な部分であるから、これを除くと七品となる。これは第一章で紹介した「成立に関する諸説」の「(1)方便品から人記品までは一つのグループであり、法華経の核として位置づけられる」（二四頁）とする従来の説とほぼ一致するのである。

一方、法華経の成立を遅くとらえ、法華経が準拠した仏伝がすでに燃灯仏授記から般涅槃までを具えていたと仮定した場合、序品［1］から如来寿量品［16］までが最初期の段階で成立していたとみることも可能である。ミクロな視点で法華経を見れば、韻文と散文の違い、あるいは言語や思想の違いから、法華経に断層を見いだし、そこから法華経の成立の問題を考えることもできるが、マクロな視点から法華経を見るかぎり、大枠は仏伝に基づいていると考えられるので、最後の六品は別にしても、序品［1］から嘱累品［22］まで同時に成立したとする見方も充分可能であろう。

さらに、最初期の法華経成立時に、すでに見た⑴ブッダがこの世に誕生する以前の物語、⑵ブッダの今生における物語、そして⑶ブッダの滅後における物語、という全体像が視野に入っていたとすれば、二八品同時成立説も可能になるが、嘱累品が第二二章に位置していることを考えれば、後の第二三章以下は、法華経が成立した後で、新たに付加されたとみる方が自然であると考えられる。

苅谷が主張するように、第三類は様々な菩薩の実例を示しているとみることができるが、しかし第二類の常不軽菩薩品［20］が仏滅後の法華経護持者の理想像を象徴していることはすでに指摘したとおりであるから、この意味ではかならずしも第三類は必要ではない。よって、第三類は後代に付加されたと考える方が穏当ではないか。

三　編纂の意図

では法華経編纂の意図はどこにあったのであろうか。これまで見てきたように、法華経成立に関しては、法華経が仏伝に基づいていると考えても、法華経が基づいた仏伝の内容如何によって、成立に関する答えは違ってくるので、かりに段階説を採るとすれば、編纂の意図も一様ではない。否、同時成立説を採るとしても、編纂の意図は複数存在する可能性は否定できないし、また法華経のような、優れて文学性に富んだ経典の編纂意図を一つに収斂することなど、そもそも不可能かもしれない。

よって、ここでは、法華経が仏伝に基づいて編纂されたと考えた場合に浮かびあがってくる一つの意図を指摘してみたい。

ここでは法華経が仏伝に基づいて成立したことを論じてきたし、ある意味で法華経は仏伝であるとも指摘したが、それはたんなる仏伝、つまりブッダの生涯をただなぞった文献ではない。そこには、般涅槃に先だってブッダが法華経を説示した意味が深く関わっていると考えられる。法華経における重要なテーマの一つは「一仏乗による大乗小乗の止揚」、すなわちブッダは巧みな方便を用いて大乗小乗（あるいは声聞・独覚・菩薩の三乗）を説いたが、実際は一仏乗しかないことを示すことにあった。

化城喩品［7］に見られる「化城宝処の喩え」がたくみに示しているように、法華経は最終目標を声聞（阿羅漢）の覚りや独覚の覚りではなく、そのさきにある「成仏」に置く。とするならば、法華経が説示された以上、通常の仏教史において阿羅漢となった仏弟子たちを阿羅漢のままで放置しておくことはできない。換言するなら、一般的に理解されている旧来の仏教史を方便としていったん解体した後、それを法華経の説示によって再解釈し、仏教史を再生・刷新させようとしたのではないかと考えられるのである。

今、解体される伝統的な仏教を「旧仏教」、法華経によって指し示され、再生される仏教を「新仏教」として両者を比較すると、つぎのようになる。

旧仏教：①四諦八正道の説示、②カウンディンニャ等の五比丘の教化（成阿羅漢）、③ヤシャスの教化（成阿羅漢）、④カーシャパ兄とその弟子五〇〇人の教化（成阿羅漢）、⑤シャーリプトラとマウドガリヤーヤナとその弟子二五〇人の教化（成阿羅漢）、⑥破僧を企てたデーヴァダッ

タの悪玉化、⑦マハープラジャーパティーの教化（成阿羅漢）

新仏教：①法華経の説示、②シャーリプトラ等の五比丘の教化（成仏授記）、③プールナの教化（成仏授記）、④カウンディンニャとその弟子五〇〇人の教化（成仏授記）、⑤アーナンダとラーフラとその弟子二〇〇〇人の教化（成仏授記）、⑥破僧を企てたデーヴァダッタの善玉化、⑦マハープラジャーパティーとヤショーダラーの教化（成仏授記）

すでに考察してきたように、仏伝という視点から法華経を眺めると、旧仏教の成阿羅漢と法華経の成仏授記は見事なまでに対応する。法華経の従地涌出品［15］によれば、この時点の法華経の説法は成道後四〇年ほど経ってからなされたとされるから、法華経の説法はブッダが七五歳から八〇歳の間になされたことになる。

つまり、これはブッダが三五歳で成道し、五比丘をはじめ、マハープラジャーパティーたちを阿羅漢の覚りに導いたという四〇年ほどのマクロコスモスを入滅前の法華経説法というミクロコスモスに凝縮し、登場人物こそ入れ変わっているが、仏伝の事跡（とくに成阿羅漢）を時系列で辿りながら、旧仏教をあらたに解釈しなおしているのである。そして後半は、旧仏教を刷新した上で、その法華経を仏滅後、如何に護持していくかという法華経護持の功徳が高揚される。

こうして見てくると、法華経全体のテーマが浮かびあがってくる。すなわち、現在（第七章を除く第二章～一五章）を軸に、過去（第一章・第七章）から現在、現在から未来（第一六章以降）へと法華経を以て仏教史の時空を再解釈し、刷新するという一貫した流れで法華経は貫かれていると考えられるのである。

それは仏滅後という現在（つまり、当時の「現在」）の危機意識から出発し、現在から未来に向かっての法華経護持の正当性を主張するために、過去から現在を法華経で刷新する必要があったのではないか。こう考えると、現在から未来を扱うのが第一六章から第二七章までの一二章、つまり全体の半分近くを占めているのも肯ける。

では最後に、仏伝と法華経の登場人物を比較し、そこから垣間見える問題点について考察してみよう。その対照を示すと、次頁の対照表1のとおりである。

こうして比較してみると、最後の三人、すなわちデーヴァダッタ・マハープラジャーパティー・ヤショーダラーを除いて、法華経の登場人物と仏伝の登場人物との間に、必然的な結びつきは見いだせそうにない。では、法華経に登場する人物の順番には何か意味があるのだろうか。またシャーリプトラが最初に登場する必然性はどこに求められるのだろうか。このような点について考えてみる必要がある。法華経の登場人物は、最後の三人を除けば、後世、いわゆるブッダの主要な弟子として知られる人物であることは明白であるが[3]、この顔ぶれから想起されるのは同じ大乗経典の維摩経である。そこで、「法華経の基本的な配役は、維摩経の登場人物および順番を意識して決められたのではないか」という仮定に基づいて、すこし大胆な提言をしてみたい[4]。

維摩経は般若経系の経典で、二乗を否定して一乗を宣揚し、またシャーリプトラをはじめとする仏弟子の声聞を次々に虚仮にすることでも有名である。ではここで、この二つの大乗経典に現れる仏弟子をその登場順に並べて比較してみよう（対照表2を参照）。

登場人物比較対照表1

（　）は過去物語の登場人物

〔法華経〕		〔仏伝〕
（日月灯明如来		燃灯仏）
シャーリプトラ		ブラフマン
シャーリプトラ	五比丘(5)	カウンディンニャ(6)
カーシャパ		ヴァーシュパ
スブーティ		バドリカ
カーティヤーヤナ		マハーナーマン
マウドガリヤーヤナ		アシュヴァジット
（大通智勝如来		ヴィパッシン仏）
プールナ		ヤシャス
カウンディンニャ		ウルヴィルヴァー・カーシャパ
その弟子五〇〇人（カーシャパ三兄弟とアニルッダなど一一名）		
アーナンダ		シャーリプトラ
ラーフラ		マウドガリヤーヤナ
デーヴァダッタ		デーヴァダッタ
マハープラジャーパティー		マハープラジャーパティー
ヤショーダラー		ヤショーダラー

登場人物比較対照表2

〔法華経〕		〔維摩経〕
シャーリプトラ	五比丘	シャーリプトラ
カーシャパ	五比丘	マウドガリヤーヤナ
スブーティ	五比丘	カーシャパ
カーティヤーヤナ	五比丘	スブーティ
マウドガリヤーヤナ	五比丘	プールナ
プールナ	―	カーティヤーヤナ
カウンディンニャ	―	アニルッダ
その弟子五〇〇人（カーシャパ三兄弟とアニルッダなど一一名）		
None	―	ウパーリン
アーナンダ	×	ラーフラ
ラーフラ	×	アーナンダ
デーヴァダッタ	―	None
マハープラジャーパティー	―	None
ヤショーダラー	―	None

こうして比較してみると、逐一対応しているわけではないが、法華経と維摩経における仏弟子の登場順はほぼ対応しているように見える。ただ若干の問題も散見するので、この点をさらに考察してみたい。

まずは五比丘の対応である。そもそもシャーリプトラとマウドガリヤーヤナは初期仏教以来、セットで説かれるのが常であり、維摩経もこれを踏襲しているが、法華経のように両者を分けるのは奇異に感じられる。また、法華経の五比丘に対応する仏弟子を維摩経に当てはめてみると、カーティヤーヤナとプールナの間で入れ替わりが確認される。すなわち、法華経は五比丘の中にカーティヤーヤナを含み、プールナを含まないが、逆に維摩経はプールナを含み、カーティヤーヤナを含まない。この異同をいかに考えるべきか。

プールナは法華経護持者の理想像として他の仏弟子と一線を画する扱いを受けていたことはすでに確認したが、これを踏まえると、法華経編纂者からすれば、自分たちの伝道の理想的人物を五比丘の中に埋没させるには忍びなかったために、維摩経のプールナ→カーティヤーヤナという順番をひっくり返し、五比丘の最後にカーティヤーヤナを含め、プールナを別出したのではないだろうか。こう考えれば、五比丘に相当する法華経の声聞と維摩経で最初に登場する五人の声聞は内容的に重なる。

つぎに問題になるのが、法華経のカウンディンニャと維摩経のアニルッダの対応である。法華経ではカウンディンニャの弟子五〇〇人の中にアニルッダが含まれているので、ゆるやかな対応は見られるが、ぴったりとは一致しない。これも想像の域を出ないが、法華経の場合は仏伝という仏教史を強く意識して編纂されたことはすでに見たとおりであるから、仏教史上、最初に覚りを開いて阿羅漢となったカウンディンニャは外せなかったと考えられる。また維摩経を意識していればこそ、「彼の弟子」という形でアニルッダに言及しているようにも思えるのである。

つぎはウパーリンの存在である。維摩経ではウパーリンに言及するが、法華経では彼に対する言及がまったくない。一般的には「持律第一」として有名なウパーリンが維摩経に登場しているのに、なぜ法華経には顔を出さないのか。この点が謎である。(7)

アーナンダとラーフラについては、順番が入れ替わるものの、法華経と維摩経の間ではほぼ対応しているとみなすことができる。また最後の三人（デーヴァダッタ／マハープラジャーパティー／ヤショーダラー）は維摩経には登場しないので、これは法華経独自の配役と考えられよう。すでに見たように、法華経の重要なテーマの一つは「万人成仏」であったが、旧仏教では悪玉として有名だったデーヴァダッタが成仏の記別を授かるのは、まさにこのテーマに沿っている。ただし、デーヴァダッタが如何なる存在として成仏の記別を授かるかは明確ではない。悪人代表としてなのか、あるいは独覚代表としてなのか（本書では、一応、独覚代表と理解したが）。

同じことはマハープラジャーパティーとヤショーダラーについてもいえる。この二人が女性の阿羅漢を代表しているのか、あるいは女性一般を代表しているのか。即断はできないが、ともかく法華経の「万人成仏」というテーマを成就するには、デーヴァダッタ・マハープラジャーパティー・ヤショーダラーという三人は必要不可欠の存在であり、この三人に関しては維摩経とは別次元で法華経に組み入れられたと考えられる。(8)

ここでは、「法華経は仏伝の主要な出来事をベースにしながら、その登場人物は維摩経に登場する仏弟子を順次配していったのではないか(9)」という仮説を立てて考察してみた。その意図は、二乗（声聞・独覚）否定の大乗を説く維摩経や般若経のカウンターとして法華経が登場し、この二乗否定の大乗を改めて、あるいは大乗小乗の対立構造を持つ仏教を刷新して、二乗（小乗・大乗）あるいは三乗（声聞・独覚・菩薩）を統合した一仏乗を打ち立てることにあったのではないか。平川［1983: 14］の言葉を借りれば、つぎのようにまとめることができよう。

ともかく般若経や維摩経の大乗は「大小対立の大乗」であるが、これでは小乗仏教は一方的に捨てられているのであり、小乗教徒を救済することはできない。とくに声聞を「敗種」として斥ける維摩経では、阿羅漢になった声聞は永久に大乗から排除されることになる。（中略）しかし声聞や縁覚を救済しえない大乗では、完全な大乗とはいえない。（中略）この点に反省がなされて、真の大乗には、小乗教徒も救われる教えがあるべきであるということになったのであろう。このような反省をもった一類の大乗教徒によって、「一切皆成仏」を説く一乗の教えが主張せられるようになったと考えられる。

この後、平川［1983: 14］は「一乗を説く法華経は、大小対立の大乗を説く初期の大乗仏教のあとに現れたと見るべきである。（中略）『道行般若経』の原形成立を西紀前後と見るならば、法華経の一乗説の出現は「西紀二世紀の前半」と見てよいと考える」と指摘している。ここでは維摩経が法華経に先行するという考えのもとに考察を行ってきたが、[10] この点はまだ論証できているわけではないので、仮説に留め、今後の課題としておきたい。しかし、「大小対立の大乗」を説く般若経や維摩経の大乗に対抗すべく、「大小の対立を超克する大乗[11]」を理想とする法華経が出現したとするならば、以上の考察もあながち無理な仮説とも思えない。

すでに指摘したように、法華経がシャーリプトラを対告者とする理由について、苅谷［2009: 61］は

「それは、もとよりこれからの所説内容が「仏智」を主題とするからであって、その場合、舎利弗は仏弟子の中でも智慧第一とされるところから、彼の智慧とこれから言及される仏智との間に雲泥の差のあることを際だたせるために他ならない」と思想的な観点から説明するが、維摩経を意識して法華経が成立したと考えるなら、当然、最初に救済すべき仏弟子は、維摩経で徹底的に虚仮にされるシャーリプトラを置いて他になく、その彼にブッダが最初に成仏の記別を授けることは、維摩経に対する「当てつけ」「当てこすり」とも考えられるのである[12]。

さきほど法華経のテーマを「大小超克の一仏乗」と位置づけ、その「大小対立の大乗」を説くのは般若経典類あるいは維摩経であり、それに対抗する形で法華経は編纂されたという前提で話を進めてきたが、では本当に般若経や維摩経では「大小対立の大乗」が説かれているのであろうか。この点を確認しておかなければならない。そのさい、注目すべきは、小乗の意味内容が声聞乗と独覚乗であるのはよいとして、その対立概念が何であるかという点である。菩薩乗なのか大乗なのか、はたまた仏乗なのか、ひょっとして一乗なのか。これを意識しながら、まずは維摩経の用例を調べてみた[13]。

①維摩を描写する表現（第二章）――「小乗への気持ちを翻させ、大乗へ人々を引き入れるために、彼はあらゆる字習いの学校に近づく」（VN 60.5–6）[14]

②ブッダに対するカーシャパの言葉（第三章）――「〔維摩の素晴らしい教えを聞いて〕それ以降は、大乗ではない声聞乗や独覚乗に、私はいかなる有情もあらかじめ教導しませんでした」（VN 92.4–6）[15]

③プールナに対する維摩の助言（第三章）―「大徳プールナよ、これらの比丘たちは皆、大乗に進み入り、菩提心を失ってはいません。大徳プールナよ、彼らに声聞乗を説示してはなりません。声聞乗は正しいものではなく、有情の機根の多様性を知ると、声聞たちは生まれつきの盲者[16]のように、私には見えるのです」（VN 104.9–12）[17]

④シャーリプトラに対するカーシャパの言葉（第五章）―「声聞や独覚はすべて盲者のごとく眼を持たぬ。（中略）機根は完全に破壊され、焼けて腐った種子のごとく、この大乗の器でない我々は、いったいどうすればいいのか」（VN 244.3–8）[18]

⑤天女とシャーリプトラの会話（第六章）―〔シャーリプトラ〕は尋ねた。「天女よ、あなたは声聞乗に属するのか、あるいは独覚乗に属するのか」。〔天女〕は答えた。「声聞乗を説けば、声聞乗に属する者です。縁起の法に入れば、独覚乗に属する者です。大悲を捨てなければ、大乗に属する者です」（VN 278.14–16）[19]

またこれ以外に、単独で「大乗」が用いられる用例も六つ確認され（VN 32.9, 54.9, 84.15, 262.9, 312.5, 384.7）、「菩薩乗」や「仏乗」や「一乗」の用例は見いだせなかった。以上の考察から、維摩経は自らの立場を「大乗」とし、声聞乗と独覚乗を、ときには小乗として下位に価値づけし、自らの立場（大乗）の優位性を強調していることがわかる。「声聞乗は正しいものではなく」とストレートに説く③もかなり痛烈だが、とりわけ漢訳で「敗種」と訳される④は覚りの可能性そのものを否定した決定的な用例と考えられる。[20]

つづいて般若経の用例を調査する。般若経と一口にいっても膨大な文献が存在するので、ここでは最も成立が古いと考えられ、かつインド原典が存在しているAṣPのみをとりあげる。分量が多いので、まずは「小乗（声聞乗・独覚乗）」の対立概念が何かを調べてみたが、用例の多い順に結果を示すと、以下のとおりである。[21]

bodhisattva：一二例（AṣP 4.4, 81.24, 115.31, 116.18, 116.25, 117.4, 117.12, 117.26, 118.21, 208.13, 216.20, 216.23）

buddha：八例（AṣP 69.31, 140.8, 150.4, 150.8, 150.13, 155.12, 161.5, 223.25）

mahāyāna：四例（AṣP 159.7, 159.9, 159.11, 159.17）

samyaksaṃbuddha：二例（AṣP 64.12, 65.13）

prajñāpāramitā：二例（AṣP 212.15, 212.21）

tathāgata：一例（AṣP 134.23）

これを見ると、AṣPでは「声聞・独覚」に対して「菩薩」の用例が一番多く、「仏」がこれにつづき、ついで「大乗」という順になる。一方、「三乗」という文脈を離れれば「大乗（mahāyāna）」の用例が一番多くて三〇を越え、[22]ついで「菩薩乗（bodhisattvayāna / -yānika）」の用例も二〇あまり存在するので、[23]AṣPにおける「声聞・独覚」の対立概念として、あるいは自らの立場を表明する語として「大乗」、それについで「菩薩」が最も多く用いられていることになる。また、二乗に関しては「大乗／小乗」の用例が一つだけ確認できる。[24]では「一乗」の用例はないかというと、二例が存在するので、つぎにこれを検討してみよう。まずはブッダがアーナンダに教授する言葉として、第二四章につぎのように説かれる。

「またアーナンダよ、菩薩大士は別の菩薩乗に属する人たちに、いかに接するべきか。アーナンダよ、ちょうど教師に対するように、〔すなわち〕『彼ら菩薩大士は我が教師なり』というように接すべきである。『ああ、実に彼ら菩薩大士は私と同一の乗物（ekayāna-）に乗り、ああ、実に彼ら菩薩大士は私と同一の道（ekamārga-）に乗りだし、（中略）ああ、実に彼ら菩薩大士は私と同様の乗（samayāna-）に進み入った者たちである』（後略）」（AṣP 209.3–7）

ただし、文脈から明らかなように、この場合のekayānaは「他の菩薩と同じ乗物」という意味であるから、法華経で問題となっている「三乗を一乗に摂する」という意味での「一乗」ではない。

では第一六章に見られるもう一つの用例を吟味する。ここでは法華経と同様に三乗と一乗の関係がシャーリプトラとスブーティの間で問題になっているが、シャーリプトラはスブーティの空性の説法を聞いて、「如来は菩薩乗に属する人たちに三種〔すなわち、声聞・独覚・菩薩の区別〕を説かれたが、それら三種は確定できなくなる。同志スブーティの所説のように、ただ一つの乗物、つまり仏乗、菩薩乗〔だけ〕があることになる（ekam eva hi yānaṃ bhavati yaduta buddhayānaṃ bodhisattvayānam）」（AṣP 159.3–4）[25]という疑念を受け、種々なる問答を交わした後、最後にスブーティはつぎのように説く。

「このように、同志シャーリプトラよ、真理の立場・永遠性の立場からすれば、その菩薩というものが認識されないのに、どうして〈彼は声聞乗に属する者である。彼は独覚乗に属する者である。彼は大乗に属する者である〉とあなたは考えるのか。同志シャーリプトラよ、このように、真相においては、彼ら菩薩たちに区別はなく、区別を離れ、差別がないことを聞いても、ある菩薩大士の心が、怯えず、怖じけず、臆しないならば、この菩薩大士は覚りに向かって出離してい

ると知るべきである」（AṣP 159.15–20）

空を説く般若経ならではの記述であり、維摩経の不二法門と同様に、真相の立場からすれば、そのような区別はないことが強調されている。スブーティの説明には「一乗（ekayāna）」という表現が見られないが、シャーリプトラの疑問にはこれが見られる。これ以外にも、三乗の区別を説かない用例は少しは存在するものの、[26] AṣP の他の箇所では菩薩乗（あるいは大乗）の立場から声聞乗・独覚乗（あるいは小乗）を排斥しているので、その内容を実際に紹介しよう。[27]

①菩薩の無取得三昧（第一章）――「これは菩薩大士の〈一切法無取得三昧〉といわれ、広大にして尊重され、決定的に無量であって、声聞や独覚とは共通しない」（AṣP 7.11–12）[28]

②菩薩の心（第一章）――「世尊よ、菩薩大士といわれるのは、菩提を求める心・一切知性を求める心・汚れなき心・比類なき心・無比なる心であって、世尊よ、すべての声聞や独覚とは共通しない」（AṣP 10.4–6）[29]

③ブッダの言葉（第一一章）――「菩薩乗に属する人たちがいるとして、彼らは一切知者の知の根であるこの般若波羅蜜を放棄し、枝・葉・茎のような声聞乗や独覚乗の中にエキスである仏性を求めるべきだと考えるなら、スブーティよ、これもまた、彼らにとって悪魔の仕業だと知るべきである」[30]（AṣP 115.31–116.1）[31]

④スブーティに対するブッダの説法（第一一章）――「不退転の乗物である大乗を獲得し、〔それと〕出会いながらも、またそれを捨て、排斥して、小乗を求めるべきだと考える菩薩たちは、いったい賢者に類するとみなせようか」[32]（AṣP 118.5–6）[33]

⑤スブーティに対するブッダの説法（第一四章）——「新発意の菩薩が般若波羅蜜を受け入れないならば、彼らは声聞地か独覚地〔に堕すこと〕が予期されねばならない」（取意）（AṣP 143.4–7）[34]
⑥スブーティに対するブッダの説法（第一四章）——「般若波羅蜜を頼みとしない菩薩は、中途で堕落するにいたり、一切知性に到達することなく、声聞の位や独覚の位に留まるだろう」（取意）（AṣP 143.12–14）[35]
⑦スブーティに対するブッダの説法（第一四章）——「スブーティよ、菩薩にとって途中での堕落は何かといえば、声聞地や独覚地である」（AṣP 143.29–30, 144.19–20, 145.15–17）[36]
⑧シャーリプトラに対するブッダの説法（第一六章）——「彼は声聞地や独覚地に留まるだろう。なぜなら、シャーリプトラよ、彼は般若波羅蜜に守られず、善巧方便を欠いているからだ」（AṣP 156.7–8）[37]
⑨スブーティに対するブッダの説法（第一七章）——「不退転の菩薩は声聞乗や独覚乗に属する人によって粉砕されない。彼らは声聞地や独覚地に堕落する性質の者ではなく、一切知性に決定し、正等菩提を究極とするのだ」（AṣP 164.5–7）[38]
⑩スブーティに対するブッダの説法（第一七章）——「不退転の菩薩大士は声聞地や独覚地から離れて、一切知性に向かって進んでいる」（AṣP 165.24–25）[39]
⑪スブーティに対するブッダの説法（第一八章）——「不退転の菩薩大士は、無限にして無涯なる智を獲得し、いかなる声聞や独覚にも打ち負かされない」（AṣP 170.5–6）[40]
⑫スブーティに対するブッダの説法（第二〇章）——「菩薩大士は、煩悩に属するものと魔に属す

るものとを超越し、声聞地や独覚地を超越して、入定している」（AṣP 184.27–28）(41)

⑬スブーティに対するブッダの説法（第二一章）――「般若波羅蜜に守られておらず、善巧方便を欠き、善友から離れ、悪友に取り込まれている者には、声聞地か独覚地の、いずれか二つの地が予期される」（AṣP 193.19–21）(42)

⑭ブッダに対するスブーティの言葉（第二二章）――「〔般若波羅蜜への道を追求する〕菩薩大士は、一切の声聞乗や独覚乗に属する人たちの修行を圧倒し、圧倒されることのない境地を獲得します」（AṣP 199.10–11, 199.19–20）(43)

⑮神々の主シャクラの言葉（第二三章）――「菩薩大士たちは、流預・一来・不還・阿羅漢や独覚(44)、そのすべてよりも勝れている」（AṣP 204.5–6）(45)

⑯スブーティに対するブッダの説法（第二五章）――「スブーティよ、ちょうど、大地の中で、金・黄金・銀を産出する、石のない場所は少ないが、大地の中で、塩分を含み、荒れ果て、種々なる草・切株・棘のある場所ははなはだ多いのとまったく同じように、スブーティよ、有情の集団の中で、一切知性の学習、すなわち般若波羅蜜の学習をする菩薩大士は少ないが、有情の集団の中で、声聞や独覚の学習をする有情ははなはだ多い」（AṣP 212.6–11）(46)

⑰スブーティに対するブッダの説法（第二五章）――「一切知性〔を求める〕ゆえに、〔菩薩大士〕は声聞地と独覚地とを遠ざけ、無上正等菩提に近づく」（AṣP 214.15–16）(47)

⑱スブーティに対するブッダの説法（第二六章）――「スブーティよ、甚深なる目的のために修行し、声聞地や独覚地でその目的を達成しようとしない菩薩大士は、難行の実践者である」（AṣP 218.

3–4）[48]

さらにくわしく調査すば、これ以外の用例も探し出せるが、紙幅の都合上、主なもののみに留めた。こうして見てみると、空性・不二という立場から三乗の区別を否定する記述も少しは見られたものの、大半は菩薩乗（あるいは大乗）の立場から声聞乗・独覚乗（あるいは小乗）を批判的に見ていることがわかる。[49]③④⑬⑯等はその傾向が顕著であるし、とくに譬喩を交えて説明する③や⑯の用例は、旧仏教に対する、きわめて辛辣な批判と考えられよう。

このように、維摩経や般若経（とくにここではAsP）は自らの立場を「菩薩乗」あるいは「大乗」と位置づけ、声聞乗・独覚乗（いわゆる小乗）を差別的かつ批判的に見るだけで、法華経のように声聞・縁覚に対する覚りの可能性を示さず、したがって彼らに救済の手はさしのべられないまま放置されていることを確認した。

では、以上の考察に基づきながら、法華経の成立を考えてみよう。ここでは、「大小対立の大乗」を説く維摩経や般若経に対抗するかたちで、「大小を超克する一仏乗」をめざす法華経が編纂されたという仮定に基づいて論を進めてきた。とすれば、法華経には、超克すべき「大乗」という語で自らの立場を表明することはないはずである。この点については松本の研究があるので、それを参考にしながら、考察を進めていく。

松本［2010: 1］の研究の要点は、その冒頭で述べられているように、「『法華経』の一乗思想は、「方便品」の散文部分においては「仏乗」という語によって示される〝一乗真実説〟であったが、それが

「譬喩品」散文部分においては「大乗」という語によって明示される〝三乗真実説〟(三乗各別説)に変化した」ことを明らかにする点にある。

法華経の中でも方便品［2］の成立が古く、「法華経の中の法華経」と位置づけられる品であることは先学の一致した見解であるが、韻文か散文かの議論はまだ決着を見ていない。しかし、いずれが古いにせよ、方便品には「大乗」という語は一度も登場せず、韻文にも散文にも、あるのは「一乗」か「仏乗」か「一仏乗」である。(50) それが譬喩品［3］になると、「一乗」と「仏乗」にとって代わり、突然「大乗」という語が頻出するようになる。(51) 右記の考察を踏まえれば、これはきわめて不可解な現象であるといわなければならないが、これは写本の系統を考慮すれば、ある程度は整理がつく問題なのかも知れない。(52) ともかく、法華経が維摩経や般若経典のカウンターとして登場したと仮定するなら、「大乗」という語を避け、「一乗」や「仏乗」で自らの立場を表明することが法華経本来の立場と考えられよう。

さらにここで注目しておきたいことは、松本［2010: 17］の言葉を借りるならば、「『法華経』の一乗思想は、部派仏教の〈声聞・独覚・仏〉の三乗思想を否定したものなのか、それとも、『般若経』の〈声聞・独覚・菩薩〉の三乗思想を否定したものなのか」という問題である。というのも、辛嶋［1993: 172］は言語学的分析から、yāna は jñāna の転訛であると考え、yāna に対する jñāna の先行性を主張し、古法華経(53)は声聞・独覚・仏を厳密に区別する部派仏教の教理のアンチテーゼとして、声聞比丘も〝仏の智慧を求めよ〟ということ、つまり、三種菩提・三種の智慧の区別はなく、ただ仏の覚り・智慧のみがあるということ、さらに換言すれば、yāna (= jñāna 智慧) はただ一つという意味であり、三つに説くのは方便というのが法華経の主張であるという仮説を立てたからである。[54]本論の考察結果は、これにどう答えうるであろうか。

現行の法華経に先行する〝古〟法華経、あるいは現行の法華経のUrtextなるものの存在を確認できるとしたら、その可能性（つまり、ここでの三乗は部派仏教の声聞・独覚・仏という三乗思想の区別を前提にしていること）はあるかもしれない。しかし、現行の法華経を前提とするかぎり、法華経は仏伝をベースに構築され、また配役などに関しては「大小対立の大乗」を説く維摩経などの経典を強く意識して編纂されたと推測されるので、この場合の三乗は、部派仏教所説の三乗ではなく、般若経などの大乗経典で説かれる声聞・独覚・菩薩（＝大乗）の三乗思想と考えざるをえない。[55]

本節を閉じるにあたり、最後にもう一つ、法華経が維摩経や般若経のカウンターとして立場を鮮明にしている点を指摘しておく。それは、維摩経や般若経の母性原理に対する、法華経の父性原理という対比である。維摩経や般若経では般若波羅蜜が強調されるが、般若（prajñā）も波羅蜜（pāramitā）も女性名詞であり、それがまた諸仏を生み出す〈母〉に喩えられることがしばしばあるので、そのような用例に注目してみよう。

まずは維摩経であるが、維摩が文殊に菩薩の慈悲を説明するさい、一人息子に対する両親の愛情を引きあいに出して説明する。

「文殊よ、たとえば、組合長の一人息子が病気になったとき、かれの父母も病気になります。その一人息子が病気から回復しないかぎり、両親も苦しみます。文殊よ、それと同様に、菩薩はあらゆる有情を一人息子のように愛するので、有情が病気であれば彼も病気になり、有情の病気が癒えれば、彼の病気も癒えるのです」(VN 190.2–7)

また別の箇所で、ある菩薩に「あなたの父母はどこにいるのか」と尋ねられた維摩は「諸菩薩にとりて、般若波羅蜜は母、善巧方便は父にして、導師〔たる菩薩〕はそれより生まるなり」(VN 310.9–10)と偈頌で答えている。このように、維摩経には母単独の用例はなく、両親(父母)と子との関係が見られるが、のちほど見る法華経のように「父子関係」の用例は一つもでてこない。

一方、般若経(ここではAṣP)の用例を見ると、「母子関係」の用例が頻出する。その前にまず、「母」とは明記しないが、般若波羅蜜が全知者性や如来の身体を生み出す母胎であることを説く用例から紹介しよう。第三章では、ブッダがシャクラに「如来・阿羅漢・正等覚者たちの一切知性は般若波羅蜜から生じたものだ(prajñāpāramitānirjātā)」(AṣP 36.1–2)、あるいは「如来・阿羅漢・正等覚者たちの一切知性という大宝は、般若波羅蜜という大海から生じたものだ(atonirjātaṃ ... prajñāpāramitāmahāsamudrāt)」(AṣP 40.11–12)と説明する。つづく第四章では、シャクラがブッダに「この如来の身体は、真実の究極、すなわち般若波羅蜜から現れたもの(bhūtakoṭiprabhāvito ... prajñāpāramitā)と見るべきです」(AṣP 48.10–11)、第二八章では、ブッダはアーナンダに「アーナンダよ、諸仏・諸世尊の覚りは般若波羅蜜から生じている(prajñāpāramitānirjātā ... bodhiḥ)」(AṣP 229.5)と答えている。

ではつぎに、「母」と明記される例を紹介しよう。第七章では、ブッダに対するシャーリプトラの言葉として「自らの特徴を空じていることで、般若波羅蜜は菩薩大士の母なのです(mātā ... bodhisattvānāṃ mahāsattvānāṃ prajñāpāramitā)」(AṣP 86.16)、第一二章では、スブーティに対するブッダの説法の中で「般若波羅蜜は、如来・阿羅漢・正等覚者たちを生んだ、生みの親たる母である（prajñāpāramitā ... mātā jananī janayitrī）」（AṣP 134.29）、第二八章でも、スブーティに対するブッダの説法の中で「般若波羅蜜は、過去・現在・未来の如来・阿羅漢・正等覚者たちを生んだ、生みの親たる母であり（prajñāpāramitā ... mātā jananī janayitrī）、一切知性をもたらすものだ」（AṣP 228.4–6）、「般若波羅蜜は菩薩大士たちを生んだ、生みの親たる母である（prajñāpāramitā ... mātā jananī janayitrī）」（AṣP 229.15–16）と説かれる。

また第一二章では、ブッダがスブーティに譬喩を用いて般若波羅蜜の母性を強調しているが、ある女性に一〇〇〇人の息子がいるところから話は始まる。彼らは病気の母を回復させるためにいかなる努力をも惜しまない。というのも「我々は彼女から生まれ、彼女はきつい仕事を行い、我々に命を与え、世間を見せてくれたからだ（etayā hi vayaṃ jānitāḥ/ duṣkarakārikaiṣā asmākaṃ jīvitasya dātrī lokasya ca saṃdarśayitrī）」（AṣP 125.8）という。それと同様に、如来・阿羅漢・正等覚者たちは般若波羅蜜に思いを注ぐのだとブッダは説明する。なぜなら、「これ（般若波羅蜜）は如来・阿羅漢・正等覚者たちの母であり、生みの親であるからだ（mātā janayitrī）」（AṣP 125.26; cf. 126.7–8）という。

これ以外にも、母牛が出産したばかりの子牛を離さないように、菩薩大士は説法者の元を離れないという譬喩（AṣP 142.10–14）や、お腹の大きい妊婦を見れば、出産の近いことがわかるように、菩薩大士が般若波羅蜜に親近すれば、彼が無上正等菩提の記別を授かることがわかるという譬喩（AṣP 108.19–28）も見られる。他には「六波羅蜜は母であり、六波羅蜜は父であり（ṣaṭ pāramitā mātā ṣaṭ pāramitā pitā）」（AṣP 197.15–16, 198.2）という表現も見られるが、「父子関係」に基づく記述や譬喩は一例も確認できない。

以上の考察から、維摩経ではそれほど顕著な傾向は見られなかったが、般若経（ここではAṣP）では母性原理に基づいた記述や譬喩が頻出することを確認した。では、法華経はどうか。「法華七喩」と称されるように、法華経には様々な譬喩[56]が説かれており、そのうちの三つ、すなわち「三車火宅の喩え」「長者窮子の喩え」「良医病子の喩え」はとくに有名だが、これらはすべて「父子関係」に基づく譬喩である。また法華経を読んでいて目につくのは、菩薩や仏弟子を「仏子」などと表現する点である。つまり、法華経という「血」を媒体とした、ブッダ＝「父」／声聞・菩薩＝「子」という父子関係が強調されている。一番多かったのは「勝者の子」、そして「仏の子」と「善逝の子」が続く[57]。

また、仏弟子や菩薩の側からは「世尊は我々の父であり、生みの親です（pitā janako）」（SP 215.5）、「すべての如来たちに対して父という思い（pitṛsaṃjñā）を抱く」（SP 286.1）、あるいは「仏・両足尊・勝者等に常に父なる思い（pitṛsaṃjñā）を抱くべし」（SP 287.7）という記述も見られ、中でもシャーリプトラは自らを「ブッダの長男（jyeṣṭhaputra）」（SP 38.2）と位置づけ、また「世尊よ、今日、私は世尊の長男として〔あなたの〕胸から生まれた者、口から生まれた者、（中略）法から出現した者であります（adyāhaṃ bhagavan bhagavataḥ putro jyeṣṭha auraso mukhato jāto ... dharmanirvṛttaḥ）」（SP 61.2–3）とも表現している。最後の表現は「般若波羅蜜を母として生まれた」と説くAṣPと比較すれば、その違いは歴然であり、きわめて対蹠的である。これと呼応するかのように、法華経では「父母[58]」や「母[59]」に言及する記述はほとんどない。

では以上の結果を以て、維摩経や般若経は母性原理に、法華経は父性原理に貫かれていると結論づけられるかというと、ことはそれほど単純ではない。確かに表層（言語表現）に注目すれば、これまで見てきたように、そのような区分は一応可能だが、深層（三乗の関係）から見ると、この原理は見事なまでに反転するのでる。

河合［1982: 205］はこれを「父性原理は「切断する」こと、母性原理は「包含する」ことによってその機能を示す」と端的に説明しているが、二乗に対する維摩経・般若経の態度はまさに「切断」であり、声聞乗・独覚乗を切断し、菩薩乗だけを称揚するという父性原理を示している。一方、法華経は三乗すべてに成仏の可能性を認め、一乗にすべてを包含し統一するという母性原理に基づいているのである。

このように、一瞥すれば、母性原理に支配されている維摩経・般若経は、深層において父性原理に支えられ、父性原理に支配されている法華経は、深層において母性原理に支えられているという鮮明な対比を見せる。この表層・深層の両層における母性原理vs.父性原理(60)の対立構造は、偶然の産物なのか、あるいは法華経作者が意図的に狙ったものなのかは不明であるし、また私は心理学に関して素人であるから、これ以上の考察は差しひかえるが、両者の違いを際立たせ、法華経が維摩経・般若経のカウンターとして位置づけられる点を明確にする意味で若干の考察を試みた(61)。

四　帰属部派——説一切有部との関係

大乗仏教の起源に関し、平川彰が「大乗仏教在家仏塔起源説」を唱えて以来、昭和の後半は平川説が学界を風靡し、ほぼこの問題は解決したかに思われたが、その後、海外をはじめ、日本においても大乗仏教の起源は再考を迫られ、振りだしに戻った感がある。すなわち、平川説では大乗仏教の起源が出家者とはまったく基盤の異なる在家者にあるとされたが、近年、再び出家者との関わりの中で大乗仏教の起源を考えようという流れができつつあるのである。その尻馬に乗るわけではないが、ここでも法華経と部派仏教との関係を考えてみたい。

法華経が仏伝に基づいて編纂されていることを見てきたが、では法華経が基づいた仏伝はどれか一つに特定できるのであろうか。もしできるとすれば、それはどの部派が伝持したどの仏伝なのだろうか。結論をさきにいうなら、それはこれまでの考察においてしばしば法華経との親近性を指摘してきた説一切有部であり、また資料としてはMSVである。再度、この点について考察を進めていく。これまでの考察で明らかになった説一切有部およびMSVとの関係を、ここであらためて確認しておこう。

①デーヴァダッタの独覚伝承

まずはデーヴァダッタ伝承である。提婆達多品〔12〕ではデーヴァダッタが成仏の記別を受ける話が見られるが、彼は法華経においていかなる立場を代表する人物として登場しているのかについて考察し、彼を独覚を代表する人物と理解した。そしてデーヴァダッタが独覚になったとする仏典は、MSV破僧事、漢訳の『増一阿含経』、そしてパーリ文献のMil.やDhp-a.であった。その他の資料にもデーヴァダッタを独覚とする記述は存在するが、MSV破僧事にもこれが確認された。

②ヤショーダラーの成阿羅漢伝承

つぎはヤショーダラー伝承である。法華経には数多くの授記が説かれ、シャーリプトラを皮切りに主要な声聞が次々と成仏の記別を授かるが、デーヴァダッタは独覚代表ということで除外すると、その他の仏弟子は皆、阿羅漢になっている点で共通する。つまりデーヴァダッタ以外の仏弟子は、単に三乗の声聞代表というに留まらず、阿羅漢という覚りを開いた声聞なのである。それは女性であっても例外ではない。マハープラジャーパティーもThīでは覚りを開いたとされているし、MSVでも阿羅漢になったと説かれている。ということは、ヤショーダラーも単に比丘尼というだけではなく、阿羅漢になっていなければならない。

すでに考察したように、現存する資料の中でヤショーダラーが比丘尼になったことを説く資料は比較的成立の遅いパーリ文献に散見したが、阿羅漢になったことを明示する資料は、MSV破僧事とAp.とであった。ただし、すでに確認したように、このAp.の用例は北伝の仏典の影響を受けている可能性がきわめて高いので[62]、現存する資料でいうと、MSV破僧事か法華経ということになろう。よって、ヤショーダラーの成阿羅漢伝承についてもMSV破僧事と法華経の関係はきわめて近いことになる。

③化城喩品と城喩経類

つぎは化城喩品［7］であるが、この品の考察においては、城喩経類との類似性を指摘した。現存する城喩経類が説一切有部系のものが多かったが、十二支縁起における流転分と還滅分の支分数に注目すると、化城喩品で説かれる十二支縁起は流転分・還滅分ともに十二支であった。これと同じ構造を持つのは『増一阿含経』に存在する城喩経であった。ただし、城喩経という枠を外せば、Mv. やMSV 破僧事においてもブッダの成道のさいに説かれる十二支縁起は流転分・還滅分ともに十二支であった。

また、化城喩品では十二支縁起に先だって、四聖諦の説示がなされるが、この点について法華経と共通するのは Mv. であることも確認した。このように、化城喩品に関しては様々な資料と部分的に重なることが多く、どれか単一の資料と法華経とを結びつけることはできなかったが、化城喩品に関しても説一切有部とのゆるやかな接点は確認されたと考える。

④プールナの伝道説話

法師品〔10〕と常不軽菩薩品〔20〕とに見られる仏滅後の法華経護持者の理想像が、仏弟子のプールナだった可能性を指摘したが、プールナの伝道伝承は MN や MSV 等に見られ、諸資料を比較対照して考察した結果、法華経の記述が MSV により近いことを確認した。よって、ここでも法華経と説一切有部の資料との深い関係が浮き彫りになった。

⑤トーイカー遊行説話

またこの他にも、見宝塔品〔11〕とトーイカー遊行説話、および従地涌出品〔15〕と舎衛城の神変に関しても、法華経と MSV との親近性はすでに考察したとおりである。さらに、直接、説一切有部と結びつくわけではないが、妙荘厳王本事品〔27〕の自己犠牲的ジャータカが西北インド型である点も、当時、西北インドで勢力を誇示した説一切有部との関係を暗示していると考えられる。

⑥舎衛城の神変

従地涌出品〔15〕には、ブッダと多宝如来を中心として、地面の割け目から出現した菩薩たちやブッダの創りだした化仏たちが虚空を埋め尽くす描写が見られたが、これはブッダが舎衛城で見せた神変に近似していた。舎衛城の神変自体はDhp-a.や『四分律』といった他の資料にも同様に説かれていたが、化仏が虚空を埋め尽くすという仏華厳の神変は、説一切有部系の資料にのみ説かれるものであり、ここにも法華経と説一切有部との結びつきを見ることができた。

⑦薬王菩薩本事品に見られる自己犠牲のジャータカ

薬王菩薩本事品〔23〕には自己犠牲タイプの血なまぐさいジャータカが見られたが、このタイプのジャータカは西北インドの特徴をよく現していることはすでに指摘したとおりである。西北インドといえば、諸部派の中でも説一切有部が勢力を誇示した地域であるし、また薬王菩薩本事品のジャータカと、説一切有部系の説話文献であるDivy. 第二二章（チャンドラプラバ・アヴァダーナ）との間にゆるやかながら共通項が確認されたことからも、法華経の成立に説一切有部が関与していた可能性はあると考えられる。

⑧授記の頻出

法華経にはシャーリプトラからヤショーダラーまで総勢一二名の声聞たちがブッダから授記を受け、その従者まで含めるとその数はさらに膨れる。また過去物語で過去仏が記別を授ける話も多数存在した。この授記の多さも説一切有部系の資料とおおいに重なる点として指摘しなければならない。

平岡〔2002: 295–323: cf. 175–178〕で考察したように、説一切有部系の資料であるDivy. には多くの授記の用例が確認される。確かにMv.にも授記は頻出するが、そこには際立った違いが見られる。それは授記におけるブッダの役割であるが、それを表にまとめると、つぎのようになる。

Divy.とMv.とに説かれている授記の用例数とブッダの立場

	Divy.（一二例）	Mv.（一七例）
被授記者	1	9
授記者	10	4
その他	1	4

これからわかるように、Mv.ではブッダが過去の様々な仏によって授記される立場にあるのに対し、Divy.ではブッダが誰かに記別を授ける立場に回っている。これを踏まえると、法華経の授記がMv.よりは説一切有部系の資料であるDivy.により近いことは明白であろう。(63)

⑨力転輪王（balacakravartin）の存在

法華経は、cakravartinに加えbalacakravartinなる転輪王を説く。序品［1］ではブッダが無量義処三昧に入ると大地が六種に震動し、衆会の者たちが大きな喜びに打たれることが記されるが、その衆会のメンバーに「地方の王侯・力転輪王・四洲を統治する転輪王（rājānaś ca maṇḍalino balacakravarinaś caturdvipakacakravartinaś ca）」（SP 6.4, 20.6; cf. 362.8）が含まれており、法華経ではこの用例が三例確認できる。このような転輪王は、他の仏典でも説かれているのであろうか。まずは南伝資料を見てみよう。

パーリ注釈文献は、四洲すべてを統治する cakkavāḷa-cakkavattin / cāturanta-cakkavattin、一洲のみを統治する dīpa-cakkavattin、一洲のある部分だけを統治する padesa-cakkavattin、という三種の転輪王に言及する。[64] これに対し、北伝の資料中、説一切有部の思想を伝える倶舎論は世間品で「金（suvarṇa）輪・銀（rūpya）輪・銅（tāmra）輪・鉄（ayas）輪」を有する四種の転輪王を説く。このうち、鉄輪を有する転輪王は一洲、銀輪は二洲、銀輪は三洲、そして金輪は四洲の主であると説明される（AKBh 184.5 ff.）。この説はすでに『大毘婆沙論』（T. 1545, xxvii 156b29 ff.）および他の資料にも見られるが、[65] **balacakravartin** の用例は存在しない。

これに対し、同じ説一切有部の文献でも、律蔵をはじめとする説話文献にはこの用例がある。それは説一切有部の説話文献に見られる授記の定型句の中であり、ブッダが誰かに記別を授けるとき、ブッダは微笑を示して口を開くと、そこから光線が放たれ、天界と地獄とを経巡った後、その光線はブッダの体に帰入することになっているが、それがブッダの体のどこに帰入するかで記別の内容が異なる。今、問題にしている力転輪王の記別の場合、光線はブッダの右掌に消えることになっている(balacakravartirājyaṃ vyākartukāmo bhavati vāme karatale 'ntardhīyante: Divy. 69.1–2 etc.)。

このような授記の定型句は、説一切有部系の説話文献に頻出する。[66] 他の文献をつぶさに調査したわけではないが、**BHSD** によるかぎり、インド原典のある仏典では、有部系の説話文献と法華経、それに **RP**（52.15）にだけ認められる表現である。[67] 南伝資料や法華経の用例を参考に **balacakravartin** と **cakravartin** の差を考えれば、統治する洲の数に差があるのか（たとえば、cakravartin は四洲、balacakravartin は一洲を統治する）、あるいは統治の仕方に違いがあるのか（たとえば、cakravartin は法（dharma）、[68] balacakravartin は力・軍隊（bala）によって統治する）定かでないが、文脈からすれば、cakravartin よりは劣位にある転輪王であることは確かである。[69]

ともかく、現存の資料によるかぎり、balacakravartin の存在を介して、法華経は、同じ説一切有部の文献でも、倶舎論や『大毘婆沙論』といった論書ではなく、律蔵や説話文献とのつながりを見せることになる。

以上、法華経と説一切有部との密接な関係を指摘してきたが、一方で説一切有部の思想とは明らかに異なる点が存在するのも確かなので、以下、この点に考察を加える。子細に考察すれば、多くの相違点が見いだせるかもしれないが、ここでは①輪廻の領域（五趣と六趣の相違）、②大鉄囲山の有無、および③ジャータカの定型表現といった三つの観点から考えてみたい。

①輪廻の領域（五趣と六趣の相違）

周知のごとく、初期仏教以来、業と輪廻とは深く関わり、行った業の内容に応じてその行き先（趣）が決まると考えられてきたが、ではその行き先には何種類あるかというと、部派によって異なり、阿修羅を認めるか認めないかで、五趣を説く部派と六趣を説く部派とに大別される。南方上座部や説一切有部など、多くの部派は五趣説を、また犢子部や正量部は六趣説を採り、大衆部系の Mv.（i 24.17, 53.14, 337.5, ii 148.2, 368.12）も六趣説を採る。[70] そこで法華経の用例を調べてみると、以下のような記述が見いだせる。[71]

序品［1］
「六趣の中にいる有情がすべて見えた」（SP 6.9）(72)
「その六趣に存在せる彼等は、死没し再生す」（SP 9.6）(73)
方便品［2］
「六趣において苛まれるなり」（SP 48.3）(74)
「心は六趣に拘束され、……」（SP 54.11）(75)
薬草喩品［5］
「五趣の中に生まれ変わり、……」（SP 131.16）(76)
「六趣輪廻の中にいる有情を、……」（SP 135.14）(77)
「三界に属する六趣から解放される」（SP 137.6）(78)
化城喩品［7］
「恐ろしき地獄も畜生も栄え、阿修羅も同様なり。また幾千コーティもの生類は餓鬼の世界に堕つるなり」（SP 176.14–177.1）(79)
見宝塔品［11］
「天・人・阿修羅の群れもなく、地獄・畜生・ヤマの世もなく、（中略）この娑婆世界において六趣に生まれ変わった有情たちは、……」（SP 244.12–14）(80)
随喜功徳品［18］
「六趣に生まれ変わった有情たちは、……」（SP 346.7–8）(81)

法師功徳品［19］

「この世界にいる人・天・阿修羅・グフヤカ・地獄・餓鬼・畜生等の有情は、……」（SP 371.1–2）[82]

「三千大千世界で六趣に生まれ変わり輪廻する、いかなる有情たちも、……」（SP 372.5–6）[83]

「天・人・阿修羅・グフヤカ・龍・畜生、また六趣に暮らす有情等は、……」（SP 373.6–7）[84]

薬王菩薩本事品［23］

「彼の説法〔の座〕に女性はおらず、地獄・畜生・餓鬼・阿修羅の群れもいなかった」（SP 405.1–2）[85]

こうして整理すると、薬草喩品にある「五趣」という一例を除けば[86]、ほぼ法華経全体は六趣説で貫かれていることがわかる。このように、輪廻の領域について、法華経は説一切有部とは異なる立場をとっていることがわかるのである。

②大鉄囲山の有無

法華経には大鉄囲山の記述が、「カーラ山・ムチリンダ山・マハームチリンダ山・チャクラヴァーダ（鉄囲）山・マハーチャクラヴァーダ（大鉄囲）山」という組み合わせで三例（SP 244.10–11, 246.3–4, 247.3–4）、「チャクラヴァーダ（鉄囲）山・マハーチャクラヴァーダ（大鉄囲）山・メール山・スメール山」という組み合わせで一例（SP 370.3）、また「カーラ山・チャクラヴァーダ（鉄囲）山・マハーチャクラヴァーダ（大鉄囲）山・スメール山」という組み合わせで一例（SP 416.2）確認される。

説一切有部の思想を伝える倶舎論の記述にしたがって仏教の須弥山世界を俯瞰すると、風輪の上に水輪、水輪の上に金輪があり、その金輪の上界の中心にスメール（須弥）山が存在する。それを内側からユガンダラ山・イーシャーダラ山・カディラカ山・スダルシャナ山・アシュヴァカルナ山・ヴィナタカ山・ニミンダラ山という七山が取り囲み、その四方に四洲があって、外輪をチャクラヴァーダ（鉄囲）山が囲む。[87] つまり、今ここで問題にしているチャクラヴァーダ（鉄囲）山は金輪の外周を取り囲む山であるが、マハーチャクラヴァーダ（大鉄囲）山には言及しない。したがって、法華経の記述は説一切有部の世界観とは別種であることがわかるのである。では説一切有部以外の文献でマハーチャクラヴァーダ（大鉄囲）山に言及するものがあるかどうかを調べてみると、まずあげられるのが『増一阿含経』であり、つぎのように説かれている。

須弥山頂東西南北。縦広八万四千由旬。近須弥山南有大鉄囲山。長八万四千里高八万里。又此山表有尼弥陀山囲彼山。去尼弥陀山。復有山名佉羅山。去此山復更有山名俾沙山。去此山復更有山名馬頭山。復更有山名毘那耶山。次毘那耶有山名鉄囲大鉄囲山鉄囲中間有八大地獄。一一地獄有十六隔子。（T. 125, ii 736a10–17）

これを見れば、さきほど見た説一切有部の世界観とは若干異なり、須弥山を取り巻く七重の山を「大鉄囲山・尼弥陀山・佉羅山・俾沙山・馬頭山・毘那耶山・鉄囲山」とするので、大鉄囲山と鉄囲山は金輪の外周を取り巻く山ではなく、須弥山を取り巻く山として説かれている。

また、法蔵部所伝の『長阿含経』の「世記経」も大鉄囲山と鉄囲山（ここでは金剛山と漢訳される）に言及する。

仏告比丘。此四天下有八千天下囲遶其外。復有大海水周匝囲遶八千天下。復有大金剛山遶大海水。金剛山外復有第二大金剛山。二山中間窈窈冥冥。日月神天有大威力。不能以光照及於彼。彼有八大地獄。其一地獄有十六小地獄。（T. 1, i 121b28–c5）

ここでは「大金剛山と第二大金剛山」という両山の間に八大地獄があるとし、『増一阿含経』と同じ理解を示す。ただし、「復有大金剛山遶大海水」という記述はこの両山が『増一阿含経』のように須弥山を取り巻く山ではなく、金輪の外周の山として描かれているようだ。さらに『起世経』はつぎのように説く。

諸比丘。於四大洲。八万小洲。諸余大山。及須弥山王之外。別有一山。名斫迦羅（前代旧訳云鉄囲山）。高六百八十万由旬。縦広亦六百八十万由旬。弥密牢固。金剛所成。難可破壊。諸比丘。此鉄囲外。復有一重大鉄囲山。高広正等。如前由旬。両山之間。極大黒暗無有光明。日月有如是大威神大力大徳。不能照彼令見光明。諸比丘。於両山間。有八大地獄。（T. 24, i 320b24–c2）

ただし、この鉄囲山と大鉄囲山の位置が、須弥山の外周か金輪の外周かは明確ではない。以上の資料に共通するのは、単に鉄囲山と大鉄囲山を説くのではなく、その両山の間に地獄が存在するという点である。つまり、これらの資料では、説一切有部のように地獄を地下の存在（下）とするのではなく、この地上の存在（横）とする点が特徴だ。

それはさておき、『増一阿含経』、『長阿含経』の「世記経」、そして『起世経』も大鉄囲山に言及するものの、「カーラ山・ムチリンダ山・マハームチリンダ山・チャクラヴァーダ（鉄囲）山・マハーチャクラヴァーダ（大鉄囲）山」をセットで説く法華経の伝承とはさして重なるところがない。法華経に見られるこれらの山は、無量寿経等の大乗経典(88)にも見られるので、大乗特有の記述なのかもしれない。なお、用例は少ないが、大衆部系の Mv.（i 6.1–2, ii 300.17, 335.18）も大鉄囲山に言及する。

③ジャータカの定型表現

法華経所収のジャータカの連結部分における定型表現も説一切有部とは合わないので、つぎにこの点を確認しておこう。提婆達多品［12］および常不軽菩薩品［20］の連結部分では、つぎのように説かれている。

提婆達多品——「比丘たちよ、お前たちはこれをどう思うか。その時その折に国王だったのは、別人であると見てはならない。それは何故か。私こそが、その時その折にその国王だったからだ。さらにまた比丘たちよ、その時その折に聖仙だったのは、別人であると見てはならない。比丘デーヴァダッタこそが、その時その折にその聖仙だったからだ」（SP 258.12–259.2）

常不軽菩薩品——「さて、得大勢よ、その時その折に、常不軽と呼ばれる菩薩大士は、正等覚者・阿羅漢・世尊である威音王如来の教えのもとで四衆に常に軽んぜられた者と認知され、〔また〕あれだけ多くの正等覚者・阿羅漢・如来たちを喜ばせたが、彼は別人であろうという疑念・疑惑・疑義がお前たちにはあるかもしれない。しかし、得大勢よ、お前はそう見るべきではない。それは何故か。得大勢よ、私こそが、その時その折に常不軽と呼ばれる菩薩大士だったからだ」（SP 381.8–14）

では原語レベルで法華経における右記のジャータカの連結部分の骨子となる表現を、他のジャータカ資料の連結部分の表現と比べてみよう。まずは提婆達多品である。

tat kiṃ manyadhve bhikṣavo 'nyaḥ sa tena kālena tena samayena ... abhūt/ na khalu punar evaṃ draṣṭavyam/ tat kasya hetoḥ/ ahaṃ sa tena kālena tena samayena ... abhūt/（SP 258.12–259.2）

これを五つの部分に分解し、可変（入れ替わりのある）部分を斜体で表示すると、つぎのようになる。つまり斜体以外が定型表現となる。

① tat kiṃ manyadhve *bhikṣavaḥ*
② anyaḥ *sa* tena kālena tena samayena ... abhūt
③ na khalu punar evaṃ draṣṭavyam
④ tat kasya hetoḥ
⑤ *ahaṃ sa* tena kālena tena samayena ... abhūt

この五つの要素に注目しながら、法華経の表現を、インド原典が存在するMSVとMv. に見られる定型表現と比べてみよう。(89) MSVには大きく分けて二つのタイプが存在するが、その一つはつぎのような表現である。

MSV: syāt khalu *te mahārāja* ② anyaḥ *sa* tena kālena tema samayena ... abhūt/ ③ na khalv evaṃ draṣṭavyam/ ⑤ *aham* eva *sa* tena kālena tena samayena ... abhūvam/（MSV i 99.1–4; cf. 98.1 ff., 107.9 ff., 111.7 ff., 112.5 ff., 113.15 ff., 122.10 ff., 123.9 ff.; v 28.19 ff., 29.9 ff., 29.18 ff., 29.28 ff., 30.14 ff.）(90)

この表現では、①の tat kiṃ manyadhve *bhikṣavaḥ* の代わりに syāt khalu *te mahārāja* が定型的に用いられ、また④ tat kasya hetoḥ を欠いているが、その他の表現は法華経のそれに近い。MSV に見られるジャータカやアヴァダーナの連結において多用されるもう一つのパターンは、つぎのとおりである。

MSV: ① kiṃ manyadhve *bhikṣavo* ⑤ yo 'sau ... *eṣa* evāsau ... tena kālena tena samayena（MSV i 88.12–13; cf. i 7.11 ff., 47.13 ff., 56.10 ff., 57.10 ff., 62.8 ff., 72.19 ff., 97.5 ff., 109.2 ff., 168.1 ff., 169.8 ff., 170.1 ff., 170.13 ff., 171.11 ff., 212.4 ff., 213.5 ff., 215.17 ff., 216.19 ff., 217.13 ff., 254.22 ff., 262.3 ff., 267.13 ff., 288.10 ff., 288.18 ff., ii 78.16 ff., 79.12 ff., 93.12 ff., 105.12 ff., 107.8 ff., 132.6 ff., 133.13 ff., 136.19 ff., 138.16 ff., iv 48.11 ff., 193.6 ff., v 9.12 ff., 28.12 ff., 32.24 ff., 41.24 ff., 70.17 ff., vi 146.9 ff., 161.30 ff., 163.23 ff., 211.1 ff., vii 3.32 ff., 10.24 ff., 11.31 ff., 13.1 ff., 14.7 ff., 16.7 ff., 17.25 ff., 19.23 ff., 21.20 ff., 30.14 ff., 36.17 ff., 40.15 ff., 41.16 ff., 42.12 ff., 44.11 ff., 47.14 ff., 50.6 ff., 55.23 ff., 58.13 ff., 59.14 ff., 66.17 ff., 88.16 ff., 89.32 ff., 93.9 ff., 96.9 ff., 100.24 ff., 102.16 ff., 104.7 ff., 106.16 ff., 108.23 ff., 115.22 ff., 119.5 ff., 133.27 ff., 149.1 ff., 151.14 ff., 153.1 ff., 153.30 ff., 160.29 ff., 164.22 ff., 166.1 ff., 171.17 ff., 175.9 ff., 177.19 ff., 178.18 ff., 183.22 ff., 184.9 ff., 185.1 ff., 186.5 ff., 194.24 ff., 196.3 ff., 196.27 ff., 198.13 ff., 199.13 ff., 200.22 ff., 201.31 ff., 202.27 ff., 211.8 ff., 213.3 ff., 214.3 ff., 216.3 ff., 256.9 ff., 265.27 ff., 267.7 ff., 269.16 ff., 270.30 ff.[91]）

これは①のみ合致し、⑤の内容も法華経の表現には近くない。つづいてMv. の用例である。

Mv.: evaṃ asya syāt/ ② anyo *sau* tena kālena tena samayena ... abhūṣi// ③ na etad evaṃ draṣṭavyaṃ// ④ tat kasya hetoḥ// ⑤ *ahaṃ mahāmaudgalyāyana* tena kālena tena samayena ... abhūṣi//（i 45.1–4; cf. i 45.5 ff., 286.13 ff., 288.1 ff., 289.14 ff., 335.4 ff., ii 63.18 ff., 67.8 ff., 68.13 ff., 72.4 ff., 81.17 ff., 83.7 ff., 89.1 ff., 94.5 ff., 113.16 ff., 176.15 ff., 219.4 ff., 243.13 ff., 245.9 ff., 250.5 ff., 254.14 ff., 256.19 ff., 276.13 ff., 496.9 ff., iii 27.16 ff., 76.18 ff., 129.11 ff., 132.19 ff., 170.3 ff., 171.14 ff., 175.15 ff., 196.15 ff., 224.4 ff., 298.19 ff., 348.6 ff., 353.8 ff., 356.14 ff.[92]）

以上、法華経に見られるジャータカの連結部分の定型表現を五つの要素に分解し、MSVおよびMv. のそれと比較してみたが、法華経の定型表現はMv. に近いことが確認された。また、①から⑤までの五つの要素をすべて備えた用例がMv. に一つだけ見られるので紹介する。

① tat kiṃ manyadhvaṃ bhikṣavo ② anyo so tena kālena tena samayena ... abhūṣi ③ na khalv etad evaṃ draṣṭavyaṃ/ ④ tat kasya hetoḥ/ ⑤ *ahaṃ sa* tena kālena tena samayena ... abhūṣi// (Mv. iii 461.4–6)

以上の比較考察から、提婆達多品に見られるジャータカの連結部分の定型表現に関しては、Mv. の用例がもっとも近いことが確認された[93]。

つづいて常不軽菩薩品に見られる連結部分の骨子となる定型表現を他の資料と比較するが、まずはその原文を掲げる。

syāt khalu punas te mahāsthāmaprāptaivaṃ kāṅkṣā vā vimatir vā vicikitsā vānyaḥ sa tena kālena tena samayena ... abhūvan/ na khalu punas te mahāsthāmaprāptaivaṃ draṣṭavyam/ tat kasya hetoḥ/ aham eva sa mahāsthāmaprāpta tena kālena tena samayena ... abhūvam/ (SP 381.8–14)

これも五つの部分に分解し、可変（入れ替わりのある）部分を斜体で表示すると、つぎのようになる。つまり斜体以外が定型表現となるのであって、この定型表現の特徴は①の kāṅkṣā vā vimatir vā vicikitsā vā という表現である。

① syāt khalu punas *te mahāsthāmaprāpta*ivaṃ kāṅkṣā vā vimatir vā vicikitsā vā
② anyaḥ *sa* tena kālena tena samayena ... abhūvan
③ na khalu punas *te* evaṃ draṣṭavyam

④ tat kasya hetoḥ

⑤ *ahaṃ* eva *sa* tena kālena tena samayena ... abhūvam

連結でこれと同様の定型表現が見られるのは、常不軽菩薩品以外に、薬王菩薩本事品〔23〕と妙荘厳王本事品〔27〕であるが、これらの用例も五つの要素を備えており、(94)常不軽菩薩品の表現と構造的に一致する。

このように、連結の定型表現において右記の三つの用例は、見事なまでに同じ表現をとっている。そこで、さきほどと同様に、まずはMSVの用例と重なる部分があるかどうかを調べてみたが、現存するMSVのSkt.にこれと同じ用例は確認できなかった。そこで同じ説一切有部系の文献であるDivy.を見てみると、いくつかの章において同様の用例が確認できた。たとえば、第二二章ではつぎのように説かれる。

① syāt khalu *yuṣmākaṃ bhikṣavaḥ* kāṅkṣā vā vimatir vā ② anyā *sā* tena kālena tena samayena ... abhūd *iti* ③ na khalv evaṃ draṣṭavyam/ ④ tat kasya hetoḥ/ ⑤ *eṣāiva sā* ... tena kālena tena samayena ... babhūva/

(Divy. 327.30–328.4; cf. 328.4 ff., etc.)

これと同様の用例は、第二〇章カナカヴァルナ・アヴァダーナ（297.28–298.2）、第三二章ルーパーヴァティー・アヴァダーナ（479.17–20, 20 ff.）にも見られるが、下線を施した部分を法華経の相当箇所（kāṅkṣā vā vimatir vā vicikitsā vā）と比較すると、Divy.の三例はいずれもvicikitsāを欠いている。(95)ではDivy.にkāṅkṣā / vimatir / vicikitsāの三語がそろっている用例がないかというと、一例だけ第三三章シャールドゥーラカルナ・アヴァダーナに同様の用法が見られる。内容は以下のとおり。

① syād bhikṣavo yuṣmākaṃ kāṅkṣā vā vimatir vā vicikitsā vā ② anyaḥ sa tena kālena tena samayena triśaṅkur nāma mātaṅgarājo 'bhūt/ ③ naivaṃ draṣṭavyaṃ/ ⑤ ahaṃ eva sa tena kālena tena samayena triśaṅkur nāma mātaṅgarājo 'bhūvam/（Divy. 654.3–6）[96]

ここでは④ tat kasya hetoḥ の要素を欠くものの、下線部は法華経によく一致しているのが分かり、その成立において常不軽菩薩品との深い結びつきを確認することができるのである。

さて、このジャータカの連結部分における定型表現の比較は、たんなる表現の異同の問題を越えて、さらなる興味深い問いを惹起する。それは何か。こうして四つの章を抜きだしてみると、奇妙なことに、この四章にはある共通項が見いだせる。それは、いずれの章も「根本説一切有部律に起源を持たない」という点である。[97] すでに平岡［2002］において、Divy. はMSVを主な情報源として説話を借用し、その他にも広く当時流布していた説話も含めてできあがった文献であり、その定型表現から、おおむねDivy. を説一切有部系の文献と位置づけて間違いないことを論証したが、[98] その中には根本説一切有部律に起源を持たない説話も含まれていた。

さきほど、この用例がMSVのSkt. 原典には存在しないことを指摘したが、MSVおよびMSVに起源を持つDivy. 所収の説話にこの用例が存在せず、MSVに起源を持たないDivy. 所収の説話にこの用例が存在することは、ここで今問題としている① syāt khalu *yuṣmākaṃ bhikṣavaḥ* kāṅkṣā vā vimatir vā [vicikitsā vā] を含んだ連結部分の定型表現が、本来、説一切有部系のものではないということが推測されるのである。ともかく、常不軽菩薩品、および他の二品に見られるジャータカの連結部分の定型表現は、少なくとも説一切有部系のものではないことが判明した。[99]

つづいてMv. の用例であるが、MSV の場合と同様、同じ用法を確認することはできなかった。ということは、さきほどとりあげたDivy. 所収の三つの説話の定型表現は、説一切有部のみならず、大衆部系の説話とも接点を持たないことになり、帰属部派に関しては、それ以外の部派を想定せざるを得なくなる(100)。

ともかく、以上の考察から、輪廻の領域（五趣と六趣の相違）、大鉄囲山の有無、およびジャータカの定型表現の三点に関しては、説一切有部の伝承と重ならず、ゆるやかではあるが、大衆部系のMv. との接点が確認された。説一切有部の伝承と密接に関連する用例が多々確認される一方、ここで考察を加えた三点は明らかに説一切有部の伝承に反するものであり、法華経成立の複雑さを如実に物語っているが、これについては今後の検討課題としたい。ただし、岩井［2011, 2012］の指摘する大衆部の多世界多仏論、および六趣と大鉄囲山に関しては、大乗経典におおむね共通してみられる特徴である点も注意しておかなければならないだろう。従来よりMv. はその思想面で大乗との重なりが多いことから、大乗経典の先駆的資料と見なされてきたが、Mv. の方が大乗経典の影響を受けている痕跡も認められ（平岡［2002: 141–148］）、大乗との関係を考える上では細心の注意が必要である。

五　結論にかえて

本書では、これまで研究しつくされてきた感のある法華経の成立を、従来とはまったく異なった視点、すなわち「仏伝」あるいは「仏教説話」という視点から論じてきたが、ポイントを要約すれば、つぎの三つとなる。

(1) 法華経は仏伝をベースに構成されている

大乗経典は、思想の豊かさ、描写の壮大さ、物語の奇抜さなどにおいて初期経典をはるかに凌駕している印象を与えるので、初期経典とはまったく異なる土壌から誕生したかに見えるが、注意深く大乗経典を読んでいると、主要な大乗経典はおおむね仏伝を意識して編纂されていることがわかる。たとえば、浄土三部経と称される浄土経典の一つ無量寿経をみると、阿弥陀仏の前世物語で説かれる法蔵菩薩と世自在王如来の関係は、燃灯仏授記のスメーダと燃灯仏の関係とパラレルであるし、郁伽長者所問経や十地経は燃灯仏授記より今生で覚りを開くまでの釈迦菩薩をモデルにしているし、般若経等で強調される般若波羅蜜は仏伝の降魔から成道にいたる過程を意識していると考えられるからである。[101]

しかし、他の大乗経典と比して、法華経は格段に仏伝あるいは仏教史を意識して編纂されていると考えられる。その理由は何だろうか。三宝のうちの「僧」はしばらくおくとして、「仏」と「法」との関係を考えたとき、人は法を覚ることで仏となり、仏に説かれることで法は我々の前に具体化されるわけであるから、両者は車の両輪のごとく、また飛行機の両翼のごとく、相互補完的な役割をになっており、どちらか一方だけで仏教という宗教は語れないが、理念的には仏より法のほうが上位概念となる。[102]

法華経の場合も、万人が成仏できる可能性を示した法華経という〈新たな法門〉こそが重要であるが、しかしその〈新たな法門〉は、この世で生を受け八〇歳で生涯を閉じた〈旧来の仏〉ではなく、如来寿量品［16］で新たな命を吹きこまれた〈新たな仏〉によってこそ、説かれなければならなかった。法華経の編纂者は〈新たな仏〉によって説かれた〈新たな法門〉によって、旧来の仏教史（それは単に最初期の仏教に留まらず、般若経の出現により、大小対立の構図を持つ、法華経出現以前の初期の大乗仏教までを含む）そのものを刷新しようとしたのであるから、その法が説かれる舞台こそ、仏伝を背景とするのが相応しい。

そう考えれば、法華経が仏伝あるいは仏教史を意識して編纂された理由も明快になろう。仏伝そのものは法華経の表舞台には決して姿を見せないが、周到な準備のもと、水面下に影を潜め、静かに法華経の進行を見守っているのである。そして、これをもとに法華経の構造を分析すると、法華経は「過去の物語／現在の物語／未来の物語」という三部から構成されている経典と解釈することができ、従来の「迹門／本門」や「序分／正宗分／流通分」という中国仏教の分類法では見えてこなかった姿が浮かび上がってくることがわかった。

(2)法華経は〈一仏乗〉によって維摩経や般若経所説の〈大乗〉の超克を目指している

方便品に代表されるように、法華経は一仏乗を自らの立場とする。それは伝統的な仏教のみならず、法華経編纂当時、インドにすでに出現していたであろう旧来の仏教を小乗（声聞乗・独覚乗）として批判する維摩経や般若経に代表される大乗仏教とも異なる姿勢である。

小乗を批判して自らを大乗と名乗るかぎり、その大乗は「小乗にあい対する」という意味で相対的な大乗に堕してしまう。そこで法華経は、維摩経（そして般若経）で見捨てられてしまう仏弟子たちを含め、伝統的仏教（小乗）の声聞や独覚、それに大乗の菩薩をも「一仏乗」に納めとることで、「第二」や「第三」のない絶対的な仏教の確立を目指したと考えられるのである。[103]とくに維摩経（そして般若経も）を意識して法華経が編纂されたことについては、両経における仏弟子の登場順に一定の対応関係が見られること、また自らの立場を「大乗」とする維摩経や般若経に対し、法華経は本来の立場を示す方便品において「大乗」の用語を避け、「一乗」「仏乗」「一仏乗」でこれに対抗したものと推定される。また母性原理 vs. 父性原理という点でも、表層・深層の両層において両者は対照的な立場にあり、したがって法華経は維摩経や般若経のカウンターとして位置づけられるのである。

(3) 法華経と説一切有部の文献の間には深い関係が認められる

一度は決着したかに思われた大乗仏教起源の問題が、近年、従来とは違った文脈で再燃しつつある。大乗の起源を大衆部に求める従来の説を覆したのが、平川彰の「大乗仏教在家仏塔起源説」であった。これは、大乗仏教起源の問題を、それまでの思想中心の研究手法によってではなく、律文献をベースに教団という社会的視点から「出家／在家」という対立軸で新たに捉えなおすことにより、大乗仏教の起源は仏塔に依止した在家信者にあるとするものであり、静谷［1974］をはじめ、多くの研究者が平川説に影響を受けたのであった。

しかし近年、この平川説に対して、洋の東西を問わず、次世代の研究者からは疑義が呈され、平川説の問題点が様々な角度から指摘されるようになる。そして再び伝統的な仏教教団との関連においてこの問題が再考されはじめたが、それは大乗仏教の起源を単一の部派に求める、平川説以前の「大衆部起源説」のような単純な構図ではなく、まずは個別の大乗経典を個別の部派との関係で考察してみようという動向にあった[104]。

本書もこのような視点から法華経を部派との関連で考察し、説一切有部との深い関係を指摘した[105]。ただし、すでに見てきたように、すべての点で法華経が説一切有部と一致するという単純な話では決してなかった。法華経所収のジャータカのいくつかは、大衆部系のMv.や、説一切有部とは異なった部派（具体的な部派名は不明）の文献との結びつきを示していたし[106]、また六趣説や大鉄囲山の記述などは、説一切有部の五趣説や倶舎論所説の世界観とは異なる点も確認された。しかし、説一切有部との類似点が相違点をはるかに凌いでいたことも確かである。

ただ、ここで我々は説一切有部系の文献の圧倒的な分量を忘れてはならない。本書の考察では、法華経が他部派の文献より説一切有部系の文献と重なる点が多いことを指摘してきたが、それは単に現存の文献の中で説一切有部に比定されている文献が多いことに起因している可能性もおおいにある。現存している文献が多ければ多いほど、その接点も多くなり、少なければ少ないほど、重なり具合は低くなるのは当然だからである。したがって、現時点では「法華経は説一切有部の文献と密接に関係している」と指摘しておくが、将来、新たな他部派の文献が発見されれば、今回の考察で得られた結論は訂正される可能性があることは、肝に銘じておかなければならぬ。

また、ある特定の部派の出家者がある特定の大乗経典を創作したのか、あるいは部派を超えた出家者の超部派的集団がいくつか存在し、それらがある特定の大乗経典を創りだしたのか[107]、あるいはそこに在家信者はどのように関わったのかなど、まだまだ解明すべき問題点は山積しているし、そもそも現存の説一切有部の律文献（主に根本有部律）自体が法華経の成立以前に編纂されていたのかという大問題もある。編纂されていたと仮定しても、それが現存の根本有部律と同じであったかどうかは、現段階では不明といわざるをえない。つまり、両者の間に類似点が見られたとしても、その影響関係は「MSV→法華経」ではなく、「法華経→MSV」という方向も想定しうるだろうし、また双方向の影響関係も除外することはできない[108]。

というわけで、法華経成立という超難題にズブの素人が無謀にも挑戦してみたが、未解決のまま放置した問題や課題はきわめて多く、どれほどのことを明らかにできたかを、今あらためて冷静に振りかえってみると、はなはだ心もとないかぎりである。しかし、思想〔史〕研究に端を発した大乗仏教および大乗経典の起源の問題を、従来からあるステレオタイプな視点ではなく、「仏伝・説話」という新たな窓を通して、「経典の構造・枠組・表現」という、きわめてドライな〝形式的視点〟から考察を加えられたことについては、大乗仏教・大乗経典の研究にわずかながら寄与できたのではないかと自負している。このような視点からの大乗経典の研究が奏功するかどうかは、仏のみぞ知る唯仏与仏の世界ではあるが。

大乗仏教の起源の究明は、平川の研究によって終わったのではなく、平川の研究によって緒に就いたといえよう。まずは個別の緻密な研究を丹念に積み重ねていくことが重要だ。そして、そのような個別の研究が確かな点として積み重なったとき、それら複数の点が描きだす輪郭、それこそが大乗仏教の起源に関する新たな仮説となりうるだろう。本書を閉じる現段階では、この研究がその確実な一つの〝点〟になっていることを、ただただ願うばかりである。

引用文献

和文

石田智宏 2006.「法華経の梵語写本発見・研究史概観」『身延山大学東洋文化研究所所報』10, 1–28.

2010.「法華経における三乗と大乗」『仏教学』52, 43–57.

伊藤瑞叡 2007.『法華経成立論史—法華経成立の基礎的研究—』Kyoto.

井本勝幸 2000.「法華経成立に関する私見」『法華学報』10, 71–350.

岩井昌悟 2011.「一世界一仏と多世界多仏」『東洋学論叢』36, 31–57.

2012.「今は無仏時代か有仏時代か?—仏の遺骨と生きている仏—」『東洋学論叢』37, 51–78.

横超慧日 1936.「法華経の一乗思想と仏伝」『東方学報』6, 431–474.

1953.「多宝塔思想の起源」『印度学仏教学研究』2 (1), 30–36.

1963.「法華経と仏伝—特に説時論を中心として—」『印度学仏教学研究』11 (1), 10–19.

1969.『法華思想』Kyoto.

岡田行弘 2001.「ナーガールジュナと『法華経』」『空と実在』(江島惠教博士追悼記念論集) Tokyo, 369–382.

2007.「法華経における仏伝的要素」『法華文化研究』33, 153–165.

2008.「小善成仏と常不軽菩薩」『仏教文化の諸相』(坂輪宣敬博士古稀記念論文集) Tokyo, 313–329.

岡野　潔 1998.「インド仏教文学研究史(電子版)」http://member.nifty.ne.jp/OKANOKIYOSHI/ (現在は http://homepage3.nifty.com/indology/ に移行)

梶山雄一 1975.『八千頌般若経Ⅱ』(大乗仏典3) Tokyo.

勝本華蓮 1998.「シャーリプトラとマウドガリヤーヤナの解脱」『パーリ学仏教文化学』11, 17–29.

2005. 「パーリ仏教と大乗の境界線」『大乗仏教思想の研究』（村中祐生先生古稀記念論文集）Tokyo, 89–101.
2011. 「菩薩と菩薩信仰」 高崎直道（監）『大乗仏教の実践』（シリーズ大乗仏教３）Tokyo, 167–204.

加藤純章 1972. 「A・バロー教授の『仏伝研究』について」『印度学仏教学研究』21 (1), 397–406.

辛嶋静志 1993. 「法華経における乗（yāna）と智慧（jñāna）―大乗仏教における yāna の概念の起源について―」 田賀龍彦（編）『法華経の受容と展開』Kyoto, 137–198.
1997a. 「法華経の文献学的研究」『印度学仏教学研究』45 (2), 125–129.
1997b. 「初期大乗仏典の文献学的研究への新しい視点」『仏教研究』26, 157–176.
2005. 「初期大乗経典は誰が作ったか―阿蘭若住比丘と村住比丘の対立―」『仏教と自然』（佛教大学綜合研究所紀要別冊）45–70.

苅谷定彦 1963. 「法華経見宝塔品について」『印度学仏教学研究』11 (1), 138–139.
1983. 『法華経一仏乗の思想―インド初期大乗仏教研究―』Osaka.
2009. 『法華経〈仏滅後〉の思想―法華経の解明（Ⅱ）―』Osaka.

河合隼雄 1976. 『母性社会日本の病理』Tokyo.
1982. 『中空構造日本の深層』Tokyo.

菅野博史 2001. 『法華経入門』Tokyo.

紀野一義 1962. 『法華経の探求』（サーラ叢書14）Kyoto.

櫻部　建 1997. 『増補・佛教語の研究』Kyoto.

佐々木閑 1985. 「『根本説一切有部律』に見られる仏伝の研究」『西南アジア研究』24, 16–34.
1996. 「比丘になれない人々」『花園大学文学部研究紀要』28, 111–148.
2000. 『インド仏教変移論―なぜ仏教は多様化したのか―』Tokyo.
2011. 「大乗仏教起源論の展望」 高崎直道（監）『大乗仏教とは何か』（シリーズ大乗仏教１）Tokyo, 73–

112.
定方　晟　1973.『須弥山と極楽—仏教の宇宙観—』Tokyo.
　　1998.『異端のインド』Tokyo.
佐藤直実　2008.『蔵漢訳『阿閦仏国経』研究』Tokyo.
静谷正雄　1974.『初期大乗仏教の成立過程』Kyoto.
下田正弘　1997.『涅槃経の研究—大乗経典の研究方法試論—』Tokyo.
　　1999.「「梵天勧請」説話と『法華経』のブッダ観—仏教における真理の歴史性と超歴史性—」『中央学術研究所紀要』28, 69–99.
　　2011.「経典研究の展開からみた大乗仏教」高崎直道（監）『大乗仏教とは何か』（シリーズ大乗仏教1）Tokyo, 39–71.
末木文美士　2009.『仏典をよむ—死からはじまる仏教史—』Tokyo.
杉本卓洲　1993.『菩薩—ジャータカからの探求—』（サーラ叢書29）Kyoto.
勝呂信静　1973.「法華経の一乗思想—仏乗と菩薩乗との関係について—」『インド思想と仏教』（中村元博士還暦記念論集）Tokyo.
　　1993.「法華経における声聞成仏」田賀龍彦（編）『法華経の受容と展開』Kyoto, 33–65.
　　1996.『増訂・法華経の成立と思想』Tokyo.
田賀龍彦　1974.『授記思想の源流と展開—大乗経典形成の思想史的背景—』Kyoto.
田村芳朗・藤井教公　1988.『法華経・上』（佛典講座七）Tokyo.
塚本啓祥　1965.「インド社会と法華経の交渉—dharma-bhāṇaka に関連して—」坂本幸男（編）『法華経の思想と文化』Kyoto, 31–66.
仲宗根充修　2004.「説一切有部所伝の「城邑経」とその展開」『仏教史研究』47 (1), 1–27.
中村　元　1959.『宗教と社会倫理—古代宗教の社会理想—』Tokyo.

1980. 『ブッダ最後の旅―大パリニッバーナ経―』Tokyo.
1982. 『仏弟子の告白―テーラガーター―』Tokyo.
1991. 『仏弟子の生涯』（中村元選集［決定版］第13巻）Tokyo.
1992. 『ゴータマ・ブッダⅠ』（中村元選集［決定版］第11巻）Tokyo.
1994. 『原始仏教の思想Ⅱ』（中村元選集［決定版］第16巻）Tokyo.

並川孝儀 2005. 『ゴータマ・ブッダ考』Tokyo.
2011. 『インド仏教教団　正量部の研究』Tokyo.

馬場紀寿 2008. 『上座部仏教の思想形成―ブッダからブッダゴーサへ―』Tokyo.

平岡　聡 1993. 「「如来（Tathāgata）」の語源解釈―Brāhmaṇadārikāvadāna の翻訳並びに研究―」『南都仏教』68, 1–23.
2002. 『説話の考古学―インド仏教説話に秘められた思想―』Tokyo.
2003. 「『雑阿含経』と説一切有部の律蔵」『印度学仏教学研究』51 (2), 215–220.
2005. 「『賢愚経』を構成する説話の帰属部派」『印度学仏教学研究』54 (1), 187–195.
2006. 「独覚のアンビヴァレンス―有部系説話文献を中心として―」『仏教研究』34, 133–171.
2007a/b. 『ブッダが謎解く三世の物語―『ディヴィヤ・アヴァダーナ』全訳―』（全2巻）Tokyo.
2007c. 「慈悲としての神通・神変―有部系説話文献の用例を中心に―」『日本仏教学会年報』72, 63–76.
2007d. 「『増一阿含経』の成立解明に向けて⑴」『印度学仏教学研究』56 (1), 212–219.
2008a. 「『増一阿含経』の成立解明に向けて⑵」『印度学仏教学研究』57 (1), 254–261.
2008b. 「神通／神変の効能と使用上の注意―説話文献の用例を中心に―」『仏教研究』36, 209–229.
2010a/b. 『ブッダの大いなる物語―梵文『マハーヴァストゥ』全訳―』（全2巻）Tokyo.
2010c. 「仏伝から見える世界」『仏典から見た仏教世界』（新アジア仏教史03・インドⅢ）Tokyo.
2011a. 「変容するブッダ―仏伝のアクチュアリティとリアリティ―」『大乗仏教の誕生』（シリーズ大乗仏

教2) Tokyo.
2011b. 「『仏説心明経』の成立—説一切有部の大乗経典という可能性—」『印度学仏教学研究』60 (1), 131–139.
平川　彰　1983. 「大乗仏教における法華経の位置」『法華思想』(講座・大乗仏教4) Tokyo, 1–45.
1989. 『初期大乗仏教の研究Ⅰ』(平川彰著作集第3巻) Tokyo.
2000. 『律蔵の研究Ⅱ』(平川彰著作集第10巻) Tokyo.
藤田宏達　1954. 「転輪聖王について—原始仏教聖典を中心として—」『印度学仏教学論集』(宮本正尊教授還暦記念) Tokyo, 145–156.
1957. 「三乗の成立について—辟支仏起源考—」『印度学仏教学研究』5 (2), 91–100.
1964. 「在家阿羅漢論」『仏教思想史論集』(結城教授頌寿記念) Tokyo, 51–74.
1969. 「一乗と三乗」　横超慧日(編著)『法華思想』Kyoto, 352–405.
1970. 『原始浄土思想の研究』Tokyo.
前田惠学　1964. 『原始佛教聖典の成立史的研究』Tokyo.
松本史朗　2010. 『法華経思想論』Tokyo.
水野弘元　1972. 『釈尊の生涯』Tokyo.
宮治　昭　1996. 『ガンダーラ　仏の不思議』(講談社選書メチエ90) Tokyo.
2010. 『インド仏教美術史論』Tokyo.
村上真完　1973. 「サンスクリット本城邑経 (Nagara) —十支縁起と十二支縁起(その一)—」『仏教研究』3, 20–47.
望月良晃　1988. 『大乗涅槃経の研究—教団史的考察—』Tokyo.
山極伸之　2000. 「インド仏教における『法華経』の位置」『東洋学術研究』39 (2), 1–23.
山崎元一　1994. 『古代インドの王権と宗教』Tokyo.
山辺習学　1984. 『仏弟子伝』Kyoto.

渡辺照宏　1976.　『釈尊をめぐる女性たち―仏教女性物語―』Tokyo.

欧　文

Bailey, D. R. S.　1950.　"Notes on the Divyāvadāna: Part 1," *Journal of the Royal Asiatic Society of Great Britain and Ireland*, new series, vol. 82, 166–184.

Bareau, A.　1963.　*Recherches sur la biographie du Buddha dans les Sūtrapiṭaka et les Vinayapiṭaka anciens: de la quête de l'éveil à la conversion de Śāriputra et de Maudgalyāyana* (*Publications de l' École Française d' Extrême-Orient*, vol. LIII), Paris.

Bechert, H.　1961.　*Bruchstücke buddhistischer Verssammlungen aus zentralasiatischen Sanskrithandschriften 1: Die Anavataptagāthā und die Sthaviragāthā. Sanskrittexte aus den Turfanfunden VI* [Thesis München 1956], Berlin.

1976.　"Buddha-Feld und Verdienstübertragung: Mahāyāna-Ideen im Theravāda-Buddhismus Ceylons," in *Académie royale de Belgique, Bulletin de la Classe des Lettres et des Sciences morales et politiques*, 5e série. Vol. 52, 27–51.

Bhandarkar, D. R.　1955.　*Aśoka*, Calcutta.

Bongard-Levin, G. et al.　1996.　"The Nagaropamasūtra: An Apotropaic Text from the Saṃyuktāgama. A Transliteration, Reconstruction, and Translation of the Central Asian Sanskrit Manuscripts." *Sanskrit-Texte aus dem buddhistischen Kanon: Neuentdeckungen und Neueditionen III* (*Sanskrit-Wörterbuch der buddhistischen Texte aus den Turfan-Funden*, Beiheft 6), 7–131.

Clarke, S.　2006.　*Family Matters in Indian Monastic Buddhism* (Dissertation: UCLA).

Cole, A.　2005.　*Text as Father: Paternal Seductions in Early Mahāyāna Buddhist Literature*, Berkeley.

Foucher, A.　1949.　*La vie du Bouddha: d' après les textes et les monuments de l' Inde*, Paris.

Fuss, M. 1991. *Buddhavacana and Dei Verbum: A Phenomenological and Theological Comparison of Scriptural Inspiration in the Saddharmapuṇḍarīka Sūtra and in the Christian Tradition*, Leiden.

Harrison, P. 1995. "Some Reflections on the Personality of the Buddha"『大谷学報』74 (4), 1–29.

v. Hinüber, O. 2000. *A Handbook of Pāli Literature* (*Indian Philology and South Asian Studies, vol. 2*), Berlin.

Hiraoka, S. 2000. "The Sectarian Affiliation of Two Chinese Saṃyuktāgamas"『印度学仏教学研究』49 (1), 1–7.

Johnston, E. H. 1938. "The Gopālpur Bricks," *The Journal of the Royal Asiatic Society of Great Britain and Ireland*, 547–553.

Karashima, S. 1998. *A Glossary of Dharmarakṣa's Translation of the Lotus Sutra* 正法華經詞典 (*Bibliotheca Philologica et Philosophica Buddhica* I), Tokyo (The International Research Institute for Advanced Buddhology at Soka University).

2001a. "Some Features of the Language of the *Saddharmapuṇḍarīkasūtra*," *Indo-Iranian Journal* 44, 207–230.

2001b. *A Glossary of Kumārajīva's Translation of the Lotus Sutra* 妙法蓮華經詞典 (*Bibliotheca Philologica et Philosophica Buddhica* IV), Tokyo (The International Research Institute for Advanced Buddhology at Soka University).

Lévi, S. 1910 "Textes sanscrits de Touen-Houang," *Journal Asiatique*, 433–456.

Nattier, J. 2003. *A Few Good Men: The Bodhisattva Path according to the Inquiry of Ugra* (*Ugraparipṛcchā*), Honolulu.

Norman, K. R. 1983. *Pāli Literature: Including the Canonical Literature in Prakrit and Sanskrit of All the Hīnayāna Schools of Buddhism*, Wiesbaden.

Obeyesekere, R. 2009. *Yasodharā, the Wife of the Bōdhisattva: The Sinhala Yasodharāvata* (*The Story of Yasodharā*) *and the Sinhala Yasodharāpadānaya* (*The Sacred Biography of Yasodharā*), Albany.

Pye, M. 1979. *Skilful Means: A Concept in Mahāyāna Buddhism*, London.

Schopen, G. 1985. "Two Problems in the History of Indian Buddhism: The Layman/Monk Distinction and the Doctrines of the Transference of Merit," *Studien zur Indologie und Iranistik* 10, 9–47.

1994. "The Monastic Ownership of Servants or Slaves: Local and Legal Factors in the Redactional History of Two *Vinayas*," *Journal International Association Buddhist Studies* 17 (2), 145–173.

1995. "Monastic Law Meets the Real World: A Monk's Continuing Right to Inherit Family Property in Classical India," *History of Religions* 35 (2), 101–123.

Silk, J. 2001. "The Place of the *Lotus Sūtra* in Indian Buddhism," *Journal of Oriental Philosophy* 11, 87–105.

Strong, J. 2001. *The Buddha: A Short Biography*, Oxford.

2004. *Relics of the Buddha*, New Jersey.

注記

第一章　序論

（1）今、法華経を「いわずと知れた著名な大乗経典」と表現したが、日蓮に端を発する諸宗が林立する日本において、あるいは天台教学発祥の地である中国において、この表現は違和感なく響くものの、はたして本家のインドで法華経が重要な大乗経典だったのかどうか、Silk［2001］は疑義を呈している。その理由として、インド大陸内部において法華経に関する美術品や碑文が発見されていないことや、後代の論書にあまり引用されていないことなどをあげている（ただし、論書に引用されなかったからといって、かならずしもその文献が重要ではなかったということも意味しないことに注意を喚起しているが）。非常に彼らしい問題提起である。浄土教もそうであるが、ある経典や思想が中国や日本において隆盛した事実から、インドにおいても同様の状況を無批判に想定することは大きな危険をともなう。そもそも大乗仏教自体、我々が想定しているほどに本家のインドで広く深く流布していたかどうかを見きわめるには、慎重な論証が必要であろう。それはともかく、ここではインドのみならず、中国や日本の状況を視野に入れて、法華経を「いわずと知れた著名な大乗経典」と表現した。なお、この論文については、山極［2000］の和訳がある。

（2）二七品とする資料もあるが、二七品と二八品の違いは提婆達多品の位置づけによる。ここでは、田村［1988: 3–9］によりながら、法華経の梵文原典および漢訳について簡単にまとめておこう。原典写本はネパール系、中央アジア系（ペトロフスキー本とファルハード・ベーグ本）、それに西北インドのカシュミールで発見されたインド系（ギルギット本）のものがある。このうち、ネパール系の写本とギルギット本は提婆達多品をその直前の見宝塔品の後尾に包摂するが、ペトロフスキー本だけは見宝塔品のつぎに提婆達多品を別立てし、したがって全体を二八品とする。これに対し、ファルハード・ベーグ本は提婆達多品に相当する部分自体が存在しない。

これに呼応するかのように、漢訳も三種類が存在する。最古の経録『出三蔵記集』などによると、竺法護訳『正法』の品数は二七と記載され、提婆達多品が見宝塔品に包摂されていたことを示す。しかし、宋・元・明の三本や宮内庁本は提婆達多品に相当する梵志品を別立てし、全体を二八品とするので、後代には『正法』も提婆達多品を別出したと考えられる。一方、鳩摩羅什訳『妙法』は、『出三蔵記集』によると、本来、提婆達多品自体を欠いていたが、法献が高昌国に赴いて法華経の梵本（あるいは独立の一本としての提婆達多品）を写しとり、それを持ち帰って、法意（達摩摩提）とともに訳出し、後に『妙法』に編入したとみられている。

これらを総合すると、提婆達多品はもともと独立の一本として作成され、後に法華経の見宝塔品の後尾に包摂され、あるいは次品として編入されるにいたったと考えられるが、これをまとめると、つぎのようになる。

(1)提婆達多品が付加されないままで流伝したもの：（梵）ファルハード・ベーグ本／（漢）『妙法』（漢訳当初）

(2)提婆達多品を見宝塔品に包摂したもの：（梵）ギルギット本／（漢）『正法』『添品』

(3)提婆達多品を独立させて宝塔品のつぎに編入したもの：（梵）ペトロフスキー本／（漢）『妙法』（現行）

最近ではアフガニスタンからも法華経の写本が発見された。これはスコイエン・コレクションに含まれるものであるが、これを入れると、法華経の写本は大きく四つのグループに分類されることになる。ちなみに、最新の情報を盛りこみ、法華経の梵語写本の発見や研究史をまとめたものとして、石田［2006］がある。なお、本稿では、以下、法華経を現行の『妙法』にしたがって二八品とし、漢訳の品名もこれに基づくことにする。

（3）　法華経を専門に研究する者にとっては、～品という品名と法華経第～章とが自然に結びつくであろうが、私にとってはそれが自明の理ではない。そこで、私自身および法華経の成立に今まで深く関与しなかった読者の便宜を図り、法華経の中で迷子にならないために、本書では品名に続けて［　］内にそれが何章であるか、必要に応じ、数字を入れて示すことにする。

（4）　以下、インド原典のある場合、仏弟子（声聞）の固有名詞はSkt. 名をカタカナで表記（たとえば、「シャーリプトラ」「カーシャパ」など）することを基本とするが、法華経に登場する菩薩や如来に関しては、その名前が長いので、「チャンドラスールヤプラディーパ如来」とはせず、「日月灯明如来」のように、『妙法』の漢訳名を用いることにする。

（5）伊藤［2007］では各説の紹介後、「批評的結語」あるいは「解説的結語」が付されており、著者から見た各説の長所短所が客観的に述べられているが、ここではそれには触れない。

（6）これについて、辛嶋［2005］は大乗経典の作者を「阿蘭若住比丘」と「村住比丘」の対立軸でとらえ、Ugraparipṛcchā や Rāṣṭrapālaparipṛcchā、それに Kāśyapa-parivarta や Ratnarāśi は阿蘭若住比丘、また法華経は村住比丘を作者とし、法華経勧持品［13］の偈には両者の対立が見られるという。これに対し、岡田［2001］や望月［1988］は法華経が阿蘭若住比丘の立場に立つと考えている。

（7）これは、かつて考察した Divy. の成立にも関連する問題である。つまり、Divy. に収められている三七の個々の説話の起源と、それが編纂された時期とは峻別して考えなければならない。つまり、編纂時期が遅いからといって、そこに含まれている説話の伝承自体の成立も遅いとはかならずしもいえないのである。

（8）法華経の文献学的研究については、辛嶋静志の研究がある。辛嶋［1997a］によれば、ネパール・ギルギット写本と比べると、カシュガル本およびファルハード・ベーグ本・ペトロフスキー本といったすべての中央アジアの写本には後代の付加と思われる部分が多々あるが、それらはすべて散文部分にかぎられており、中央アジア本の方が古形を伝えている例も少なくないという。また、辛嶋［1997b］では、竺法護訳『正法』が基づいた写本は、ブラーフミー書体にとって代わられるまで西北インドから中央アジアなどの広い地域で使用されていたカローシュティー書体で書かれていた可能性が高いことが指摘されている。さらに、Karashima［2001a］は、中央アジアの写本類が中期インド語で伝承されている一方、ネパール・ギルギット・カシュガルの写本は、うわべはサンスクリット化されているように見えるが、中期インド語の要素が散見することから、法華経は本来、純粋な中期インド語でなかったとしても、東方の方言を含んだ中期インド語的なサンスクリットで伝承され、後代、徐々に仏教サンスクリットにとって代わられたのではないかと推定している。

なお、辛嶋の特筆すべき業績として、Karashima［1998, 2001b］をあげておく。両書とも文献研究の基礎資料として、欠かすことのできない労作といえよう。

（9）この用語については注意が必要であることを、東京大学教授・下田正弘氏よりご教授いただいた。「三乗方便一乗真実」なる用語は中国における法華経研究という文脈で醸成されたものであり、インド仏教を考えるさいにこれを用いるのは適切ではないというご指摘である。もちろん、内容的に見れば、法華経方便品［2］の主題は、「声聞乗・独覚乗・菩薩乗が方便であり、一仏乗のみが真実である」というのであるから、中国仏教において「三乗方便一乗真実」と言語化されるのももっともだが、あまりに市民権を得ている言葉だけに、この表現を使うと無意識的に中国仏教のフィルターを通してインド原典を見ることになるので、ここでは先学の引用などで使用されている場合を除き、私自身の言葉としてはこの用語は使用せず、インド仏教の文脈では「大小対立の大乗 vs. 大小超克の一仏乗」という対立軸で法華経の立場を代表させることにする。

(10) その内容は、つぎのとおり。

私（釈迦仏）は、衆生の安穏を願って出家し（108）、菩提の座に三七日とどまる（113）。菩提樹を見て経行しつつ、さとりの知と衆生の無知を思う（114）。神々が説法を慫慂する（115）が、それをいったんは躊躇する。しかし、過去の諸仏を思い起こし、三種の菩提を説こうと思う（118）。また現在の諸仏の励ましのことばを聞き、喜悦する（119–124）。私は、ヴァーラーナシーに行き、五比丘に諸法寂滅の教えを説く（125）。この転法輪によって阿羅漢、法、サンガが成立した（126）。そして、今まで、輪廻から涅槃へと導く教えを説いてきた（127）が、今、この場の菩薩たちを前にして自分の出世の目的を自覚し、教えを説く時期であると決意した（130）。私は、歓喜して最高の教えを説いて、彼らを菩提に導くことにする（132）。阿羅漢たちもこの世でブッダとなる（133）。

(11) これ以外にも、井本［2000: 312–314］は法華経の仏伝的要素として序品と如来寿量品との二つに「燃灯仏」に関する記述が見られることから、仏伝の「燃灯仏授記」の話が法華経に応用されたと指摘し、法華経作者自身が、かつては「燃灯仏授記」の説話をもっぱらとして説き聞かせる者であったと推論している。

(12) 話はそれるが、仏伝の初転法輪でブッダが苦行主義と快楽主義という二つの極端を離れた「中道」を説く場面は有名である。両極端は最終的には捨て去られるべきものであるが、しかしブッダはいきなり中道を覚ったのではなく、苦行の生活と快楽の生活とを二つとも経験した結果、それらの非を知って捨てたのである。この意味で、両極端の経験は中道に到達するためには必要であったともいえる。よって、本論の考察も将来の「中道（法華経成立の真相）」

にいたるための一つの〈極端〉となりえれば、幸いである。いきなり〈中道〉であれば、なおよいが。

(13) 法華経の成立論に関して、岡田［2008: 314］はつぎのように述べている。

「今ここで成立論を論じることはできないが、段階成立を主張する場合には、客観的証拠（部分的に流布していた事実、原型とされるものの存在など）の提示が求められると考える。法華経を読解する際、経典内で相互に矛盾すると読みとれる箇所、ならびに論者が解釈するところの「法華経本来の立場」から見て「異質である」と判断される文節・偈頌・さらには品などについて、直ちに「後代の増広付加である」と判断することについても慎重でありたい。「本来の法華経」「原法華経」などを想定することは作業仮説としては有効であるかも知れない。しかし、それを出発点・基準として現存の法華経を評価したり、異質であると解釈されるものを排除したりすることは、法華経が成立した時代背景と経典（仏説）という形式を無視した議論につながる」

この指摘はきわめて重要であり、本論においても基本的にこの立場を踏襲したい。

(14) 正確にいえば、周知のごとく、すでに日本では江戸時代に富永仲基が大乗非仏説論を唱えていた。

(15) もちろん、それは大乗仏教の起源を単一の部派に求める、平川説以前の「大衆部起源説」のような単純な構図ではない。佐々木［2011: 76］の言葉を借りるならば、「もともと別個に存在していた複数の集団が、それぞれの立場から新しいスタイルの仏教を創作し、独自の経典を作成し、（中略）大乗とは、複数の源泉から同時並行的に発生してきた一種の社会現象と見るべき新たな仏教運動」ということになろう。

(16) 下田［2011: 48–53］は近年の大乗仏教研究を概観する中で、高崎直道の「大乗経典がすなわち大乗仏教なのである」という指摘を受け、「大乗をなんらかの経典制作運動としてとらえることは、現在の学界の諸研究者の間において、ほとんど唯一の共通理解になっている」とし、八〇年代以前が大乗の「経典群を俯瞰して大きな思想史を構築しようとする企図が働いていた」のに対し、「八〇年代以降は、いったん描かれた思想史を個別の経典研究を深める立場から問いなおしはじめた」とする。

（1）以下、パーリ文献からの引用であっても、固有名詞の表記はSkt. 名に統一する。たとえば、「サーリプッタ」は「シャーリプトラ」、「サーヴァッティー」は「シュラーヴァスティー」と表記する。ただし、論文や著書を引用する場合は例外とする。

（2）パーリ三蔵の成立に関する最新の研究については、馬場［2008: 157–253］を参照。

（3）平川［2000: 176］は広律の受戒犍度について、「以上を通観してみると、仏伝を含んだ受戒犍度が古い伝統を持っていたことが、具足戒の型からも帰結しうるわけである。したがって我々は諸律の受戒犍度の新古に関しては、仏伝を有する三律が古いということをいいうるわけである。これらの三律のうちでは、仏伝の検討よりした結果は、パーリの「大犍度」が最も古く、次は五分律の「受戒法」、第三は四分律の「受戒犍度」であった。これらの三律に続くものは、おそらく『摩訶僧祇律』であろう。さらに第五が『十誦律』の「受具足戒法」であり、最後は『根本説一切有部律出家事』であるといってよい。しかしてこの順序は、アヴァダーナの増広より検討した諸律の新古の順序と、ほぼ合致することは注意してよい」と結論づけている。

（4）佐々木［1996: 134, 111］は、出家集団と俗世間との関係を踏まえ、律文献の有する二つの異なった性格を「律蔵は覚りのための指針となるべき部分と、社会との円滑な共存関係を維持する部分から成る。前者の場合、律は絶対不変の権威として出家者の生活を拘束するという性格を有するが、後者の場合は社会状況の変化に応じて律の内容も変化する」（取意）と理解し、後者の場合、律規定は「僧団が社会の尊敬を失って乞食生活に支障が生じることのないように、その活動を規制することだったのではないだろうか。これはもちろん確証のあるアイデアではないが、律の中の多くの規定が、一般の人々からの非難をかわすために制定されているという事実を重視するなら、そのように推測することも無理ではない」と指摘している。つまり前者が経分別であり、後者は犍度部である。経分別は覚りに直結する規定であるから、諸律間でその記述にばらつきはないが、犍度部に関しては諸律の間でかなりのヴァリエーションが見られるという。

（5）ここではMv. を『摩訶僧祇律』から独立した資料として扱う。

（6）なお、このうちF3は純粋に仏伝とはいえないので、またF4は成道までしか扱わないので、ここでは除外する。

また、岡野［1998］によれば、F5は一二世紀、F6は一四世紀の作であり、かなり後代の成立なので、これらも除外する。

（7）ただし、「大品」で説かれるのは(2)から(8)までであり、(9)は「破僧犍度」においてである。

（8）ここでも「受戒法」で説かれるのは(2)から(8)までであり、(9)は「破僧法」においてである。

（9）ここでも「受戒揵度」で説かれるのは(1)から(8)までであり、(9)は「破僧揵度」においてである。

（10）ただし、(7)シャーリプトラとマウドガリヤーヤナの帰仏は、「出家事（Pravrajyāvastu）」に説かれているので、「破僧事」では省略されている。なお、このあたりの仏伝をめぐる「破僧事」と「出家事」の棲み分けについては、佐々木［1985］が詳しく論じているので、参照されたい。

（11）A4′はA4の直接の漢訳だが、A4″はそうではないので、ここでは別出する。

（12）B4とB3とは兄弟関係にあり、B4が燃灯仏授記から降魔成道までを、またB3が基本的に初転法輪以降の仏伝を扱うので（B3の燃灯仏授記はきわめて断片的な記述に留まる）、二つを合わせると、燃灯仏授記から般涅槃前までの、まとまりある仏伝となる。

（13）ただし、断片的には第二五章と第二六章で燃灯（Dīpaṃkara）仏による授記に言及している（LV 393.12, 415.19）。

（14）内容がかなり違うので、別出する。

（15）インド原典であるF1は誕生から成道までしかないので、ここでは取りあげない。

（16）「歴史を作ったブッダ」と「歴史が作ったブッダ」との関係についても、すでに平岡［2010c: 60–61］において私見を述べたことがあるので、再録しておく。

「現存する資料は様々な視点から後代の仏教徒による編集作業を幾重にもへているため、そこから「歴史的ブッダ」像を紡ぎだすのは容易ではないが、資料がこれしかない以上、後はいかにその編集の網をかいくぐって「歴史的ブッダ」、つまり「歴史を作ったブッダ」に到達するかが問題となる。一応の解決を見たかに思われた初期仏教研究も、並川の新しい研究によって新たな局面に突入し、「歴史を作ったブッダ」像が、徐々にではあるが明らかにされつつある。

しかし私は「歴史を作ったブッダ」像の究明のみを以てよしとする立場には立たない。今日まで仏教が生き残ってきた背景には、後代の仏教徒が自分たちの理解や解釈に基づきながらではあるが、脈々と教祖ブッダの姿を伝えてきた事実があり、これなしに仏教は生きた宗教として今日まで生き残れなかったであろう。この意味において、「歴史を作ったブッダ」と「歴史が作ったブッダ」とは等価であるといえる。「歴史を作ったブッダ」なしに「歴史が作ったブッダ」が存在しえないのはもちろんだが、しかし「歴史が作ったブッダ」なしに「歴史を作ったブッダ」は理解しえないからである。

学問の場においては、無批判で主観的な両者の混同は断じて避けられるべきであるが、しかし両者はまるっきり別個に存在するわけでもない。「歴史が作ったブッダ」像は歴史的ブッダ像ではないかもしれないが、しかし、後代の仏教徒にそう理解・解釈させるだけの力を「歴史を作ったブッダ」が秘めていたと考えれば、「歴史が作ったブッダ」は「歴史を作ったブッダ」の一部であり、また必然的帰結とも考えられるのである。つまり、これほどまでに多様な「歴史が作ったブッダ」像が存在するということは、その多様性を産出させる力を「歴史を作ったブッダ」が持っていたことの証左となり、またこれは歴史的ブッダの偉大性を図らずも証明していることになるのではないだろうか。「史実」のみに捕らわれれば、「歴史が作ったブッダ」像の価値は軽減されてしまうが、その時々において、教祖ブッダがいかに理解され、解釈され、またどのように受容されていったかを明らかにすることも、これまた仏教研究の重要な役目なのである」

(17) 従来より「パーリ仏典」として一括りにされる文献の成立を古層(韻文)と新層(散文)とに大別する試みはなされてきたが、彼はその古層に属する文献をさらに最古層(Sn 第四—五章)と古層(SN 第一章/第四章、Sn 第一—三章、Dhp、Th. / Thi)とに分類し、両者の間に見られる輪廻観の相違から、最古層よりもさらに古いとみなされるゴータマ・ブッダの輪廻観に迫ろうとする。彼によれば、最古層では輪廻は否定的表現を以て説かれ、また輪廻と業報とを結びつける記述は見られないのに対し、古層になると、「あの世とこの世」「再生」「生死」「輪廻」など輪廻に関する表現が見られるようになり、また「最後身」や「三明」など、輪廻を前提にした用語も散見し、業報に関する用例も説かれるようになるという。この変化は仏教が時代の経過とともに一層積極的に輪廻を消化していったことを示すと並川は指摘するのである。この前提に立ち、並川[2005: 128–129]はゴータマ・ブッダの輪廻観をつぎのように推論する。

「ゴータマ・ブッダの輪廻観を考察する場合、それは時代的に見て最古層の資料よりも古いか、あるいはほぼ同時代のものと設定できよう。とすれば、ゴータマ・ブッダの輪廻観は、最古層の資料に見られる輪廻観と同じものか、それよりも古いものかのどちらかであると解することができる。最古層よりも古いものと想定する時には、最古層から古層へと展開した輪廻観の流れとは逆の流れとして把握されるので、ゴータマ・ブッダの輪廻観は輪廻に対して最古層の資料に見られた考え方と同じか、あるいはそれよりも距離を置いた消極的な考え方になり、彼のものの考え方や見方はあくまで現世に力点を置くという態度を強く示していたのではないかと推定できる」（取意）

おそらくこれは、現時点で到達しうる、もっとも近いゴータマ・ブッダの輪廻観だと考えられる。

(18) ディーパンカラという仏が考案されるにいたった原因は、一般的にブッダの神格化・超人化に伴う仏教内部の思想的必然性に求められるが、定方は世俗的・政治的な視点からディーパンカラ伝説制作の動機を考察する。定方[1998: 317–335]は、ディーパンカラ伝説がナガラハーラ（現在のジャララバード市）という実際の町に結びついている事実に注目し、イラン系の宗教であるミスラ神（太陽神）の信仰の盛んな土地であったナガラハーラに仏教が進出したさい、仏教僧は民衆が抵抗なく仏教に改宗しうるようなムードを作りだすために、ミスラがブッダの宗教を認可したかのように思わせる物語を創作することを思いつき、ミスラの概念に通じるディーパンカラという仏を作り、彼にブッダの成仏を予言させることで、民衆はミスラが仏教を容認したという錯覚を無意識のうちに抱くようになったのではないか、と指摘する。

(19) 並川[2005: 51–63]は、初期経典におけるブッダと仏弟子の形容句を渉猟し、両者で共通に使われる形容句もあるが、「[他者を彼岸に]渡す（√tṝ (causative)）」およびその派生語はブッダに固有の属性であり、仏弟子には決して用いられないことを論証している。つまりこの救済性こそがブッダの宗教的属性ということになり、燃灯仏授記においてもこの用法が確認される。

(20) 「菩薩」という呼称の起源に関して、平川[1989: 262–274]はこの燃灯仏授記に注目し、ここに「菩薩」という語の起源を求める。つまり、燃灯仏授記以降、釈尊はまだ覚りを開いて仏にはなっていないが、しかし燃灯仏に授記された時点で、将来の覚りは確定していることになり、たんなる有情（sattva）でもない。こうして彼は燃灯仏授記以降、「覚り（bodhi）を求める有情（sattva）」であり、「菩提（bodhi）を得ることが確定している有情（sattva）」というわけで「菩薩（bodhisattva）」と呼ばれることになったと説明する。これに異議を唱えるのが、パーリ文献の「菩薩」の用例を精査した勝本［2011］である。彼女は菩薩の起源を覚りを求める修行者とすることに反対する理由として、「智慧を持ち、人々を導き利益する者」を菩薩と呼ぶ例が成立の古いパーリ聖典に見られること、成道前のブッダを菩薩と呼ぶのは後代の挿入であること、ジャータカなどで菩薩を修行者とみなすのは注釈書の解釈であること、燃灯仏授記物語は成立が遅いこと、などをあげている。また南方上座部正統派にかぎれば、菩薩と利他とは無関係であるとも指摘している。これはあくまでパーリの資料に基づいた説であり、同様の結果が北伝資料に関してもいえるのかどうか、今後の研究が待たれる。ただ、梶山［1975: 400–401］は八千頌般若経の「声聞乗・独覚乗・大乗のそれぞれによって修行する者を「三種の菩薩」と呼んでいる」用例に基づいて、「菩薩」と「菩薩大士」は区別して使われており、「菩薩」は「仏教の修行者一般」を、また「菩薩大士」は「自分および他人の覚りのために励む偉大な大乗仏教者」を意味し、声聞と独覚からは区別されていたと指摘しているので、勝本の指摘と重なってくるかもしれない。

(21) ここでブッダの足跡を整理してみると、ナイランジャナー川が流れるウルヴィルヴァー地方のセーナー村で苦行の生活をした後、苦行の無益を知って、ナイランジャナー川で沐浴し、スジャーターから乳粥をもらったブッダは、ガヤーという町のアシュヴァッタ樹の根元で瞑想し、覚りを開く。その後、梵天勧請をへて、ヴァーラーナシーの鹿野苑で五比丘に説法し、ヤシャスとその友人を出家させると、再びウルヴィルヴァーに戻って、カーシャパ三兄弟を教化している。つまりブッダは覚りを開くまでウルヴィルヴァーに滞在し、最初の説法とヤシャスの教化はヴァーラーナシーで、その後に続くカーシャパ三兄弟の教化の舞台は再びウルヴィルヴァーとなるが、ウルヴィルヴァー地方とヴァーラーナシーはかなりの距離があり、話の流れに不自然さを感じる。

この点について、Bareau の仏伝研究を紹介した加藤［1972: 402］を参考にしながら、諸説を整理してみたい。これについて Foucher［1949: 192–193］は「ヴァーラーナシーでの説法は、成功したはじめての例にすぎず、以前に他の場所で幾度も試みられたが、失敗に終わったのではないか」とし、ブッダが一直線にヴァーラーナシーにきたのではないとする。また中村［1992: 478–479］は「ヴァーラーナシーは古来宗教上の聖地で、あらゆる宗教者の集まっている所であったから、新しく得た悟りを発表するのにふさわしかったのではないか」とするが、ではなぜ、ブッダが再びウルヴィルヴァーに戻ったかは説明がつかない。

これに関して、Bareau［1963: 153–154］は「ブッダのヴァーラーナシー訪問は多くの資料が一致して述べているから歴史的事実であるが、その後ヴァーラーナシーから再度ウルヴィルヴァーを尋ねるところは創作で、事実ではない」と述べている。現存の多くの資料にあるからといって、それを「歴史的事実」と断定することには慎重でなければならないが（現存の資料からブッダの足跡について、歴史的事実を云々すること自体がそもそも不可能ではないか。我々が知りうるのは、資料にブッダがどう説かれているかだけである）、それはさておき、「ヴァーラーナシーにおける最初の説法」と「ヤシャスの教化譚」の挿話を除けば、話の舞台は一貫してウルヴィルヴァーとなり、話の流れは自然となる。つまり、このヴァーラーナシーでの最初の説法およびヤシャスの出家は後代の創作と私は推定する（確証はないが）。五比丘に説法したとしても、それはウルヴィルヴァーでのことであった可能性はある。創作された理由は、中村が指摘しているように、当時のヴァーラーナシーが宗教家の聖地であり、最初の説法の地をヴァーラーナシーに設定することにより、ブッダの初転法輪を権威づけしようとしたことによると考えられるのである。

(22) 在家者のままで阿羅漢にはなれるが、阿羅漢になった以上は在家の生活を送ることはできないというのが当時の一般的な考え方と思われる。詳細は藤田［1964］を参照。

(23) 他にも、Mv. にはつぎのような記述が見られる。

「シャーリプトラとマウドガリヤーヤナとを上首とする五〇〇人の比丘は皆、諸漏より自由になって、心が解脱した。同志マハーマウドガリヤーヤナは、具足戒を受けて一週間すると、神通による力と神通を自在に使える〔力〕を獲得し、四無礙解を証得した。また同志シャーリプトラは出家して半月し、具足戒を受けて半月すると、神通力を自在に使える〔力〕と智慧の完成とを獲得し、四無礙解を証得した。また、同志マウドガリヤーヤナは、出家してから半月し、具足戒を受けて半月すると、天眼・宿住・漏尽という三明を証得したのである」（Mv. iii 66.17–67.6）。平岡

[2010b: 218］参照。
　またMSV破僧事を見ると、シャーリプトラとマウドガリヤーヤナの出家譚を、出家事にあるとして省略されている。また梵本の出家事を見ても、残念ながらこの二人の出家譚を含む箇所は欠損して存在しないので、『根本説一切有部毘奈耶出家事』を参照すると、「具寿舎利子。断諸煩悩。証阿羅漢果」（T. 1444, xxiii 1028c17–18）とし、シャーリプトラが阿羅漢になったことは明確に表記するが、マウドガリヤーヤナについては明記していない。しかし、諸資料の記述から、常識的に考えて彼も阿羅漢であったとみなされていたことに疑念の余地はないだろう。

(24) 平岡［2010b: 235 ff.］参照。

(25) デーヴァダッタの伝承については、注意を要する。というのも、彼が実際に経典で説かれているような悪人であったかどうかはわからないからだ。とくに、この「山からブッダめがけて岩を落とし、ブッダの殺害を試みた」という伝承は、関係諸資料の比較考察により、後世の創作である可能性がきわめて高いことを平岡［2002: 243–254］で論証した。なお、この他のデーヴァダッタ悪人伝承も、詳細に考察すれば、後世の創作であることが明らかになるかもしれない。

(26) 諸律によって五事の内容は異なるが、Vin.（ii 197.4 ff.）では、①林住者たるべし（村邑に入るは罪）、②乞食者たるべし（請食を得るは罪）、③糞掃衣者たるべし（居士から衣を受けるは罪）、④樹下住者たるべし（屋内に住むは罪）、⑤不食魚肉者たるべし（魚肉を喰うは罪）、の五つを指す。

(27) 破僧に関わるデーヴァダッタ伝承は前半と後半とに分けることができる。すなわち、前半では彼の悪事が説かれ、後半では五事主張から破僧にいたる経緯が説かれるが、これをまとめるとつぎのとおり。
　①パーリ律（Vin. ii 191.26 ff.）前半（刺客→落石→酔象）→　後半（五事主張→破僧）
　②『五分律』（T. 1421, xxii 164a17 ff.）・『四分律』（T. 1428, xxii 909b8 ff.）前半（なし）→　後半（五事主張→破僧）
　③『十誦律』（T. 1435, xxiii 260a13 ff.）前半（落石→刺客→酔象）→　後半（五事主張→破僧）
　④MSV破僧事（MSV vii 166.7 ff.）前半（落石→酔象）→　後半（破僧→五事主張→毒爪）

(28) パーリの涅槃経に加え、梵本の涅槃経（Mahāparinirvāṇa-sūtra）、漢訳六本、Tib. 訳一本と、九種類の異本が存在することからも、その流布ぶりが窺える。詳しくは中村［1980: 315–325］参照。

（29）kappaṃ (DN ii 103.3). 注釈書はこれを「寿命のあるかぎり（āyukappaṃ）」(Sv ii 554.30）と解釈する。

（30）それを説く資料として、ANの注釈書の記述をあげているが、ここでもその内容を紹介しよう。

「さて、あちこちで尊敬と恭敬とを得られなかった遺骨は、諸仏の加持の力によって尊敬と恭敬とが得られる場所に行くが、しかし時が過ぎるたびに、どんな場所でも尊敬と恭敬とはなくなってしまう。〔しかし〕すべての遺骨は偉大なる菩提道場に集結してブッダの姿を執ると、菩提道場に結跏趺坐したブッダの身体の素晴らしさを誇示する。〔その姿〕は、三十二の偉人相と八十の種好を有し、一尋の光を発し、一切を完備している。その後、〔シュラーヴァスティーで〕双神変を行使した日のように、神変を行使して見せる。その場所には、人となった有情が〔ひとり〕そこに行くのではない。鉄囲山にいる一万の神々すべてが〔そこに〕集結して、「今日、十力者（ブッダ）が般涅槃される！　今日からおさき真っ暗だ！」と嘆き悲しむ。そのとき、遺骨からなる体から火が吹きだして、その体は無に帰する。すると、神々の集団は諸仏が般涅槃したときのように、天の香・花環・楽器によって供養を捧げ、〔その場所を〕三回右遶して礼拝し、「世尊よ、未来世にブッダがお生まれになるのを見ることができますように！」という と、それぞれの場所に戻っていく。これが遺骨の消滅と呼ばれるものである」(Mp i 91.3–21)

これを踏まえると、ブッダは三度、涅槃を経験することになるとStrong［2004: 223］は指摘する。つまり、成道時の心の涅槃（有余涅槃）、八〇歳で入滅した身心の涅槃（無余涅槃）、そしてこの遺骨の涅槃である。

（31）より正確に表現すれば、「阿羅漢の救済」を手がかりに、「一切の有情に成仏の可能性を開くこと」となるか。これについては第五章注（12）参照。

（32）以下、法華経で成仏の授記を受ける仏弟子の成阿羅漢伝承を考察していくにあたり、「彼は阿羅漢になった」、あるいは「彼は阿羅漢性を証得した」と明記されている場合は問題ないが、そうでない場合、何を以てその仏弟子を阿羅漢とみなしてよいかが問題になる。そのさいの基準として、「煩悩が尽きているかどうか」、またその結果として「解脱したかどうか（もう輪廻（再生）しないことを含む）」という視点から判断する。換言すれば「三明（この中に「漏尽明」が含まれる）」、「六神通（この中に「漏尽通」が含まれる）」、「心解脱（心が諸漏より解脱すること）」「慧解脱（智慧によって解脱すること）」等の表現が見られれば、それは阿羅漢と同義とみなす。またここで、漏尽者あるいは解脱者をそのまま「阿羅漢」とみなすことに問題はないかについて考えておかねばならない。これについては、歴史的に複雑な問題を孕んでいるので、並川［2005: 22–36］の研究によりながら考えてみよう。並川は厳密な資料整理から出発し、古層の初期韻文経典には、カウンディンニャやシャーリプトラなど理想的な声聞を「ブッダにしたがって覚った人（buddhānubuddha）」と呼ぶ用例があることを指摘し、仏教史の最初期においては、ゴータマ以外にも「ブッダ」と呼ばれていた仏弟子が存在していたことを論証している。しかし、修行階梯の体系化に伴い、「ブッダ」という呼称は固有名詞化され、仏弟子には適用されないようになり、代わって四双八輩に代表されるように、南北両伝において仏弟子の漏尽者あるいは解脱者は阿羅漢という呼称に固定化されるにいたったと考えられる。よって、ここでは彼らを「阿羅漢」とみなすことにする。

（33）この二人の成阿羅漢伝承については勝本［1998: 26］の研究があり、出家から成阿羅漢までの両者の日数の違いについて、諸資料考察の結果、シャーリプトラの半月後の解脱はほぼ確実と認められるが、マウドガリヤーヤナの七日目の解脱は根拠がないとする。智慧が重視される教団において、智慧ではシャーリプトラにかなわないマウドガリヤーヤナは常に下位に置かれるのであるが、にもかかわらず、彼の解脱をシャーリプトラよりも一週間早く置く理由を、勝本は「出家比丘には智慧者が多いかもしれないが、一般民衆には神通力による加護や救済を求める人が多い。そこで当然ながらモッガラーナの人気があった。後代、おそらく在家者向きに如来への信心を強調するようになり、仏力の偉大さを証明する事例として、サーリプッタの半月より勝るモッガラーナの七日解脱説がたてられたのではなかろうか」と推察する。（34）原文の sāno および rattapiṇḍaṃ の解釈は、南伝大蔵経にしたがう。

（35）これに相当する『雑阿含経』は「我八日之中。以学法受於乞食。至第九日起於無学」（T. 99, ii 303c1–2）とし、『別訳雑阿含経』は「我於八日。学得三果。至第九日。尽諸有漏。得阿羅漢」（T. 100, ii 418c14–15）とする。日数に関してはパーリと漢訳とで一日のズレが見られるが、いずれも阿羅漢になったことを認める点では一致している。

（36）これと同様の話は Dhp-a.（i 366.20 ff.）にも見られるが、登場するのはマウドガリヤーヤナだけで、カーシャパの話は見られない。（37）出典については平岡［2007a: 185］を参照。

（38）平岡［2007a: 176］参照。　（39）Hiraoka［2000］、平岡［2003］参照。

（40）なお、ブッダ滅後の教団で誰が主導性を発揮したかについては、並川［2005: 170–191］がアーナンダとカーシャパの二人の臨終伝承に焦点を当てて考察している。アーナンダの死は人々から惜しまれ、またその舎利は人々の要求によって二分されるなど、教祖ブッダの延長線上に存在する者として評価されているようであるが、一方のカーシャパは頭陀第一の弟子らしく孤高の死を遂げ、現実社会とほとんど接点を持たず、現実から離れた空間で、その死が説かれていることを考えると、カーシャパは宗教者としては評価がきわめて高い一方で、当時の教団における立場や役割の評価は低いことを意味しているのではないかと指摘している。そして、この二人の臨終伝承の比較から、ブッダ滅後の教団で主導性を発揮したのは、アーナンダおよびその流れを汲む者たちではなかったかと並川は推測する。

（41）Th. を和訳した中村［1982: 234］は注において、「かれの詩句が唯だ一つしか伝えられていないということは、上座部のほうから見ると、かれは異端者であったが、後代の大乗仏教はかれを前面に押しだしたということも考えられる」と解説している。確かに、大乗仏教の般若経典での彼の活躍ぶりと比較すれば、Th. で一つの偈頌しか説かれていない点は奇異に感じられる。

（42）avitakkaṃ samādhiṃ samāpannaṃ という用例は、ニカーヤでは Ud. だけだが、avitakkaṃ samāpanno sāvako という用例は Th. に二例（650, 999）確認できる。レーヴァタとシャーリプトラの偈頌においてである。Th. を訳した中村［1982: 280］は第九九九偈の注において「後代のアビダルマ教学において vitarka（尋）と vicāra（伺）とを対立させて考える見解をもち込む必要はないであろう」と指摘する。確かに初期に属する経典の文言を後代のアビダルマ教学で解釈するのは間違っているので、中村の指摘は正鵠を射ており、この表現が用いられてシャーリプトラが阿羅漢とみなされていた用例はすでに確認した。またレーヴァタもこれから考察するように、阿羅漢とみなされていたようであるから、「無尋定」を阿羅漢の特性とみなせないこともない。しかしその一方で、Ja（no. 135）の連結で説かれる偈頌には、これに類似する表現が見られ、「無尋禅によって光音天に生まれるだろう（avitakkena jhānena hoti ābhassarūpago）」（i 474.10）と説かれている。これを見るかぎり、「無尋禅」は再生をもたらしているので、阿羅漢の属性とはみなせない。

（43）あるいは「ナーラカ（Nālaka）」とも呼ばれている。たとえば、Mv.（iii 382.8 ff.）ではアヴァンティのマルカタという町に住むバラモンはカーティヤーヤナの種姓であり、彼には二人の息子がいたが、その長男はナーラカという。平岡［2010b: 454 ff.］参照。

（44）たとえば、この後で紹介する『仏本行集経』は「又有師言。而此長老那羅陀者。其本種族姓迦旃延。以本姓故。衆人称言大迦旃延。又復長老大迦旃延。仏曾記言。汝等比丘。今応当知。我此声聞大衆之中。捷利取義。聞有広説。而其聡敏。悉能領悟或少聴受。而能為他広分別説。最第一者。所謂即此大迦栴延比丘是也」（T. 190, iii 830c18–24）とし、説一切有部の説として、那羅陀と大迦栴延とを同一視する説を紹介している。

（45）Mv. には「マイトラーヤニーの息子である同志プールナの物語」という章があり、最後に出家をしたばかりの彼がブッダを偈頌で称讃するところがあるが、そこで彼は自分自身を「ここに我に五神通ありて（iha me abhūsi pamcābhiñjā）」（iii 382.1）とするので、阿羅漢とみなすことはできない。ただこれは、すでに指摘したように、出家して直ぐの段階であるから、その後、彼が六神通を獲得して阿羅漢になったことは充分にありうるが、明文化されてはいない。

（46）また帰属部派は不明だが、同じくMSV 薬事（＝Divy. 第二章）と一部パラレルをなす『満願子経』にも「在於其歳証三達尋滅度」（T. 108, ii 503a14–15）とあり、また彼の死後の行き先に疑問を持った比丘たちの質問に対し、ブッダは「諸比丘。彼族姓子已興三達証得六通。諦観順法無与等者。不与余事唯講法典。諸漏已尽無復塵垢。已度想念脱于智慧。現在於法極達諸通。証具足。於生死已断。称挙梵行所作已辦。鮮名色本諸慧無生。聖智具足已得羅漢。於時世尊莫不称誉咨嗟無極邠耨文陀尼子」（ibid., 503a18–25）と答えているので、彼が阿羅漢とみなされていたことがわかる。

（47）この他にも『五分律』の別の箇所で「爾時舍利弗摩訶目揵連大迦葉摩訶拘絺羅摩訶迦旃延阿那律富楼那弥多羅尼子羅睺羅阿難難陀。此等諸大阿羅漢到世尊所頭面礼足却坐一面」（T. 1421, xxii 120c26–29）と説かれているが、これによれば、アーナンダはブッダが生きている間に阿羅漢になったことになる。

（48）これと同様の伝承は『毘尼母経』にも見られ、阿羅漢になっていないアーナンダを結集に加えることに躊躇するカーシャパと、非常事態につき、そんなことはいってはいられないとする他の阿羅漢たちとのやりとりが、「跋難陀釈子忽作是言。如来在世法律切急。如来滅後各任其性何須懊悩。諸外道等若聞此語。当作是言。諸釈子。世尊在世奉教修行。如来滅後皆已廃捨。我等応当聚集結集経蔵使法不絶。諸羅漢答言。我等集於経蔵須於阿難。迦葉答言。阿難結漏未尽。云何得在此衆。諸羅漢言。所廃忘処応当問之。迦葉言。若爾者当作求聴羯磨使入僧中」(T. 1463, xxiv 818a7–15) と説かれている。

(49) なお、アーナンダの臨終（般涅槃）伝承も、彼が阿羅漢とみなされていたことの証左となるが、これについては並川［2005: 182–186］を参照。　(50) 本章注（47）参照。

(51) 漢訳『根本説一切有部毘奈耶破僧事』はこれを「始従地主大王乃至羅睺羅断其継嗣。何以故。以羅睺羅証無生果。断生死種故。為此断其継嗣」(T. 1450, xxiv 105a22–24) とし、『衆許摩訶帝経』は「悉達多有子。名羅怙羅。此之仏子。是過去衆許王種族。今値仏世随仏出家。了悟生死善断輪廻。契証真空而成聖位」(T. 191, iii 937c9–12) とし、いずれも彼が阿羅漢になっていたことを窺わせる。

(52) 字義どおり解釈すれば、阿羅漢になったのは、マハープラジャーパティーが連れてきたシャーキャ族の女性五〇〇人であり、そこにマハープラジャーパティーは含まれていないようにも読めるが、つぎに紹介する古層の経典 Thī は彼女が阿羅漢になっていたことを説いているので、この Ja の用例でも、阿羅漢になった五〇〇人の比丘尼の中にマハープラジャーパティーを含めて解釈しておく。

(53) これとパラレルをなす『大愛道般泥洹経』は「一時仏在堕舎利国。行在獼猴。水拘羅曷講堂。是時摩訶卑耶和題倶曇弥。行在堕舎利国。与五百比丘尼倶。皆是阿羅漢皆為大神足」(T. 144, ii 867a21–24) とし、『仏母般泥洹経』は「一時仏在維耶離国。行在獼猴水辺拘羅曷講堂上。大愛道比丘尼者即従仏母也。時在維耶離国。与女除饉五百人倶。皆是応真。獲六通四達神足変化」(T. 145, ii 869b11–14) とする。

(54) 渡辺［1976: 27］も「のち義母マハーパジャーパティーに従って、ヤソーダラーも出家して聖者の境地に達した。自己を反省することがきびしく、また神通力にすぐれているという点で、尼僧中の第一人者といわれる。その最期は明らかでないが、仏陀に先だって入滅したものと思われる」とし、水野と同じ理解を示す。なお、「神通力にすぐれているという点で、尼僧中の第一人者」という記述は、この後でとりあげる Bhaddākaccānā の伝承に由来すると考えられるが、「仏陀に先だって入滅した」に関しては、どの資料に基づいているか不明である。

（55） mahābhiññappattānaṃ yad idaṃ bhaddā kaccānā. (AN i 25.29)

（56） 他にも、Mhv は「バッダカッチャーナーは菩薩たるシッダールタ王子の第一王妃にして、ラーフラは彼女の息子なり」（ii 24; cf. Bu. xxvi 15）とする。

（57） sā amhākaṃ dasabale sabbaññutaṃ patvā anupubbena kapilavatthuṃ āgantvā nandañ ca rāhulañ ca pabbājetvā pakkante suddhodanamahārājassa parinibbutakāle mahāpajāpatiṃ gotamiṃ rāhulamātarañ ca nikkhamitvā satthu santike pabbajitā ti ñātvā. (Mp i 364.3–7)

（58） sā kir' ekadivasaṃ cintesi mayhaṃ jeṭṭhabhātiko rajjasiriṃ pahāya pabbajitvā loke aggapuggalo buddho jāto putto pi 'ssa rāhulakumāro pabbajito bhattāpi me pabbajito mātāpi me pabbajitā aham pi ettake ñātijane pabbajite gehe kiṃ karissāmi aham pi pabbajissāmī ti bhikkhuniupassayaṃ gantvā pabbaji. (Dhp-a. iii 113.5–10)

（59） 本文献の成立年代に関しては、まだ明かでない。シンハラ語で書かれた Yaśodharā 関連の文献を英訳した Obeyesekere［2009: 2］によれば、その成立を紀元後一世紀とするが、von Hinüber［2000: 61］によれば、Bu. よりは新しいが、パーリ注釈文献よりははるかに古いと述べるに留まり、具体的な年代には言及していない。Norman［1983: 89–92］も聖典の中では最後期の成立と見、ある特定のアパダーナの成立は第三結集よりも後であるとしているが、具体的な成立年代には触れていない。また、Norman は、Ap. には大乗的要素が見られたり、MSV とのパラレルがあることなども指摘している。このように、Ap. の成立については不明な点が多い。パーリ資料との比較が大事であることはいうまでもないが、これから考察するように、北伝の資料との比較考察により、Ap. の成立年代もある程度設定できるのではないかと考えられる。ここでは Ap. が MSV 破僧事の影響を受けている可能性が高いと考えるので、この部分に関しては少なくとも MSV の成立以降（それはかならずしも現存の MSV を意味しない）ということになる。

（60） Bechert［1961: 29］は Ap.（390. Sabbakittika）が部分的に MSV の Anavataptagāthā と平行関係にあることを指摘しているが、ここでの考察を踏まえれば、Ap. のほうが MSV の影響を受けている可能性が高い。

（61） Ap. には様々な大乗（北伝）の影響が見られることをBechert［1976］は指摘しているが、ここでとりあげたヤショーダラーの出家・成阿羅漢伝承も、そのような用例の一つとみなすことができよう。

（62） この質問の中に「大神通力と大威神力を有し」という表現が見られるが、これが阿羅漢の特性かどうかは見極められない。平岡［2010b: 490–492］参照。

（63） Kāla が Mahākāla と同一人物であるなら、彼は Th.（151–152）に登場し、その注釈書 Pd（ii 28.27）では「阿羅漢性を獲得した」と説かれている。

（64） この平行文は『鼻奈耶』に見られるが、そこでも「仏世尊遊舎衛国祇樹給孤独園。時迦留陀夷以得阿羅漢道」（T. 1464, xxiv 892a10–11）と説かれている。

（65） これに相当する『中阿含経』も「於現法中自知自覚自作証成就遊。生已尽梵行已立。所作已辦不更受有知如真。是時尊者阿那律陀。得阿羅呵心正解脱得長老上尊」（T. 26, i 542a14–17）とする。同様の話は『増一阿含経』（T.125, ii 754a12 ff.）にもあるが（内容的にはあまり近くはない）、ここには彼の成阿羅漢に関する記述は見られない。なお、同様の記述は同じ AN（i 282.26–28）に見られ、そこでは彼がシャーリプトラの説法を聞いて阿羅漢になったと説かれる。

（66） 同様の話は Vis. に見られる。ここでは「世尊が彼の従者を不還果に、マハーカッピナ王を阿羅漢性に安住させた（patiṭṭhāsi ... rājā arahatte）」（393.16–17）とし、Dhp-a. と若干の齟齬が見られるが、カッピナが阿羅漢になったことを伝える点では共通している。

（67） 『撰集百縁経』も「仏即告言善来比丘鬚髪自落。法服著身。便成沙門。精懃修習。未久之間。得阿羅漢果。三明六通具八解脱。諸天世人。所見敬仰」（T. 200, iv 248b22–25）とする。

（68） これについて、注釈書は「具足戒を受けていない者に完全智を説くことは適切ではない。なぜ長老は〔そう〕説いたのか。長老は「私は阿羅漢である」とはいわなかった。ただ「完全智が生じた」と言っただけだ。だが、長老が阿羅漢であることは明白である（thero arahā ti pākaṭo）。だから、そう言ったのだ」（Ps iv 196.14–17）とある。

（69） これに対応する漢訳『中阿含経』には「完全智」に関する記述がなく、その代わりに、文脈は MN と異なるが、

「我於三日夜中。得三達証」（T. 26, i 475c7–8）とあり、傍線部が「三明」と同義なら、覚りを開いていることになる。また般涅槃については「復次尊者薄拘羅作是説。諸賢。我結加趺坐而般涅槃。尊者薄拘羅便結加趺坐而般涅槃」（T. 26, i 475c9–11）とし、ほぼ MN に一致する。

(70)『摩訶僧祇律』（T. 1425, xxii 386c15–16）は「時尊者善来比丘往降悪龍。如善来比丘経中広説降伏悪龍已」とし、詳細を省略する。

(71)『根本説一切有部毘奈耶』は「即便出家。鬚髪自落法服著身。具足近円成苾芻性。是時善来従此已後。発大勇猛守堅固心。於初後夜思惟忘倦。断除結惑証阿羅漢果」（T. 1442, xxiii 858a14–17）とする。なお、『根本説一切有部苾芻尼毘奈耶』にも「縁在室羅伐城。有一長者名曰浮図。大富多財衣食豊足。娶妻未久誕生一女。顔貌端正人所愛楽。至年長大。娉与給孤独長者男為妻。後誕一息。父見歓喜。唱言。善来善来。時諸親族因与立名。号曰善来。由此孩児薄福力故。所有家産日就消亡。父母倶喪。時諸人衆見其如此。遂号悪来。与乞匃人共為半侶。以乞活命。広説乃至修青処観影像現前。世尊復為演説法要示教利喜。便証見諦。出家離俗修持梵行。発大勇猛守堅固心。於初後夜思惟忘倦。断除結惑証阿羅漢果」（T. 1443, xxiii 993c17–27）とし、彼の説話を扱う中で、成阿羅漢に言及する。

(72) MSV 毘奈耶のように、彼を阿羅漢として描いた方が、飲酒の咎を強調するに効果的である。なぜなら、一滴の酒と非常に獰猛な龍とを対比させ、獰猛な龍を倒した徳高い阿羅漢のスヴァーガタでさえも、一滴の酒によって大地に倒れてしまうことを説くことにより、飲酒に関する咎、あるいは過失の大なることを強調できるからである。

第三章　仏伝としての法華経

(1) 法華経の解説書は実に多く、そのすべてを以下の各章の考察においてとりあげることはできない。よってここでは、法華経全体を視野に入れた研究書の中から、横超 [1969] と苅谷 [2009] の研究を中心に、勝呂 [1996] にも触れながら紹介する。

(2) 従地涌出品 [15] には、弥勒菩薩がブッダに向かって「世尊よ、如来は太子であられたとき、シャーキャ族の都城カピラヴァストゥから出て、都城ガヤーからそう遠くないところにある最上の菩提の座に登り、無上正等菩提を正等覚されましたが、世尊よ、そのときから今日まで、四〇年あまり（sātirekāṇi catvāriṃśadvarṣāṇi）しか経っておりません」（SP 311.2–4）とある。

（3）『妙法』は「為求声聞者。説応四諦法。度生老病死究竟涅槃。為求辟支仏者。説応十二因縁法。為諸菩薩説応六波羅蜜。令得阿耨多羅三藐三菩提。成一切種智」（3c22–26）と説き、『添品』（136c22–25）も同様に、四諦を声聞、十二因縁を辟支仏、そして六波羅蜜を菩薩に当てるが、『正法』は「為諸声聞講説四諦十二因縁。生老病死愁慼諸患。皆令滅度究竟無為。為諸菩薩講六度無極。使逮無上正真道至諸通慧」（66a5–8）とし、Skt. に近い。

（4）偈頌ではつぎのように説かれている。

「また、これら諸仏の相続の最後はディーパンカラなりき。彼は神を凌ぐ神として、聖仙の群れより供養され、幾千コーティもの有情を教導せり」（SP 27.4–5）

（5）横超［1969: 26］は「説法内容においての古今同道をいうためには、いま仏にある事実問題をも古仏の上にもあったものとする方がよい。そこで釈迦仏における羅睺羅の出家を過去の日月灯明如来の上では八王子の出家とし、とくに八王子中最後に成仏した王子を燃灯仏としたことは釈迦仏に授記した古仏として燃灯仏の名が広く知られていたため、その知名の仏を登場せしめることによって古今同道説を一層効果的に表現しようと図った」と指摘する。

（6）苅谷［2009］が執拗に指摘するように、そして著書のタイトルにもなっているように、法華経は仏滅後を意識した経典であると私も思うが、大乗経典は多かれ少なかれブッダなき時代の仏教を立てなおすべく創作されていると考えられるから、それは独り法華経にかぎった問題ではない。ただし、法華経には他の大乗経典に比べ、その意識の度合いがきわめて高いとはいえよう。そのような仏滅後の危機的時代意識を持った法華経創作者ならびに伝持者のモティベーションを高めるために、自らを「仏の子」と位置づける意識づけは必要であったと考えられる。

（7）この後詳しく見ていくように、法華経は、シャーリプトラ以降、カーシャパ・スブーティ・カーティヤーヤナ・マウドガリヤーヤナという四声聞、プールナ・マイトラーヤニープトラ、カウンディンニャ、アーナンダ、そしてラーフラという九名（ラーフラの後に、マハープラジャーパティーとヤショーダラーにも成仏の記別が授けられるので、これを加えると一一名となるが、八王子は男性であるから、この二人の女性を除くと九名となる）に成仏の記別が授けられる話をだす。既述のごとく、シャーリプトラに相当すると考えられる妙光菩薩は日月灯明如来の息子ではないので彼を外すと、カーシャパからラーフラまで八名となり、その最後をラーフラとするのは、日月灯明如来に八人の王子がいてその最後をディーパンカラとする序品の記述と、奇妙な一致をみせるのである。これはたんなる偶然かもしれないが、深読みを承知の上で指摘しておく。ここで両者の対応関係を図示するとつぎのようになる。

法華経序品	日月灯明如来	妙光菩薩	八王子（最後はディーパンカラ）
	｜	｜	｜
仏教史	ブッダ	シャーリプトラ	声聞（最後はラーフラ）

（8）ある意味で、無量寿経も仏伝に基づきながら、それを再解釈して自らの立場を表明しているように考えられる。冒頭でブッダはアーナンダに阿弥陀仏の過去の因縁を説いて聞かせるが、そこにも燃灯仏が登場する。旧仏教の伝統を踏まえれば当然であるが、法華経同様、無量寿経もそれをそのまま踏襲しているのではない。つまり無量寿経では、旧仏教の伝統で最初の仏とされる燃灯仏よりも前に多数の過去仏を配し、燃灯仏を相対化する。そして新たな過去仏の系譜の最初に世自在王仏を置く。そしてこの仏のもとで法蔵菩薩は出家して誓願を立てることになるが、この世自在王仏と法蔵菩薩の関係は、旧仏教のディーパンカラ仏とスメーダ（ブッダの前生）の関係とパラレルになっている。これについてはすでに藤田［1970: 349–353］が指摘しているが、ともかく、この意味で阿弥陀仏という仏は伝統的ブッダを解釈し直して新たに再生させたとも考えられ、ある意味では、無量寿経も法華経同様、仏伝に基づいて旧仏教を解釈し直しているといえよう。

（9）これは「如来（Tathāgata）」の語源解釈（nirukti）であり、ここでは如来が「真実を語る者（Tathāgada）」と解釈されている。Divy. にはこれをテーマにした説話も見られる。平岡［2007a: 142–153］および平岡［1993］参照。

（10）Cf. SN i 136.4–138.28.『増一阿含経』（T. 125, ii 593a21–b23）を参照。　（11）LV（400.7–14）も Mv. に同じ。

（12）現在でもそうだが、普遍性を強調するには、ある事柄が今回初めてではなく、過去にもあったとするのが有効であり、仏典にも同様の手法が見られる。以下、いくつかの事例を示そう。
(1)過去仏の生涯（大本経など）：歴史的にはガウタマ・シッダールタという現在仏（といっても現代から見ればすでに過去仏になっているが）が先行し、過去仏の成立がそれに続くが、過去仏の生涯（たとえば大本経のヴィパッシン仏）はガウタマ・シッダールタの生涯を反映する形で説かれている。
(2)舎衛城の神変：ブッダが舎衛城で六師外道と神変に関して競い合う話があり、西北インドの仏教美術において有名なモチーフになっているが、ブッダは神変を行使するにあたって、たとえば、Divy. 第一二章（147.22–27）には、つぎのような記述が見られ、神変の行使も過去仏の行為に則って行われている。
そのとき、世尊が〈過去の正等覚者たちは、有情を利益せんがために、どこで偉大な神変を示されたのであろうか〉とお考えになると、神々は世尊に「大徳よ、過去の正等覚者たちは、有情を利益せんがために、偉大な神変を示されたと以前に聞いたことがあります」と告げた。

世尊に〈過去の正等覚者たちは、有情を利益せんがために、シュラーヴァスティーで偉大な神変を示されたのだ〉という知見が生じた。
(3)真理の普遍性（城喩経類）：ガウタマ・シッダールタが発見した真理も、すでに過去仏が辿ったのと同じ道を辿って発見されたのであり、ガウタマ・シッダールタの独断によるものではないことが強調される。なお、これについては後ほど詳しくとりあげる。
(13) prabudhyati. ここでは脚注7)に従い、pravucyati に改める。
(14) WT 本（68.19）に従い、ここに -bhavadṛṣṭi- を補う。
(15) 例外的には、アショーカ王を教導したウパグプタが「無相の仏（alakṣaṇako buddho）」になるという用例が Divy. 第二六章に、また貧女がブッダに灯明を布施して、「今のブッダと同じようになりますように」と誓願を立てると、ブッダから成仏の記別を授かる用例が Divy. 第七章に見られるだけである。ウパグプタの場合は出家者であるから、成仏の記別にさほど違和感はないが、貧女に対する成仏の授記は、その行為が灯明の布施であることを考えた場合、行きすぎた授記という印象は否めない（この説話は「小善成仏」を論じるさいに、よく引用される）。一つ考えられるのは「誓願」という行為の力である。何らかの善業を行った後に、ある誓願を立てて願えば、悪業の果報の回避を除いて、何でも願いは叶うという用例がかなり見られる。とすれば、この用例は誓願にある種の万能力があると認められていたことを示すものなのかもしれない。その背景には何があったのか、さらなる考察が必要だが、説話文献の授記の用例に関しては、平岡［2002: 295–323］を参照。

(16) よって、シャーリプトラに成仏の記別が授けられたのも、今生でブッダから第二の法輪である法華経を聞いたこともさることながら、過去世においてブッダがシャーリプトラをそのように成熟させてきたのだと説かれるのである。

(17) これをたくみに表現したのが本章の第九五偈であり、「宝から成るこの乗物は最勝なり。それに乗りて多くの菩薩等、また善逝に耳を傾ける声聞等は、遊戯しつつ、ここなる菩提道場に赴くなり」(SP 91.5–6) と説かれている。独覚に言及していないのはおそらく韻律や字数の制約のためと考えられるが、ともかく一仏乗とは、菩薩だけではなく声聞も独覚もともに乗りこみ、成仏という同じ目的地に向かう乗物といえよう。この意味において、菩薩乗（菩薩だけしか乗れない乗物）と仏乗（声聞・独覚・菩薩の三者すべてが乗れる乗物）とは異なるのである。

(18) 「三車火宅の喩え」およびこの「長者窮子の喩え」は母子関係ではなく父子関係に基づいているが、その理由について、横超［1969: 50］は「一つには、釈尊には出家前に羅睺羅という実子があった。人情を仏陀の上に移して、仏は衆生を哀愍すること一子羅睺羅の如しということがしばしばいわれる。これ仏の衆生に対する慈愛を父子の関係において表現される理由の一つ。次に仏は涅槃を得て万徳を具備した人格であるから、長者という形において喩顕するのがふさわしい。当時の社会において長者としての地位は男性によって占められ、女性はそれに隷属するに過ぎなかった。これが第二の理由である。第三には母性愛が盲目的になり易いのに対し、父の愛は知性によって導かれる。法華経によれば衆生済度のために仏は三乗を説く方便が必須であったとする。方便は知性であり、この点から仏の愛情を表現するにあたり法華経が父の長者を以ってしたのは当然であるといってよい」と説明する。法華経に見られる父子関係の強調については、後ほど第五章でとりあげるであろう。

(19) さらに横超［1969: 53］は、シャーリプトラにつづいてカーシャパに成仏の記別が授けられた理由、および他の三人が一括して記別を授けられた理由を、「仏弟子中で舎利弗に次いで著名なものは摩訶迦葉であるから、摩訶迦葉一人をとりあげてもよい。これが偈頌では迦葉一人の領解となった所以。但し仏弟子の一人一人について領解を説くこととすれば、煩雑となる懼れがある。これが長行において四大声聞の領解として一括された所以」と説明する。

(20) ta. WT本 (122.22) により、これをnaに改める。

(21) 苅谷 [2009: 172–173] は、写本の裏付けはないが、こう考えることで、現行の授記品の冒頭でありながら「実に世尊はこれらの偈頌を説かれてから」という通常ではない章の始まり、そして現行の宿世因縁品(化城喩品)の冒頭にあっては、この品だけが出だしの文がまったくなくて、いきなり本題に入っているという異常さが説明できるとする。

(22) この仏国土は様々に描写されるが、その中に「この仏国土には諸々の悪もなく、女性もいなくなるであろう (bhaviṣyaty apagatamātṛgrāmam)」(SP 202.4–5) という記述が見られる。これは無量寿経の第三十五願「世尊よ、もしも私が覚りを得たとき、普く無限・無数・不可思議・無比・無量の仏国土における女性たちは、私の名を聞いて、浄く澄んだ〔浄心〕を生じ、菩提心を発こし、女性の身であることを厭うであろうが、もしもすべて〔のかの女性たち〕が〔この世での〕生涯を離れてのち、再び女性の身を得るようであったら、その間、私は無上正等菩提を覚ることはないでしょう」(Sukh. 18.9–15) に共通する記述である。つまり、阿弥陀仏の構える極楽国土には女性がおらず、このプールナ・マイトラーヤニープトラの仏国土にも女性がいないことになる。これに対し、阿閦仏の構える仏国土には女性が存在する。しかし、阿閦仏国経では女の性質の向上、すなわち女の欠点の解消に重点を置いてはいるが、欠点を解消した女が成仏できるかどうか、あるいはその女の修行方法についてはまったく述べられていないことから、女人成仏は視野に入っていなかったと佐藤 [2008: 137–138] は指摘している。

(23) マイトラーヤニーの息子プールナは、ブッダが出家したのと同じ日に出家して聖仙となり、二九人の弟子を持っていたが、ブッダが出現されたと知るや、弟子たちを連れてブッダのもとに赴いて出家したという話である。平岡 [2010b: 450 ff.] 参照。

(24) 『添品』は「蹈七宝華」とする。

(25) 提婆達多品の成立について、勝呂 [1996: 67] は『薩曇分陀利経』の影響を想定し、「『薩曇分陀利経』の成立と『法華経』への提婆品編入と、どちらが先であるかという問題であるが、筆者はやはり『薩曇分陀利経』が先であると考える。そのわけは『法華経』だけによっては、なぜ提婆品が現位置に編入されたかその理由の説明がつかないからである」と指摘する。この経は見宝塔品［11］の一部を借用し、提婆達多品相当部分と連絡を保った形を有し、全体としてまとまりのある体裁を取っているが、現存の法華経における見宝塔品と提婆達多品は異質の二品を接合しただけで、文脈的に齟齬のあることが、彼の論拠となっている。しかし、仏伝として法華経を見れば、すでに指摘したように、提婆達多品が編入される位置はここしかないのであり、『薩曇分陀利経』を持ちだす必要はかならずしもないといえる。

(26) そもそも「独覚」とはいかなる存在だったのかについては、南伝ニカーヤや北伝阿含、それに律文献や律関連文献である説話資料の用例に基づき、平岡［2006］で論じたことがある。基本的には藤田が論証した独覚外部起源説を私も踏襲しているが、その一部［2006: 152–153］を再録しておく。

「では仏教外に起源を持つ独覚がなぜ仏教内部にとりこまれ、三乗の体系においては仏と声聞の中間に位置づけられたのであろうか。これに関しては確たる理由が見いだせないが、藤田［1957: 95］によれば、独覚の仏教外部起源説を裏付ける証拠として、ジャイナ教でも pratyekabuddha (paccekabuddha) に相当する patteyabuddha / pattekabuddha が説かれていることを指摘し、pratyekabuddha が当時のインドで一般的に用いられていた可能性を示唆している。つまり仏教以外にも buddha と呼ばれていた修行者が存在し、その「呼称の同一性」からこれを仏教内部にとりこまざるを得なかったのではないかという推定が成り立つのである。呼称の同一性以外に、独覚が仏教内部にとりこまれる必然性は現在のところ見いだせない。

藤田［1957: 92］の指摘するように、仏と声聞との区別は明確であるから、その中間に独覚を立てる思想的必然性はまったくない。しかし「呼称の同一性」から仏教内部にとりこまざるを得なくなったとすれば、当然その位置づけが問題になる。独覚を仏の上位に置くことはできないが、buddha を名乗る以上、声聞の下位概念でもない。となると、その位置づけは必然的に仏と声聞との間に落ち着く。仏教外に起源を持つ独覚が仏教内部にとりこまれた背景には、出家者や聖仙を尊崇するインドの宗教風土や、また藤田［1957: 96］のいうように、仏教は元来、仙人を決して無下に斥けるものではなく、ある意味では古仙人の道を生きんとする立場があったことが考えられよう。

このように独覚は仏教外に起源を持ちながらも仏教内部に（恐らく消極的に）吸収されたと考えられ、ここに独覚のアンビヴァレンス（両面価値・両価感情）な性格が胚胎しているといえる。こうして、ある時には布施などの白業の対象として描かれ、福田として機能する一方で、また別の時には黒業の対象として描かれ、嘲笑や軽蔑の対象となったり、鉢に糞尿を入れて布施されたり、最悪の場合は無惨にも殺されることになったりもするのである。しかも毒矢で急所を射られて、である。

有部系説話文献の主題は業であり、具体的には業の必然性や不可避性、また黒業と白業との不相殺性を説くことにあるが、このような業の側面を主題とする有部系説話文献の作者達の目には、アンビヴァレントな独覚が黒白業の対象として格好の登場人物に映ったと考えられる。だからこそ、有部系説話文献において、他文献とは比較にならないほど多くの独覚にまつわる話が創作され、しかも中には、すでに指摘したように、黒白業の対象として描かれている用例もかなりあるのである」

(27) ここにも「真実を語る者（tathāgada）」としての「如来」の語源解釈が見られる。本章注（9）参照。

(28) ここに、法華経成立の鍵が隠れている。原文には「ディーパンカラ如来をはじめとする正覚を得た尊敬されるべき如来たち（tathāgatā arhantaḥ samyaksaṃbuddhāḥ ... dīpaṃkaratathāgataprabhṛtayas）」とあるが、法華経では傍線部が「日月灯明如来」でなくてはならない。法華経編纂者はここで旧来の仏伝の伝承を踏襲している。その理由としては、如来寿量品のほうが序品よりも成立が古く、旧来の伝承に基づいて説かれた如来寿量品の成立後に、日月灯明如来からはじまる新たな過去仏の伝承を説く序品が成立したが、あるいは、成立は序品のほうが古いが、如来寿量品において、ついうっかりと旧来の伝承に基づいて記述した等の可能性が考えられる。

(29) kilikṛtasaṃjñā. WT本（272.9）に従い、下線部を kiṇi- に改める。

(30) また注記において苅谷［2009: 470 (23)］は「釈尊をもって永遠仏とする解釈は、すでに幾度も述べてきたように、〈仏滅後〉という『法華経』全体の主題そのものを否定するものであり、又、かりに、釈尊の永遠仏たることが明かされているとしても、逆に、それは〈仏滅後〉の衆生—『法華経』の作者自身—の成仏と何の関わりがあるというのか。〈仏滅後〉の衆生にとってどんな救済があるというのか。それに全く答えることが出来ないのではないだろうか」

と指摘している。

（31）またこれに関連して、苅谷［2009: 409］はこれまでの研究者の読みを批判する。問題となる箇所の原文を見ると、tāvac cirābhisaṃbuddho 'parimitāyuṣpramāṇas tathāgataḥ sadā sthitaḥ/ aparinirvṛtas tathāgataḥ parinirvāṇam ādarśayati vaineyavaśāt（SP 318.15–319.1; WT 271.14–16：苅谷が原文として引用しているのは WT 本の読みである）とあり、苅谷はこれを tāvac cirābhisaṃbuddho 'parimitāyuṣpramāṇas tathāgataḥ tiṣṭhati parinirvāyati ca と改め、これが本来の文であったと想定し、「如来（たる私＝釈尊）は久しい（以前に燃灯仏として）正覚し、（それ以来、多・コーティ・ナユタ・百・千の劫という）無量の寿命（āyus）の量を持つかぎりは（tāvat）、（一時、世に）現在し（tiṣṭhati、生きて存し）、そして入滅する（ことを繰り返す）のだ」と和訳する。信仰の分野ではなく、学問の分野において、Tib. 訳も漢訳も参照せずに、ここまでの読みの変更が許されるのかどうかは今すぐ判断できないが、これはあまりに強引な読みであり、恣意的に過ぎはしないだろうか。もしもそう読みたいのなら、少なくとも文頭の tāvac は yāvac に変更しなければならないだろう。

第四章　挿話の考察

（1）提示の順番は、Skt.・『正法』・『妙法』とする。『添品』は『妙法』と同じなので省略。

（2）『正法』では、この直前の「除世懼」とブッダ自身（「吾」とするだけで、固有名詞は出さない）の二仏を東北に配置し、中央には言及しない。

（3）『妙法』と『添品』は、釈迦牟尼の位置を「中央」とはせず、「娑婆国土」とするのみである。なお、仏が住する国土名が具体的に言及されるのは、東方の Abhirati（『正法』「甚楽」、『妙法』「歓喜」）と中央の Sahā（『正法』はなし、『妙法』「娑婆」）のみである。

（4）なお、Fuss［1991: 155–160］は、この第七章が法華経の中で独立性が高く、法華経のミニチュア版であるという Pye［1979: 179］を支持している。

（5）以下の表では、表記の都合上、仲宗根の論文の表記に若干の変更を加えていることを断っておく。

（6） MAV (W), MAV (F).　（7） DN ii ff.　（8）『長阿含経』「大本経」（T. 1, i 1b ff.）。

（9）『毘婆尸仏経』（T. 3, i 154b ff.）。

（10） 井本［2000: 322］も「中部経典のマッジマ・ニカーヤ」（No. 一四五）に述べられる富楼那尊者の（伝道教化）の決意表明は、「法師品」や「勧持品」の刀杖・瓦石の難によく反映していると考えられる」と指摘しているが、この後にとりあげるMSV薬事のプールナ説話には言及していない。なお、この後、考察するように、法華経におけるプールナの位置づけには特別なものがあるが、これについて井本は、法華経創作者ないし編纂者たちが富楼那尊者を支持する者であった可能性を示している。本論の視点もこれに沿うものである。

（11） śastra / daṇḍa / loṣṭa という三つは AṣP にも見られる。ここではブッダがカウシカに、智慧の完成を習い読誦する者が戦場で最前線に立っても彼に如何なる危害も加わらず、命が絶たれることがないことを強調し、「誰かが彼に向かって刀や棒や土塊や、その他のものを投げつけたとしても（śastraṃ vā daṇḍaṃ vā loṣṭaṃ vā anyad vā kṣipet）、それは彼の身体に命中しないだろう」（27.27–28）と説いている。とすれば、順番は違うが、śastra / daṇḍa / loṣṭa の三つは、誰かに危害を加えるさいの典型的な道具とみなされていたのかもしれない。

（12） ただし、注釈書は、「本経においては dama とは khanti（忍耐）と理解するべきである。upasama はその同義語である」（Ps v 85.19–21）とする。

（13） テキストには kṣāntisaurabhyena とあるが、下線部分をTib. は des pa（P. 1030, Khe 286a3; D. 1, Ka 306b4）とし、sauratya という Skt. が想定される。BHSD（s.v. sauratya）もこの読みが sauratya の誤りであることを指摘しているし、漢訳も「柔和忍順」（T. 1448, xxiv 12b10）とし、kṣānti との語順は入れ替わっているようには思えるが、sauratya という読みを支持しているので、これに改める。Bailey［1950: 178］もこの読みを採る。なお、興味深いのは、この表現（kṣāntisauratya）に関して、本文で引用した散文部分で、kṣāntisauratyaṃ（SP 234.8）と校訂されているが、写本の読みはすべて kṣāntisaurabhyaṃ（SP 234, fn. 7）となっていることであり、これが Divy. の基づいた写本の読みと合うことである。

（14） tīrṇas tāraya. √tṛ の意味は「渡る」だが、これが使役形になると「渡す」となり、「（有情を彼岸に）渡す」という救済の意味を帯びることになる。初期経典でブッダと仏弟子の形容句の違いを調査した並川［2005: 51–63］は、ブッダと仏弟子で共通に使われる形容句も多々ある中で、√tṝ (causative) だけはブッダにしか使われないことを明らかにし、この「渡す」という救済性こそ、ブッダに固有の宗教的特性であったと指摘している。大乗経典になると、四弘誓願に代表されるように、√tṝ (causative) は一般化されるが、大乗仏教以前の文献では基本的に、これを仏弟子に使用することはない。しかし、ここでは、プールナ自らが「私は有情を渡す」とは述べておらず、ブッダがそういって彼を激励しているにせよ、仏弟子に√tṝ (causative) が使用されているのは実に興味深い。

(15) その他の仏弟子の記述は以下のとおり。

(1)カーシャパ：「我が声聞カーシャパ比丘は、三万コーティもの諸仏のもとで〔彼らを〕恭敬し、尊重し、尊敬し、供養し、讃仰し、尊崇して、かの諸仏・諸世尊の正法を受持するだろう。（後略）」(SP 144.2–4)

(2)スブーティ：「我が大声聞の比丘である長老スブーティは、三百万コーティもの諸仏のもとで〔彼らを〕恭敬し、尊重し、尊敬し、供養し、讃仰し、尊崇し、そこで梵行を修すると、菩提を完成するだろう。（後略）」(SP 148.4–7)

(3)マハーカーティヤーヤナ：「我が声聞である長老マハーカーティヤーヤナは、八十万コーティもの諸仏のもとで〔彼等を〕恭敬し、尊重し、尊敬し、供養し、讃仰し、尊崇するだろう。そして、その如来たちが般涅槃したとき、彼らのために、高さ一〇〇〇ヨージャナ、周囲五〇ヨージャナの、七宝から成る塔、すなわち金・銀・瑠璃・水晶・赤真珠・瑪瑙、および七番目に琥珀という〔宝石から成る塔〕を建てるだろう。そしてそれらの塔に、華・抹香・薫香・花環・塗香・焼香・衣・傘・幡・旗・勝利の幟で供養するだろう。その後ひさしくして、さらに彼は二〇コーティもの諸仏のもとで〔彼らを〕同様に恭敬し、尊重し、尊敬し、供養し、讃仰し、尊崇するだろう。（後略）」(SP 150.8–151.5)

(4)マハーマウドガリヤーヤナ：「我が声聞である長老マハーマウドガリヤーヤナは、二万八千もの諸仏を喜ばせるだろう。そしてそれらの諸仏・諸世尊に様々な形で恭敬し、尊重し、尊敬し、供養し、讃仰し、尊崇するだろう。そして、それらの諸仏・諸世尊が般涅槃したとき、その諸仏のために、高さ一〇〇〇ヨージャナ、周囲五〇〇ヨージャナの、七宝から成る塔、すなわち金・銀・瑠璃・水晶・赤真珠・瑪瑙・琥珀〔から成る塔〕を建てるだろう。そしてそれらの塔に、華・抹香・薫香・花環・塗香・焼香・衣・傘・幡・旗・勝利の幟で種々なる供養をするだろう。その後ひさしくして、さらに彼は二百万コーティもの諸仏を同様に恭敬し、尊重し、尊敬し、供養し、讃仰し、尊崇するだろう。〔後略〕」(SP 152.13–153.7)

(5)アーナンダ:「お前は六二コーティもの諸仏を恭敬し、尊重し、尊敬し、供養し、それらの諸仏・諸世尊の正法を受持し、教えを護持して、無上正等菩提を覚るだろう」(SP 216.6–8)。この記述は、これまでの仏弟子と異なり、授記の後で説かれる。

(6)ラーフラ:「お前は一〇の世界〔を形成する〕原子の塵の数に等しい正等覚者・阿羅漢・如来たちを恭敬し、尊重し、尊敬し、供養し、讃仰し、ちょうど今、私の〔息子〕であるように、いつでもその諸仏・諸世尊の息子となるだろう」(SP 219.15–220.2)。この記述も、授記の後で説かれる。

(7)デーヴァダッタ:描写なし。

(8)マハープラジャーパティー・ガウタミー:「ガウタミーよ、じつにお前は〔私〕をはじめとして、三百八十万コーティ・ナユタもの諸仏のもとで〔彼らを〕恭敬し、尊重し、尊敬し、供養し、讃仰し、尊崇し、説法者としての菩薩大士となるだろう。これら六〇〇〇の比丘尼たちもまた、有学・無学の比丘尼も、お前とともに、その正等覚者・阿羅漢・如来たちのもとで説法者としての菩薩となるだろう。さらにその後、お前は菩薩行を完成させて、〔後略〕」(SP 268.11–269.1)

(9)ヤショーダラー:「お前もまた、一万コーティもの諸仏のもとで〔彼らを〕恭敬し、尊重し、尊敬し、供養し、讃仰し、尊崇し、説法者としての菩薩となるだろう。そして、菩薩行を完成させると、〔後略〕」(SP 269.8–10)

マハーカーティヤーヤナとマハーマウドガリヤーヤナの描写は若干長めだが、それは彼らの徳を説明して長くなっているのではなく、塔や供養の描写が長いだけである。これらの用例と比較するとき、いかにプールナ・マイトラーヤニープトラの描写が別格であるかがよくわかる。

(16) 法華経の法師に関する考察の中で、井本〔2000: 264–267〕も法華経におけるプールナの位置づけの高さについて言及している。井本によれば、法師行を重視する法華経は説法第一と称されるプールナを一押ししており、他の仏弟子が菩薩行へと歩みを代えることで成仏すると説かれるのに対し、プールナは dharmakathika としての役割を繰り返し行ずることが彼自身の成仏行になっていると指摘する。

(17)『別訳雑阿含経』(T. 100, ii 416c7 ff.)、『増一阿含経』(T. 125, ii 549c2 ff.)、『中本起経』(T. 196, iv)、『仏本行集経』(T. 190, iii 866c) を参照。

(18) 苅谷 [1963] にしたがい、原文の pariśuṣkagātraḥ を apariśuṣkagātraḥ に改める。

(19) 多宝如来が法華経で「身は乾からびず、体は完全無欠の状態で獅子座に結跏趺坐し」と表現されていたことは、すでに見たとおりである。

(20) なお、法華経を視野に入れた「一世界一仏論」については、岩井 [2012: 78, cf. 2011] も論じている。岩井はここでとりあげた諸資料に見られるトーイカー遊行説話の比較考察などに基づき、説一切有部は「多世界一仏」(一つの仏国土に仏がいる間は、他の仏国土に仏の出世を認めない) を説き、大衆部は「多世界多仏」(ただし、一世界には一仏のみ) を説くので、法華経の立場は大衆部に近いと指摘する。しかし、「多世界多仏」は無量寿経をはじめとして多くの大乗経典が説くところなので、岩井の説にしたがえば、法華経だけがとくに大衆部に近いというわけではなく、多仏思想を説く大乗経典すべてが大衆部に近いことになろう。また岩井が説一切有部の多世界一仏論を導き出す典拠は、大乗興起後に成立した倶舎論の記述であるが、大乗への影響関係を考えるには、多世界一仏論が説一切有部の理論となったのはいつの時代からかという問題も明らかにする必要がある。つまり、大乗興起以前から唱えられていたのか、あるいは大乗の多世界多仏論に対抗する形で、大乗興起後に説一切有部が一世界一仏論を展開していったのか、という問題である。多世界一仏論の起源を大乗興起以前に求めることができるなら、説一切有部と多世界多仏を説く大乗経典の関係は極めて薄くなる。これについては、六足発智や『大毘婆沙論』(とくに旧婆沙) など、成立の古い説一切有部の文献に一世界一仏論が存在するかどうかを確認しなければならないだろう。これについては、岩井 [2011: 138] 自身も「多世界一佛説は、必ずしも大衆部と大乗の唱える多世界多佛説に先行するものではない」と述べている。

(21) 岩井 [2012: 72–78] はこの多宝如来を「遺骨」と理解し、「一世界一仏論」が意識されていると理解するが、この後の従地涌出品［15］には、地面から出現した菩薩たちがブッダと多宝如来とに礼拝する場面があり、そこでは「〔菩薩たちは〕近づいて、二人の如来・阿羅漢・正等覚者の足を頭に頂いて礼拝し（upasaṃkramya cobhayayos tathāgatayor arhatoḥ samyaksaṃbuddhayoḥ pādau śirobhir vanditvā）」（SP 299.17–18）と表現され、「二人（ubhaya）」と明記されている。

(22) これについて勝呂［1996: 141］は、「宝塔品においては、多宝如来のおられる宝塔の中に釈尊が入られて、二仏が並坐し、釈尊は大衆に向かい、仏滅後の未来への経典の弘通・付嘱を呼びかけるという趣旨の所説が述べられている。二仏の並坐は、現在仏の釈尊（応身）を中心にして、「塔崇拝」（過去仏。多宝如来。報身）と「経典崇拝」（未来への経典の流布。法身）が統一され、この統一をとおして仏陀の永遠性が明らかにされるべきことを示しているということができよう」と指摘している。（ ）内に三身のそれぞれを配し、勝呂は見宝塔品で三身説の統一が図られていることを指摘しているが、法身・色身の二身説はともかく、三身説の起源を法華経編纂の時代にまで遡らせることはできない。よって、ここでは過去・現在・未来という時間軸のみで、法華経の普遍性を強調しておく方が無難であろう。

(23) この後、Dhp-a. はこの双神変をつぎのように注釈する。

「如来の行う双神変とはなにか。この場合、如来は彼の声聞が行うよりもはるかに素晴らしい神変を行使する。〔すなわち〕上半身から火塊を出せば、下半身からは水流を出す。下半身からは火塊を出せば、上半身からは水流を出す。体の前面より〔火塊を出せば〕、体の背面より〔水流を出す〕。体の背面より〔火塊を出せば〕、体の前面より〔水流を出す〕。右眼から〔火塊を出せば〕、左目から〔水流を出す〕。左目から〔火塊を出せば〕、右眼から〔水流を出す〕。右耳孔から〔火塊を出せば〕、左耳孔から〔水流を出す〕。左耳孔から〔火塊を出せば〕、右耳孔から〔水流を出す〕。右鼻孔から〔火塊を出せば〕、左鼻孔から〔水流を出す〕。左鼻孔から〔火塊を出せば〕、右鼻孔から〔水流を出す〕。右肩から〔火塊を出せば〕、左肩から〔水流を出す〕。左肩から〔火塊を出せば〕、右肩から〔水流を出す〕。右手から〔火塊を出せば〕、左手から〔水流を出す〕。左手から〔火塊を出せば〕、右手から〔水流を出す〕。右脇から〔火塊を出せば〕、左脇から〔水流を出す〕。左脇から〔火塊を出せば〕、右脇から〔水流を出す〕。右足から〔火塊を出せば〕、左足から〔水流を出す〕。左足から〔火塊を出せば〕、右足から〔水流を出す〕。指自身から〔火塊を出せば〕、指の間から〔水流を出す〕。指の間から〔火塊を出せば〕、指から〔水流を出す〕。一々の毛穴から火塊を出し、〔また〕一々の毛穴から水流を出す。〔その〕色は青・黄・赤・白・紅・銀の六色である。世尊は経行されれば、化〔仏〕は立ち、坐り、臥し、（略）化〔仏〕が臥せば、世尊は経行し、立ち、坐られる。これが如来の双神変に関して分かっていることである」（iii 213.16–214.20）

（24）　その他の内容は次のとおり。

二日目：此樹花生色香具足樹花散落周遍大衆積至手膝。
三日目：樹菓便出色香味具足。其菓不揺自落堕地不壊。
四日目：授世尊水。時世尊即取一把水棄之前地。仏神力故。即成大池。其水清浄無諸塵穢。飲之無患有諸雑華優鉢羅鉢頭摩拘牟頭分陀利華。衆鳥異類鳧雁鴛鴦黿亀魚鼈水性之属。以為荘厳。
五日目：其池四面各出一河。直流不曲。其水恬浄而無波浪。衆雑奇華以為荘厳。其流水声説法之音。一切衆行皆悉無常苦空。一切諸法皆悉無我涅槃息滅。
六日目：世尊化諸大衆皆一等類無有差降。
七日目：世尊在空中為諸大衆説法。但聞如来説法声而不見形。
八日目：時梵天王。告天帝釈言。諸外道人自言。与世尊等。而不能来与世尊捔現神力今可破滅其高座。時天帝釈告四天王。諸外道自言。与世尊等。而不能来与世尊捔神力。今可破滅其高座。時四天王。即召風神雲雨神雷神告如是言。諸外道自言。与世尊等。而不能来与世尊捔神力。今可破壊其高座令散滅無余。時風神等聞四天王教已。即取外道高座破散令滅無余。時諸外道得風雨飄湿。即入草木叢林山谷窟中。而自蔵竄。時有露形斯尼外道波梨子波私婆闍伽。以大石繫頸自投深淵。
九日目：世尊於須弥頂上為大衆説法。但聞其声不見其形。
一〇日目：世尊於梵天上説法。時諸大衆但聞其声不見其形。
一一日目：世尊於大衆中現神足変化。一身為多身多身為一身於近現処若遠不見処若近山障石壁身過無閡。遊行空中如鳥飛翔。出没於地猶若水波。履水而行如地遊歩。身出烟焰猶若大火。手捫摸日月身至梵天。
一二日目：世尊於大衆中心念説法。是応念是不応念。是応思惟是不応思惟。是応断是応修行。
一三日目：世尊為大衆説法教授。説法教授者。一切皆熾然。云何一切皆熾然眼熾然色熾然識熾然。眼触熾然。眼触因縁有受。若苦若楽若不苦不楽是亦熾然。誰熾然。貪欲瞋恚癡火熾然。生老病死憂悲苦悩熾然。苦縁是生。耳鼻舌身意亦如是。一切皆熾然。(T. 1428, xxii 949a12–950a14)

(25)『出三蔵記集』によると、河西の沙門である曇覚（あるいは曇学）や威徳ら八人の僧が于闐（Khotan）での大法会において胡語で説かれた説話を漢訳し、後に高昌（Karakhojo）でそれを集約して一本とし、四四五年に慧朗がそれを「賢愚経」と命名したという。では、そこにおいて聴聞された説話はいかなる部派に帰属する説話であったのだろうか。于闐という地理的条件から考えれば、当時カシュミールやガンダーラを中心とする西北インドで強大な勢力を誇示した部派である説一切有部が浮かびあがってくるが、しかし地理的条件のみを以て帰属部派を決定することは不充分であり、内容の考察が不可欠である。帰属部派を解明するには様々な方法が考えられるが、帰属部派の明かな律蔵に見られる説話で説かれている定型句に注目したり、また同種の説話を比較考察するのも有効な手法である。そこで説話の定型表現や説話の比較考察を中心に『賢愚経』所収の説話を精読すると、これらは様々な点において説一切有部との深い関係を示すことが確認され、よって『賢愚経』を構成する説話が説一切有部系であることを平岡［2005］で論証した。ただし、ここでの考察から明らかなように、舎衛城の神変に関しては、『賢愚経』は説一切有部系の資料よりも『四分律』に近い。

(26) これについては櫻部［1997: 88–98］を参照。

(27) 宮治［2010: 126–127］はこの説話の主なテーマを、(1)マンゴー樹の神変、(2)双神変、(3)千仏化現、の三つに分け、「パーリ伝では(1)と(2)、わけても(1)は主たるテーマで、(3)はほとんど見られない。一方、『ディヴィヤ・アヴァダーナ』と『根本説一切有部毘奈耶雑事』では(2)と(3)、わけても(3)は主たるテーマで、(1)は全く言及されない。一方、『四分律』や『賢愚経』は多くの神変を伝え、(1)と(3)もそこに含まれるが、(2)はほとんど言及されない。（中略）とくに「マンゴー樹の神変」を説き、「千仏化現」を述べない南伝の伝承と、「マンゴー樹の神変」を説かずに「千仏化現」を主テーマとする北伝とでは顕著な違いがあるといえよう」とまとめている。

(28) これについては、Strong［2001: 6］の興味深い研究がある。仏伝の主要な要素は、四大仏事の「誕生・成道・初転法輪・涅槃」であることはいうまでもなく、ブッダ自身がこの四遺跡への巡礼を勧める経典もあるほどである。これに仏伝としては二義的な「舎衛城神変・従忉利天降下・酔象調伏・獼猴奉蜜」の四つが加わって八大事ができあがるが、後から加えられた四つに特徴的なのは、四大仏事と比べて、いずれも「超自然的な出来事」であり、なおかつその場所がおおむね大都市である点である。舎衛城神変はコーサラ国の首都シュラーヴァスティー、従忉利天降下はガンジス河の上流サーンカーシャ、酔象調伏はマガダ国の首都ラージャグリハ、そして獼猴奉蜜はヴァイシャーリーである。これと比較すれば、四大仏事（誕生の地ルンビニー、成道の地ブッダガヤー、初転法輪の地ヴァーラーナシー、入滅の地クシナガラ）は、ヴァーラーナシーを除いて、かなりの田舎である。このような事実から、仏教が都市部へと教線を拡大していくさいに、これらの都市部での出来事を新たに仏伝に組み入れていったのではないかとStrongは指摘している。

これに関連し、〈田舎の宗教〉が〈都会の宗教〉へと脱皮する経緯を伝える興味深い用例が大般涅槃経に見られるので紹介しよう。入滅の地がクシナガラという田舎町であることはすでに指摘したが、ブッダの入滅にさいし、アーナンダはブッダにつぎのように告げる。

「大徳よ、世尊はこの小さな町、竹藪の町、場末の町で般涅槃されませんように。大徳よ、他に大都市があります。たとえば、チャンパー、ラージャグリハ、シュラーヴァスティー、サーケータ、カウシャーンビー、ヴァーラーナシーがあります。こういうところで世尊は般涅槃されますように。そこには、クシャトリアの大家長たち、バラモンの大家長たち、長者の大家長たちがいて、如来に浄信を抱いています。彼らが如来の遺骨を供養するでしょう」（DN ii 146.12–18）

これに対してブッダは「アーナンダよ、そういってはならない。アーナンダよ、そういってはならない」と諭して、この地には昔、マハースダルシャナ王のクシャーヴァティーという大都市があったことを説いて聞かせている。このように、インド仏教史のある時期、仏教が拡大して都市部に広がり、裕福な層が仏教信者として教団を支えるようになると、ブッダ（あるいは仏教）の遺跡の地域性が問題となり、このようなマハースダルシャナ王の過去物語で苦しい〈言い訳〉をせざるを得なくなったと考えられるのである。

(29) 誤解のないようにいっておくが、私はここで「説一切有部系の資料に見られる舎衛城の神変の千仏化現の成立が、法華経および大乗仏教に先行する」と抗弁しているのではない。宮治の主張する可能性もおおいにあるが、千仏化現の成立が大乗仏教の影響であることを論証するには、さらに詳細な考察が必要であることを強調しているだけである。

(30) 宮治［1996: 114–115］は「ガンダーラの地は、同じインド亜大陸のなかに属するとはいえ、辺境の地といえるのである。そして釈迦が訪れたこともない辺境の地であるがゆえに、「現実の釈迦にふれたい」という願望がガンダーラの仏教信者の間ではとりわけ強かったのではなかろうか」と推測し、「ガンダーラには釈迦の「聖地」がないので、わざわざ「前生」といういいわけをつけて「聖蹟」を創りだしたのである。また釈迦の聖遺骸や聖遺物が実際にこの地にあることを宣伝したのである」と指摘する。

(31) むろん、インド内陸、たとえばアマラーヴァティーやナーガルジュナコンダにもシヴィ王本生など、自己犠牲型の血生臭い話は存在し、またこれも含めて自らの体を火に投じて布施した兎本生もパーリのジャータカに収められているが、しかしその例は極端に少ないことを杉本［1993: 190, 226］は指摘する。確かにこの二つのジャータカは自己犠牲を説く内容になっているが、いずれの布施も菩薩の決意を試すためにシャクラが演出した状況の中でなされるものであり、兎本生の場合は兎が火の中に身を投じても、その火はシャクラが化作したものであるから兎を焼き殺すことはなかったし、またシヴィ王の場合も最後は真実語をなすことで両目はもとどおりになっているのである。これらと比較した場合、この後本文で触れるように、Divy. の自己犠牲型の話はかなり趣を異にする。

(32) これに関して、杉本［1993: 206–207］は「このように血の匂いが漂い、非常な悲壮性を帯びたジャータカの誕生の背景には、活気旺盛な尚武の民の文化的要素が作用したことを想定せざるをえない。それまでの平和でのどかな、動物と人間の交遊する物語を産んだ農耕民とは異質の、移動と戦闘とを生活の常態とする遊牧民のもつ思念の働きがあったものと考えられる。そして、こうした特徴が見られるのは西北インド一帯の一般的な特徴であり、それは中央アジア出身の遊牧民クシャーナ族と無縁ではなかろう」と指摘する。

(33) 出典は明記していないが、宮治［1996: 18］は『マハーバーラタ』でパンジャーブ地方やガンダーラ地方など、西北インドが残忍な人々の住む野蛮な地方とされている点を指摘している。これを裏づける記述はDivy.やMSVにも散見されるので紹介しよう。たとえば、Divy.第二二章に見られるチャンドラプラバ王の頭の布施は、過去物語ではバドラシラーでなされたとなっているが、連結ではこの地がタクシャシラーに比定されている。また第三二章で、主人公のルーパーヴァティーが両の乳房を自ら切りとって飢えた女に布施する舞台となるのは、北路のウトパラヴァティーである。第二六章ではタクシャシラーで反乱が起こったことが二度説かれ（Divy. 371.27, 372.23）、つぎの第二七章でも北路のタクシャシラーで反乱が起こったことが説かれる（Divy. 407.24–25）。さらに、この章の主人公であるアショーカ王の息子クナーラが目を抉られるのも、タクシャシラーである（Divy. 409.30 ff.）。またMSV出家事にも北路の野蛮さを示唆する記述が見られる。ここではインドの各地域を東西南北に分けてつぎのように描写している。

「知性は東に、応供は南路に、両舌は西方に、そして野蛮は北路にあり」（MSV iv, 12.9–10, 17.3–4）

このように、北路が野蛮人の住む場所として、また西方が両舌者の住む場所として理解されており、西北地方と東南地方とで明確な価値づけがなされている。さらにMSV薬事には、ブッダが北路についてアーナンダに語る中に、つぎのような記述が見いだせる。

「北路には五つの災いがある。すなわち、(1)切り株・荊・樹木、(2)瓦礫・砂利、(3)野蛮な犬、(4)残忍な行為、そして(5)女性である」（MSV i 2.17–19）

また北路の特徴として馬との関係を指摘できる。Divy.第三五章には「北路より隊商主が商品として五〇〇頭の馬を連れて中国地方にやってきた」（509.6–7）、またMv.にも「北路にはタクシャシラーと呼ばれる都城があった。そこではヴァジュラセーナと呼ばれる組合長の息子がいたが、彼は馬で商売するために馬という商品を携えてタクシャシラーからヴァーラーナシーに行ったのである」（ii 166.19–167.1）とある。これは北路が遊牧騎馬民族と深い関係にあったことを示唆していると考えられる。『五分律』（T. 1421, xxii 1b2）、『根本説一切有部毘奈耶薬事』（T. 1448, xxiv 45c26）を参照。

(34) 誰かが修行して阿羅漢になった場合、「六神通を得て」という形容句が付せられるのはその例といえよう。また欲情や怒り等を起こすことで神通力が失われるという用例も散見するから、「神通力を持っている」ということが徳の高さを証明することにもなっている。

(35) たとえば、ピンドーラ・バラドヴァージャは、ある長者が竿の頂上に栴檀の鉢を置き、神力でこれを取る者に与えると宣言したので、神力でこれを取ってしまう。これを知った仏は神力の示現を禁止し、示現すれば悪作に堕すとする話が仏典に散見する(Vin. ii 110.27 ff.; Ja iv 263.7 ff.;『四分律』T. 1428, xxii 946b13 ff.;『十誦律』T. 1435, xxiii 268c12 ff.;『根本説一切有部毘奈耶雑事』T. 1451, xxiv 213b27 ff, Divy. 274.7 ff.〔ここでは主語がダシャバラ・カーシャパ〕)。ほかにもケーヴァッタ経(DN no. 11)には三種の神変(神通・予言・教誡)中、神通神変と予言神変は解脱に資さず、教誡神変こそ解脱に資することを説く用例があるし、またパーティカ経(DN no. 24)は「仏教の根本は苦の滅尽であり、神変の示現や世界の起源を知ることではない」ことを説いており、神通・神変に対して否定的な態度をとっている。

(36) 紙幅の都合により、個々の用例をすべて紹介することはできないので、ここではその数のみを示す。個々の用例の具体的な内容については、平岡〔2008b〕を参照。

(37) C:有部以外の律(関連)文献の内訳は、『摩訶僧祇律』、Mv.、『五分律』、『四分律』、D:有部系の律(関連)文献の内訳は、『十誦律』、漢訳とSkt. のMSV、それにDivy. である。

(38) yathāsthāne sthāpitam. yathā を受ける tathā 節が抜けている。Tib. を見ると、「その獅子座が〔その〕場に安定するように押さえつけて(de ltar mnan nas)から」(P. 1032, N̄e 66b4; D. 3, Ja 70a6)とするので、例えば yathā sthāne sthāpitaṃ tathā avaṣṭabdham という Skt. が想定される。今はこの訂正にしたがって和訳する。漢訳『根本説一切有部毘奈耶』は「按其高座令使卑小安詳就坐」(T. 1442, xxiii 797c21)とする。

(39) この後、チューダパンタカは自分を軽視して食事に招待しなかったジーヴァカに神変を現じ、彼を教化するという話が見られるが、これも逆縁者の神変行使の用例と考えられる。Cf. Divy. 508.1 ff.,『根本説一切有部毘奈耶』(T. 1443, xxiii 801b13 ff.)、『増一阿含経』(T. 125, ii 767c6 ff)を参照。

（1）布施［1967: 128］は、智顗の本迹二門の分類が智顗の創見であり、法華経の分類上、きわめて有効であるが、それは後人の解釈であって、経典作者がこの点に留意していたとはいえないと指摘しながらも、その直後に「されど二門に分類さるるは法華経の事実であり、それ故にこそ智者大師の創見が卓見といわれうるのであって読者は此点に留意していただきたいと思ふ」と述べている。客観的な学的態度を貫こうとしながらも、最終的には宗派的観点からは脱却できない苦しい心情が吐露されている（とくに、何を以て本迹二門を「法華経の事実」とするのか判断に苦しむ）。しかし、本論ではいさぎよく本迹二門の枠組を捨て去って考察を進める。

なお話はそれるが、法華経を学問的に研究する場合（ここではあくまで学問的な研究を問題にしており、信仰の問題を論じているのではない）、智顗の「本迹二門」という分類は、法華経研究者（しつこいようだが、ここではあくまで「法華経信仰者」ではなく、「法華経研究者」を問題にしている）に中国的（あるいは宗学的）なバイアスをかけてしまい、法華経研究を飛躍的に促進させた反面、かえって遅延させてしまった面もあるのではないだろうか。

（2）ここで用いた区分（過去・現在・未来）と同じ手法で、法華経の構造を分析した研究がなかったわけではない。たとえば、苅谷［1983: 128–143］は、声聞を対告者とする第一類（方便品［2］～授学無学人記品［9］）を〈仏在世当時〉、菩薩を対告者とする第二類（法師品［10］～如来神力品［21］）を〈仏滅後〉に分けているし、勝呂［1996: 148］もこの分類に注目しているが、ただし勝呂はこれを以て法華経の成立年代の相違を見るのではなく、「もともと『法華経』がこのような構想の下に組織されている」と指摘している。それはともかく、苅谷も勝呂も法華経を〈仏在世当時〉と〈仏滅後〉で区分し、本書と共通するが、ただしその区切りを入れる位置は異なっており、私は第一類と第二類の間、すなわち授学無学人記品［9］と法師品［10］で両者を分けるのではなく、如来寿量品［16］と分別功徳品［17］の間で区切る。また苅谷と勝呂は、過去物語には言及しない。

（3）一般に十大弟子といわれるが、この呼称および内容がインドで早くから確定していたわけではない。山辺［1984: vii］によれば、『増一阿含経』（T. 125, ii 795b22–24）に、舎利弗、目連、大迦葉、阿那律、離越（離波多）、迦栴延、満願子（富楼那）、優波離、須菩提、羅云、阿難の一一人が称讃され、また『五分律』（T. 1421, xxii 120c26–28）には、

『増一阿含経』で説かれる離越と須菩提の代わりに摩訶拘絺羅と難陀を入れて、この一一人を教団の頭目に数えているが、経典のどこにも、この十大弟子の名目は見あたらず、またいわゆる十大弟子が特別に十大弟子として指定される理由はないと指摘する。また中村［1991: 582］は山辺の指摘する『増一阿含経』と『五分律』に加え、Vin. の用例、すなわち主要な仏弟子一一人（シャーリプトラ、マハーマウドガリヤーヤナ、マハーカーティヤーヤナ、マハーコーッティタ、マハーカッピナ、マハーチュンダ、アニルッダ、レーヴァタ、ウパーリン、アーナンダ、ラーフラ）が長者に招待されたとする用例を紹介している。中身は異なるが、いずれも一〇人ではなく一一人となっている点が興味深い。代表的な仏弟子の選定に関しては中村［1991: 581–591］に詳しいが、それによれば、これがいわゆる一〇人になるのは、維摩経が嚆矢と考えられ、これを承けて、密教系の経典『灌頂経』にいたっては、「仏又告賢者阿難。我十大弟子各有威徳。智慧斉等悉皆第一。我今結之各現其威神護諸四輩。仏言阿難。舎利弗大目揵連。大迦葉須菩提。富楼那阿那律。迦旃延優波離。羅睺羅阿難」（T. 1331, xxi 517c19–23）と説かれ、順番は異なるが、維摩経で説かれる仏弟子と一致し、しかも彼らが「十大弟子」と明言されている。

（4）法華経と維摩経の関係については、すでに『妙法』法師品［10］（『正法』薬王如来品［10］）の前半が維摩経の法供養品とパラレルであることが塚本［1965: 50–64］によって指摘され、これを承けた勝呂［1993: 77］は「おそらく『維摩経』から、あるいは『維摩経』と『正法華経』に共通したあるソースから借用挿入したものであることは疑いないであろう」と述べているが、ここでは、これとは違った視点から両者の深い関係について考察する。

（5）仏伝の五比丘に対応する法華経の二番目以下の四比丘の順番が、最初に列挙されるとき（信解品［4］）と授記されるとき（授記品［6］）とでは順番がすこし入れ替わる。すなわち、最初に列挙されるときは「スブーティ→カーティヤーヤナ→カーシャパ→マウドガリヤーヤナ」の順であるが、授記の順番は「カーシャパ→スブーティ→カーティヤーヤナ→マウドガリヤーヤナ」である。ここでは授記の順番に倣って表記する。つぎの「登場人物比較対照表2」においてもこの順番を踏襲する。なお、漢訳の順番も、三訳すべて梵本に一致する。

（6）ただしカウンディンニャ以外の四比丘の順番は暫定的である。

（7）井本［2000: 296–300］は、法華経の方便品で説かれる九分教の「譬喩」は avadāna ではなく、aupamya に変更されていること、また平川彰の「『法華経』が「アヴァダーナ」と異なる思想基盤において育成せられた経典である」という指摘に基づき、「『法華経』が戒律についてうるさく言っていなかったことが注目される様に思う。このことは、法華経創作者が律蔵とは無縁な立場にあったことを意味するものであり、したがって『法華経』が「アヴァダーナ」を語らないのは意図的にそうしているのであり、むしろそれを敬遠する立場にあったことを物語っている様に思うのである。「業報譬喩」においては仏陀釈尊すら過去世になした悪因の業報からは免れないのである。この様な仏陀観は当然のこと『法華経』には見られないものであるし、また、「讃仏乗」や「ジャータカ」にも見受けられない。これらは仏陀釈尊を、因果の理法から超越した絶対的存在と見る仏陀観に立っているからである」と指摘している。本書で考察してきたように、法華経と律蔵との結びつきは否定しようがないほど強いと考えられるが、井本がいうように、法華経の説く過去物語は「ジャータカ」であり、「アヴァダーナ」タイプのものでないことを考えれば、法華経の創作者は資料の源泉として律蔵を活用しただけで、持律者ではなかった可能性もある。ともかく、ウパーリンの名前が法華経に出ないことは謎であり、さらなる考察が必要となろう。

(8) なお、最後に、仏弟子の配役に関連し、法華経が維摩経を前提として編纂されていることを窺わせる用例をもう一つ指摘しておく。それはブッダの対告者の変化である。布施 [1934] の研究以来、法華経の成立を論ずるさいに用いられるのが、第一類・第二類・第三類という区分である。とくに第一類と第二類では、その対告者に大きな変化が見られる。すなわち、第一類は対告者をシャーリプトラやアーナンダ等の声聞とするのに対し、第二類は薬王菩薩や弥勒菩薩等の菩薩としているのである。

これについて布施 [1934: 84–118] は、第一類の流通分は法師品 [10] ではなく、随喜功徳品 [18] であると主張するが、その根拠の一つは、法師品の対告者を薬王菩薩とする点である。薬王菩薩は序品の列座にその名が見えるだけであり、中心的な菩薩ではないということらしい。では第一類の流通分にふさわしいのは何品かというと、序品で主役を演じる弥勒菩薩を対告者とする随喜功徳品であるという。これは一見、突飛な説のようであり、批判も多々あるようだ。その詳細は伊藤 [2007: 79–82] に譲るとして、維摩経のカウンターとして法華経を位置づけると、あながち奇妙な説でもなさそうなのである。

というのも、さきほど法華経と維摩経の登場人物を比較してみたが、アーナンダとラーフラの成仏授記に対応するのは維摩経第三章であり、ここではアーナンダをブッダの対告者として、物語が進行する。つまり仏弟子の最後として、ブッダは維摩の見舞いに行くようアーナンダに命じ、アーナンダが見舞いを断ると、ブッダは次に菩薩たちに見舞いを命じるのであるが、その最初の菩薩こそ弥勒菩薩なのである（VN 136.2 ff.）。これを偶然の一致と見るか、あるいは必然と見るか。現時点では何ともいえないが、一考に値する問題であろう。ともかく、薬王菩薩であれ弥勒菩薩であれ、法華経では授学無学人記品［9］の次品から対告者が声聞弟子から菩薩に代わっているが、それは維摩経の対告者がアーナンダから菩薩たちへとシフトするのとうまく呼応しており、この点でも維摩経を強く意識して法華経が編纂された形跡を見てとることができる。

（9） この授記の順番については、勝呂の研究がある。勝呂［1993: 61–63］は法華経で記別を授かる仏弟子の成仏後の寿命が後になるほど長くなることから、後に授記される仏弟子ほど菩薩としての人格が深化・発展すると指摘する。そして、よく判らないと断りながらも、彼らは皆、阿羅漢である点で平等だが、最初のシャーリプトラは最も高く評価され、後の者ほど低く評価されているとすれば、法華経は、旧仏教とは逆の順序で彼らの菩薩としての人格が向上するものであることを主張し、既成教団とは別の評価をしたことは、当時にとっては刺激的な教説であったと結んでいる。勝呂のようにこの順番から思想的な意味を捻出できないことはないが、本論の考察結果を踏まえるなら、仏弟子が登場する順番は維摩経を意識して配列されただけであり、順番そのものには思想的に深い意味はないとドライに見ることも可能である。

（10） 漢訳年代がインド原典の成立を決める絶対的な根拠とはなりえないが、維摩経と法華経の漢訳年代をまとめると、

維摩経　支謙訳『仏説維摩詰経』（三世紀前半から中頃）
　　　　鳩摩羅什訳『維摩詰所説経』（五世紀前半）
　　　　玄奘訳『説無垢称経』（七世紀前半）
法華経　竺法護訳『正法華経』（二八六年）
　　　　鳩摩羅什訳『妙法蓮華経』（四〇六年）

闍那崛多・達摩笈多訳『添品妙法蓮華経』（六〇一年）

となり、漢訳年代によるかぎり、維摩経のインド原典のほうが法華経のそれより若干早く成立していたように見える。

なお、井本［2000: 157］の詳細かつ多角的な研究により、本書では法華経の成立年代を世紀一五〇年から数年ないし数十年の間に設定する。彼によれば、法華経の成立を一二の異なった要素から考察し、各要素がすべて重なるのがこの時期であるという。説得力のある説であり、平川の推定した成立年代と重なってくる。一般に漢訳年代から一〇〇年を差し引いたものをインド原典の成立年代とする算出法があるが、その根拠の正否はともかく、『正法』（二八六年）を例にとるなら、この算出法は漢訳法華経のもとになったインド原典の成立にもあてはまる。

(11) それはもはや「大乗」という呼称ではなく、「一乗」「仏乗」あるいは「一仏乗」という呼称が相応しいかもしれない。

(12) さて、以上の考えが妥当だとすれば、法華経作者の意図はどこにあったとみるべきであろうか。さきほど引用した平川の言葉にもあるように、法華経は「一切皆成仏」をテーマとするという理解が一般的である。この「一切皆成仏」という用語自体は法華経のどの漢訳にも見いだせないので、いつ誰が用いはじめたかは不明だが（源信の『一乗要決』には出るらしい）、そのような考え方自体は法華経に見いだすことができる。たとえば、方便品［2］の第五三偈「この最高なる教説を聞ける者は、〔世間の〕導師（仏）の声聞なり。一つの偈頌だに聞きて憶持せば、彼らは皆、菩提に向かいたること疑いなし（sarveṣa bodhiya na saṃśayo 'sti）」（SP 46.9–10）に相当する漢訳部分で、『正法』「仏之弟子　仮使得聴　仏一偈者　皆成正覚　終無有疑」（70b13–15）、『妙法』「声聞若菩薩　聞我所説法　乃至於一偈　皆成仏無疑」（8a15–16; 141a6–7）、また同じく方便品の第一〇〇偈「如何なるときも、彼ら〔如来〕の法を聞きて、仏にならざる有情は一人もなし（eko 'pi satvo na kadāci teṣāṃ śrutvāna dharmaṃ na bhaveya buddhaḥ）。〔自ら〕菩提に向かいて修行し、〔他をも菩提に向けて〕修行せしめんとの如来等の誓願故に」（SP 53.3–4）に相当する漢訳部分で、『正法』にはないが、『妙法』に「若有聞法者　無一不成仏　諸仏本誓願　我所行仏道」（9b3–4; 142a23–24）とあることに基づくようだ（この点については、元神戸女子大学瀬戸短期大学学長・岡田行弘氏にご教授を頂戴した）。ともかく、この主張自体は間違っていないと思うが、それが法華経編纂当初の、あるいは第一義のテーマと考えることができるかどうかを、これまでの考察の結果から考えてみたい。

本書では、法華経が仏伝に基づいて構成されていること、そして法華経が制作された時代に存在していたであろう「大乗小乗の対立」を、法華経は「一仏乗」という立場で超克しようとしたことについて考察を加えてきた。とくに授記に注目すれば、仏伝で阿羅漢となった仏弟子たちに対し、ひとたび法華経が説かれた以上、彼らには成仏の記別が授けられるべきことを確認した。法華経で成仏の記別を授かる仏弟子たちが皆、その当時、阿羅漢とみなされていたことについては、すでに見たとおりである。問題はこの場合の「小乗」の意味内容である。方便品ではこれを「声聞（＝羅漢）」と「縁覚（＝独覚）」とするが、これはあくまで出家者であり、そこに在家者は含まれていない。よって、法華経の意図が「一切皆成仏」にあったと即断するには慎重でなければならないだろう。この主張に対しては、「「大小対立」の「大乗」で意味される「菩薩」に在家者が含まれる」という反論が想定されるだろうし、そのように考えることも可能である。

論点は、「一切皆成仏」が法華経のテーマであるかないかではなく、出家者と在家者を含めた「一切皆成仏」という理念がさきにあり、その理念を実現させるために、「大小超克の一仏乗」が説かれたのか、あるいは「大小超克の一仏乗」が説かれた結果、「一切皆成仏」が法華経のテーマとなったのかという、「一切皆成仏」と「大小超克の一仏乗」との前後関係である。法華経が仏伝を元に構成されており、また仏伝で阿羅漢になった仏弟子に対して成仏授記が説かれていることを考えると、「大小超克の一仏乗」というテーマがさきにあり、それが推し進められた結果、「一切皆成仏」という方向にも進んでいったように思われるが、その逆もおおいにありうるし、そもそもこの二つは分けて考えるべきものではないかもしれない。ともかく、今後の検討を要する課題である。

(13) 大乗経典全般にいえることだが、現存しているインド原典の内容はかなり新しい可能性があるので、以下の用例はSkt. からの訳を本文にあげるが、本文献成立の初期から小乗排斥の傾向があるかどうかを確認するために、漢訳三本のうち、その最古の漢訳である支謙訳『仏説維摩詰経』（三世紀前半訳出）の対応箇所を注で紹介する。そのさい、出典の（T. 474, xiv）の部分は省略する。

(14) 「入于王蔵諸講法衆。輒身往視不楽小道」（521a12–13）

(15)「吾従是来希復立人為弟子縁一覚行。毎事勧人学無上正真之道」(522a25–27)
(16) jātyarthā。jātyandhā に改める。
(17)「又此賢者。諸比丘在大道已有決。如何忘其道意。而発起以弟子行乎」(522c5–7)
(18)「吾等何為永絶其根。於此大乗已如敗種」(527c16–17)
(19)「舎利弗問天。汝於三乗為何志求。天曰。弟子行者乗弟子法。縁一覚行眼見道意。求大乗者自行大悲」(528c17–19)

こうして最古の漢訳を見ると、Skt. との一致度は少ないものの、「大」と「小」の対比、「三乗」や「大乗」の語は見られるし、また小乗に対する批判的な立場も確認できよう。

(20) 維摩経は「不二法門」を説く経典として有名だが、そこでは「菩提（＝菩薩？）の心と声聞の心とが二である。心を幻と等しく見ること、そこには菩提（＝菩薩？）の心もなく、声聞の心もない。心の平等を特徴とすること、それが不二に入ることである」(VN 326.17–19) とあり、両者を同様に見る姿勢も見せているが、それはここだけに見られ、全体的な基調としては、小乗を排斥し大乗を高揚する立場を取っているといえよう。
(21) その際、-yāna (-yānika) に代わる表現として、-bhūmi / -tva / -dharma / -tathatā / -mārga / -śikṣā という表現が見られ、以下の用例では -yāna (-yānika) 以外にも、これらの言葉と共に三乗が意図されている場合も含めて数字を示す。また、それらの言葉を含まずに「声聞・縁覚・菩薩」と表現されている場合もこれに含める。
(22) AṣP 9.19 (×2), 10.21 (×2), 11.29 (×2), 12.1 (×3), 12.2 (×2), 12.3 (×2), 12.4, 12.6, 12.7 (×2), 12.10, 12.13 (×2), 12.14, 12.15 (×2), 12.16, 12.20, 12.21 (×2), 12.23, 12.26, 12.27, 12.28, 95.13, 116.32.
(23) AṣP 68.4, 77.30, 80.13, 82.20, 95.8, 107.5, 113.15, 115.23–24, 159.3, 159.4, 164.19, 208.2 (×2), 208.13 (×2), 208.13–14, 208.17 (×2), 209.4, 215.8, 216.33, 217.4, 217.5, 223.7, 224.2.
(24) AṣP 118.5–6. 予想に反し、「小乗」の用例は少なかった。
(25) これは気になる用例なので、対応する漢訳でこれがどう説かれているかを漢訳の年代順に調べてみた。その結果、『道行般若経』「仏所説三有徳之人。求阿羅漢辟支仏仏。是三不計三。如須菩提所説為一道耳」(T. 224, viii 454a19–

21)、『大明度経』「仏説三有徳之人求応儀縁一覚至仏道。於三不計三。為求一道」（T. 225, viii 494b14–16）、『摩訶般若鈔経』「是怛薩阿竭所説。一者仏衍菩薩而不計三。如須菩提所言」（T. 226, viii 526b10–12）、『小品般若波羅蜜経』「如須菩提所説義。則為無有菩薩退転。若爾者。仏説三乗人則無差別」（T. 227, viii 563c3–5）、『大般若波羅蜜多経』「若爾何故仏説三種。住菩薩乗補特伽羅但応説一。又如仁説応無三乗菩薩差別。唯応有一正等覚乗」（T. 220, vii 825b5–7）、同「若爾何故仏説三種住菩薩乗但応説一。又不応立三乗有異。唯応有一正等覚乗」（T. 220, vii 900b13–15）、『仏母出生三蔵般若波羅蜜多経』「若如是者如仏所説求三乗人応無差別耶」（T. 228, viii 640b18–19）であり、Skt. にピッタリあう漢訳はなく、問題の箇所は「一道」あるいは「一正等覚乗」と訳されている。

(26) たとえば、第一二章には「如来の真相と、〔五〕蘊の真相と、一切法の真相と、すべての聖なる声聞や独覚の真相とは一つの同じ真相であり、存在や非存在という多元性を離れたものである」（AṣP 134.23–25）、第一三章には「仏の法・独覚の法・声聞の法、それらすべては般若波羅蜜と結びついている」（AṣP 140.8–9）、さらに第一七章には「声聞地・独覚地・仏地、それは〔ものの〕真相の地といわれる。これらすべては真相と不二であり、二分されず、区別されず、区別を離れている」（AṣP 161.5–6）とある。AṣP も大部の経典であり、その成立にはある一定の時間を要したことは想像に難くないので、ここでとりあげた三乗の区別を説かない用例は、ある時期に法華経の一仏乗思想から影響を受けて、空性・不二思想に基づく AṣP なりの一乗思想を展開した痕跡である可能性も否定できない。なお、本文で引用したように、般若経にも「一乗」の用例が見られること、また『大智度論』にも「一乗」の用例が見られることから、勝呂［1973: 201］は法華経の一乗の特殊性を説明するのに、「般若経系統の一乗の「一」は「唯一」の意味で使われているが、法華経の一乗の「一」は「統一」の意味を含ませている」（取意）と説明している。

(27) 以下、本文では Skt. の用例を紹介するが、これは内容的にはかなり発達しており、漢訳でいえば小品系では一番新しい施護訳『仏母出生三蔵般若波羅蜜多経』（九八五年訳出）との一致度が高いので、ここでも、本文献成立の初期から小乗排斥の傾向があるかどうかを確認するために、小品系最古の漢訳である支婁迦讖訳『道行般若経』（一七九年訳出）の対応箇所を注記する。そのさい、出典の（T. 224, viii）の部分は省略する。

(28) 「是故三昧無有辺。無有正。諸阿羅漢辟支仏。所不能及」（426b1–2）

(29)「設是菩薩心無有与等者。無有能逮心者。諸阿羅漢辟支仏所不能及心」(427b23–24)

(30) この後もAṣP (116.5 ff.) は声聞乗と独覚乗を執拗に攻撃するが、紙幅の都合上、省略する。

(31)「当来有菩薩棄深般若波羅蜜。反索枝掖般若波羅蜜。為随異経術。便堕声聞辟支仏道地」(447a12–14)

(32) この後も、般若波羅蜜を聞きながらも、それから離れ、声聞乗と独覚乗と相応した経典を求めたり、声聞地と独覚地を讃える経典によって全知者性を求めるべきだと考える者は賢者とはいえないとブッダは説く。

(33)「甫当来有菩薩摩訶薩得聞深般若波羅蜜。而不可意便棄捨去入声聞法中。求薩芸若欲得作仏。於須菩提意云何。是菩薩摩訶薩爲黠不」(447b17–20)

(34)「菩薩有信楽有定行有精進。欲逮阿耨多羅三耶三菩。不得深般若波羅蜜。（中略）是菩薩便堕阿羅漢辟支仏道中」(451c10–13)

(35)「不得深般若波羅蜜（中略）是菩薩終不能逮薩芸若。便中道厭却。堕阿羅漢辟支仏道中」(451c20–22)

(36)「是菩薩便中道堕阿羅漢辟支仏道中」(452a5–6)

(37)「便中道得阿羅漢辟支仏道。何以故。不得深般若波羅蜜漚惒拘舎羅故」(453c24–25)

(38)「如阿羅漢辟支仏道所念法。終不可復還是菩薩為在阿惟越致地住。正向仏門。終不可復還」(455a11–13)

(39) 対応箇所なし。　(40) 対応箇所なし。

(41)「是時持慈心悉施人上。是菩薩過阿羅漢地。出辟支仏地。於三昧中住」(458c9–11)

(42)「離仏。遠離薩芸若。遠離阿耨多羅三耶三菩智。遠是漚惒拘舎羅亡以般若波羅蜜。亡以善知識。以更得悪知識。是菩薩会堕阿羅漢辟支仏道中」(460c22–25)

(43)「行般若波羅蜜菩薩摩訶薩為悉等行。諸阿羅漢諸辟支仏所不能及」(462b16–18)

(44) 梶山［1975: 386 (111)］にしたがい、テキストのsamyaksaṃbuddhāḥ (AṣP 204.6) をpratyekabuddhāḥに改める。

(45)「菩薩摩訶薩（中略）乃至須陀洹斯陀含阿那含阿羅漢辟支仏都復過是上」(463b23–26)

(46)「譬如地出金銀少所処出耳。如是須菩提少所人随般若波羅蜜法教学。譬若須菩提少所人索遮迦越羅処。索小国王多。如是須菩提。少所人随般若波羅蜜法教学。従是中多索阿羅漢辟支仏者」(465a19–23)

(47)「菩薩作是学。於薩芸若法中不増不減。離阿羅漢辟支仏道」(465b26–28)

(48)「遠離羅漢辟支仏。亦不見亦不念。是為行般若波羅蜜」(466b18–19)

用例によってはかなりSkt.に近いものや遠いもの、あるいは対応箇所のないものもあったが、「阿羅漢」や「辟支仏」といった用語は『道行般若経』においてかなり確定しており、Skt.ほどではないにしても、阿羅漢や独覚を差別的に扱っていることが確認される。

(49) このような齟齬を解釈するさい、それが思想的に「意味」がある場合もあるが、ない場合もあることを想定しておかなければならない。たんなる編纂上のミスなどで齟齬が生じている場合、それを思想的に会通しようとして無理な解釈を試みることは滑稽である。この場合の齟齬はどちらか即座に判断できないが、すでに指摘したように、法華経同様、AsPも大部の経典であり、長い時間をかけて編纂されたであろうから、その過程において思想的変遷を被り、全体としてみたときに齟齬を生じていることも考えられる。これについては今後の課題としたい。

(50) 方便品での用例数は、「一乗」が一六(SP 40.13, 41.4, 41.15, 42.6, 42.15–16, 44.4, 46.11, 48.14, 49.2, 49.7, 49.8, 53.6, 53.8, 53.14, 58.13, 59.2)、「仏乗」が六(SP 40.14, 41.5, 41.15, 42.6, 42.16, 44.4)、「一仏乗」が一(SP 43.7)である。なおここで注意しておきたいのは、「仏乗」の原語がbuddha-yānaであり、かならず複合語として用いられているのに対し、「一乗」はeka-yānaと複合語で用いられるのは二例(SP 53.6, 53.8)だけであり、ekaṃ yānamのようにそれぞれが独立(格変化)して用いられていることである。同様に、「一仏乗」についても、その表現はekaṃ buddhayānamであり、eka-buddha-yānaという複合語での用例は一つもない点である。なお、方便品には「小乗(hīna-yāna)」の用例が二つ(SP 46.14, 47.4)確認できる。

(51) 譬喩品での用例数は「大乗」が七(SP 76.2, 76.3, 76.4, 76.6, 77.2, 81.4, 82.7)、「一乗」が三(SP 77.2, 81.9, 88.12)、「仏乗」が二(SP 81.13, 91.12)、「一仏乗」が一(SP 90.10)、そして「一大乗(ekam eva mahāyānam)」が一(SP 82.10)となっている。この他にも譬喩品には、agrayāna(SP 61.7)、bodhisattvayāna(SP 71.9, 79.6, 79.10)、そしてudārayāna(SP 76.6–7)という用法も見られる。ともかく、譬喩品では「大乗」の用例が一番多く、直前の方便品と比較すれば、大きな齟齬がある。この意味で、松本の指摘は正しい。ただ問題なのは、誰がどのような意図で「一乗真実」から「三乗各別」へと変更させたのかであるが、これについて松本は何も語っていない。

(52) これについては、写本の系統も考慮しなければならない。譬喩品における三乗の用例を考察した石田［2010: 48–53］によれば、法華経の立場を菩薩乗とする右記の用例の一つ（SP 79.10: bodhisattvayānam）は、カシュガル本により「菩薩乗」とは読めないこと（これは漢訳の支持もある）が指摘されている。また譬喩品における mahāyāna の用例のうち、実際の乗物として mahāyāna が使用されている場合を除き、いわゆる「大乗」の意味で使われている用例の一つ（SP 82.7: mahāyānenaiva）についてはカシュガル本が ekayānenaiva とし、Tib. も theg pa gcig pa nyid kyis としてこの読みを支持すること、またもう一つの用例（SP 82.10: ekam eva mahāyānam）についても、カシュガル本は ekam eva buddhayānam とし、漢訳の『正法』『妙法』ともにこの読みを支持することから、法華経の立場を大乗とすることには疑問が残ること、ケルン・南条本が基づくネパール系諸本だけによって仏乗を大乗とするには問題があり、法華経の立場である仏乗をそのまま大乗と考えることは保留すべきであると石田は指摘しているが、これは本書の立場を支持するものである。

(53) ここで辛嶋がいう「古法華経」とは、成立の古いと考えられる方便品以下八品の偈（triṣṭubh）を指すようである。

(54) 藤田［1969］も同じく部派仏教のアンチテーゼとして法華経の一乗思想をとらえているので、それを紹介する。「法華経所説の三乗は「声聞・独覚・菩薩（=仏）」であるが、三乗の起源は初期経典に求められ、初期アビダルマにいたって「声聞・独覚・正等覚者（=仏）」の三乗として整備された。声聞乗と仏乗の差は、仏弟子が師に対して抱く畏敬の念に基づく差別感に起因し、そこに仏教外に起源を持つ「独覚」が組み込まれて「声聞・独覚・仏」という三乗が誕生することになるが、これだけならば一乗が説かれる理由はない。ではなぜ一乗が説かれたかといえば、声聞乗に進む仏弟子たちは、阿羅漢果を得ることはできるが、仏乗に進んで仏果を得ることはできないとする説一切有部系の三乗観を批判するためではなかったか」（取意）と藤田は推論する。法華経全体の記述を齟齬なく理解しようとする藤田は、法華経の一乗を仏乗・大乗・菩薩乗と同義と見るので、前述のような結論になる。しかし、ここでは松本にしたがい、法華経成立に関してある種の断層を想定しているので、成立の古い方便品の「一乗=仏乗」、乃至「一乗≠大乗」「一乗≠菩薩乗」を法華経本来の立場とみなす。確かにその起源は、藤田が指摘するように、初期経典に求められ、初期アビダルマにいたって教理的に整備されたもの（つまり、声聞・独覚・仏）であろうが、少なくとも現行の法華経が問題にする三乗は、法華経成立以前に説かれていた大乗所説の三乗（声聞・独覚・菩薩）と考えられる。

（55）勝呂［1973: 198–200］は、「梵文によるかぎり、三乗は声聞・縁覚・菩薩乗であり、ただ衆生の志求する目的（果）についていうとき、菩薩乗に対応するものが「仏智」と称されているが、「仏乗」とは称されていないことが確かめられる。安楽行品に「他の菩薩乗の人々に対して悪口をいわず云々」という記述が見られたり、また法華経が自らの立場を菩薩乗と称する用例があることから、法華経でいう菩薩乗は法華経を信受する菩薩乗と一般大乗の菩薩乗との二重の意味があるが、三乗中の菩薩乗は後者の菩薩乗を指す」（取意）と指摘している。原始法華経なるものがかりに存在したとして、それは部派仏教所説の三乗を超克する目的で編纂されたものの、般若経などの出現により、大乗所説の三乗を超克する方向へシフトした可能性も否定できないが、現存の法華経によるかぎり、法華経が問題にしたのは、大乗仏教所説の三乗思想であると考えておく方が穏当ではないか。

また、法華経が問題にしたのが部派仏教所説の三乗（「三種の菩提」「三種の智慧」でも同様）であるなら、そこで強調されるのは仏乗であるから、「声聞乗（声聞智）・独覚乗（独覚智）」vs.「仏乗（仏智）」という構図となり、法華経の立場を表すのは「仏乗（仏智）」で充分であるから、かならずしも「一乗」という用語を用いる必要はない（もちろん、辛嶋のいうように、二乗の智を仏智に統一するという意味で「一乗」を説く必要性を否定はしないが）。にもかかわらず、法華経が「一乗」を自らの立場とするのは、「声聞・独覚・菩薩という三乗の対立」あるいは「大乗・小乗の対立」を前提にしていると考えた方が納得がいく。おそらく当時、存在したであろう仏教界の対立・分裂を統一・統合する目的で法華経が編纂され、「一乗」を提唱したものと考えられる。

これに対して、石田［2010: 53–54］は、成立が古いと考えられている方便品に「三乗」という語は見られるが、その具体的な内容についてはまったく述べられていないことなどから、三乗の中身は「声聞・独覚・菩薩」とは確定できず、よって方便品の成立は三乗や菩薩の概念の確立と平行する時期に成立したのではないかという可能性を指摘している。確かに方便品に限ればこの点は不明だが、つぎの譬喩品を見れば、あるいは法華経全体を視野に入れれば、明らかに三乗の内容に「菩薩」は組み込まれている。

(56) Fuss［1991: 107–152］は法華経に見られる九分教・十二分教の要素を分析し、itivṛttaka / jātaka / adbhutadharma / avadāna / vyākaraṇa / dhāraṇī の要素を法華経内で比定しているが、そのうち、avadāna に関しては、誤解が見られる。avadāna の定義自体が現段階では未確定であるから仕方がない部分もあるが、Fuss［1991: 117–123］はこの語を parable と訳していることからもわかるように、これをたんなる「喩え話」と解釈し、法華経に見られる「三車火宅の喩え」や「長者窮子の喩え」などの話を avadāna と理解している。確かに漢訳ではこの語が「譬喩」と訳されるが、「三車火宅の喩え」や「長者窮子の喩え」などの話は、少なくとも、avadāna には比定できない。「譬喩」と漢訳される Skt. には dṛṣṭānta や upamā があるが、法華経に見られる「三車火宅の喩え」や「長者窮子の喩え」などの話は、upamā としての譬喩と理解する方がよいであろう。

(57) 結果はつぎのとおりである。

勝者（jina）の子（putra / ātmaja / uras）：一三例（SP 13.1, 13.5, 14.10, 25.10, 35.10, 116.7, 116.10, 117.9, 229.4, 252.8, 384.8, 447.3, 455.4）

仏（buddha）の子（putra / suta）：九例（SP 15.10, 46.3, 48.12, 57.11, 91.2, 98.2, 98.4, 344.6, 371.5）

善逝（sugata）の子（putra）：五例（SP 10.5, 14.6, 15.12, 130.1, 331.12）

如来（tathāgata）の子（putra）：二例（SP 110.5, 110.10）

この他にも「両足尊（dvipadottama）の子（putra）」（SP 57.1）、「世尊（bhagavat）の子（putra）」（SP 110.3）、「世間の主（lokādhipati）の子（putra）」（SP 313.4）、「世間の主（lokavināyaka）の子（aurasa）」（SP 330.2）、「法王（dharmarāja）の子（putra）」（SP 459.6）といった用例が一つずつある。

(58) 「父母より授かった肉眼で（māṃsacakṣuṣā mātāpitṛsaṃbhavena）」（SP 354.7: cf. 355.3）、あるいは「母を尊敬しなかったり、父を尊敬しなかったり（māmātṛjñā māpitṛjñā）」（SP 429.7）という用例で使われる程度である。また薬王菩薩本事品［23］の過去物語の登場人物として、ある菩薩の父母が登場するにすぎない。

(59) 「〔有情は無知であり、〕母の胎内で（mātuḥ kukṣau）起こったことを忘れている」（SP 141.8）という程度の記述である。
(60) なお、この両原理は「どちらが勝れている劣っている」という単純な問題ではもちろんなく、それぞれに長所短所を持っており、相互補完的な関係にある。たとえば、母性原理の肯定面は「生み育てること」であり、否定面は「呑みこみ、しがみついて、死に到らしめること」と理解されているが、河合 [1976: 9–10] はユングによりながら、これに「慈しみ育てること・狂宴的な情動性・暗黒の深さ」の三つの側面を加えている。これに対し、父性原理の肯定面は「強い者を作り上げていくこと」、否定面は「切断の力が強すぎて破壊に到ること」と指摘している。
(61) なお、母性と父性に言及したついでに、近年、大乗経典を興味深い視点から考察した Cole [2005] の研究に触れておく。これは "Text as Father" という魅力的なタイトルの著書だが、法華経に説かれている「父／子」関係の譬喩を手がかりに、「父と子」の関係が「経典（父）とその読み手（子）」の関係とパラレルであるという視点から、法華経のみならず、他の大乗経典の性格を読み解いた研究である。ある意味で父は「権威（authority）」と「正統性（legitimacy）」の象徴だが、大乗経典はダイレクトに初期経典に起源を持たないため、その権威と正統性が常に問題になる。そこで、大乗経典作者や大乗教徒たちは自らが信じる教えに権威と正統性を求める中で大乗経典という父を創り出したといえよう。換言すれば、仏教を生み出した「母」、すなわち既存の仏教は、大乗教徒たちの前にも現前の事実として存在していたわけだが、そこから革新的な展開をとげようとすれば、それを支持する新たな権威と正統性、すなわち「父としての経典」が必要になる。つまり新たな権威と正統性の探求は「父親探しの旅」だったというわけだ。こうして様々なグループが自らの権威と正統性を求めて個々の大乗経典を創作していったとすれば、大乗経典はみな「異父兄弟」であるという見方も成立する。
(62) 「北伝＝大乗、南伝＝小乗」という既成概念が研究者の間にもあるが、この問題に精力的に取りくんでいるのが勝本 [2005: 95] であり、南伝のパーリ文献の中に見られる大乗的要素を丹念に掘り起こしている。その研究の中で、Ap. の中のブッダのアパダーナをとりあげ、この中の偈頌が無量寿経所説の法蔵菩薩の第二三願と類似し、また菩薩の造った楼閣や国土の様子が西方浄土の光景とよく似ていると指摘している。Cf. Bechert [1976].
(63) さてここで、理由は異なるが、法華経と説一切有部との密接な関係性を指摘している井本 [2000: 284–296] の説を紹介しておく。彼は、①地理的理由、②教理的理由、そして③歴史的・教団史的理由という三つの側面からこれを説明する。まず①地理的理由について、様々な要因から（詳細は省略）、井本はその成立地を西北インドのガンダーラ地方と推定する。そして当時、ガンダーラ地方で勢力を誇っていた部派を、説一切有部および経量部という二つにしぼる。つづく②教理的理由で、井本は分別功徳品の記述を手がかりに、法華経が「僧中有仏」の立場に立っていることを指摘し、ここから説一切有部と化地部という二つの部派をあぶりだす。最後の③歴史的・教団史的理由では、「法の仮有」を主張して説一切有部から分派した経量部が「法の実有」を説く法華経を創作したとは考えられないと指摘している。こうして井本は法華経ともっとも濃厚な接点のある部派として説一切有部を抽出する。理由は異なるが、本書での考察も井本の説と一致する。

(64) 出典はPED（s.v. cakkavattin）によるが、典拠は不明。ここで紹介されているDNの注釈によれば、転輪王とは「四洲を統治する王」と説明されているが（Sv i 249.32–33）、cakkavāḷa-cakkavattin / cāturanta-cakkavattin という用語は使われていない。また、Vin. の注釈書を見ると、「pathabbhyārājā とは、アショーカのように、全大地を〔統治する〕一洲の転輪王（dīpacakkavattin）のことである。他にもセイロンの王のように一洲〔を統治する〕王をいう。padesarājā とは、ビンビサーラやプラセーナジットなどのように、一洲の中の〔ある〕地方を統治する〔王〕のことである」（Sp ii 309.3–6）とし、dīpacakkavattin の用例は確認できる。一方、padesa-cakkavattin は見いだせず、padesarājā とあるのみである。

(65) 『瑜伽師地論』（T. 1579, xxx 298a7 ff.）、『衆許摩訶帝経』（T. 191, iii 934a3 ff.）参照。

(66) 平岡［2002: 175–178］参照。

(67) ということは、RPも説一切有部と関連する大乗経典なのかもしれない。要検討。

(68) 転輪王の形容句として「刀杖ではなく法によって（dharmeṇa）大地を統治する」はよく出てくるし、「正義の法王（dhārmiko dharmarājā）」とも形容される。

(69) ちなみに転輪王とアショーカ王との関係については、二つの相対する見解がある。中村［1959: 192–198］は転輪王をアショーカ王の姿の神話的投影であると推論し、また逆にBhandarkar［1955: 202–207］は、仏典にある転輪王を目指して、アショーカ王は法による統治を実践したと主張する。この中間的な立場を取るのが、山崎［1994: 102］や藤田［1954: 153］であるが、中村説に立てば、cakravartin よりも劣位の balacakravartin などを考案せねばならなかった理由を考えることは難しい。むしろ、伝説的な理想の王 cakravartin がまず存在し、それとアショーカ王の姿を重ねた当時の仏教徒が、彼をストレートに cakravartin とは表現できないので、balacakravartin などの劣位の転輪王を創出したと考える方が自然であろう。そもそもアショーカ王に四洲すべてを統治することなど無理であるし、事実「アショーカ・アヴァダーナ」は「土塊を布施しただけで力転輪王の地位（balacakravartirājya）を我（アショーカ王）は得たり」（Divy. 389.2）と説いて、アショーカ王を balacakravartin とみなし、他の箇所では「彼（アショーカ王）は〔世界の〕四分の一〔を支配する〕転輪〔王〕（caturbhāgacakravartin）となり」（Divy. 402.17）とも説いているからだ。

（70）かねてより重要な部派という認識はあったものの、これまで本格的な考察の俎上に上がってこなかった正量部の包括的な研究成果が近年、並川［2011: 343］によって発表された。その中にはチベット語訳の『有為無為決択』所引の正量部説が紹介されているが、そこに正量部の六趣説が見られる。

（71）ここでは「六趣（六道）」という記述、ならびに六趣との関連で「阿修羅」に言及している用例を紹介する。

（72）『正法』「彼此世界六趣周旋所有蒸民一切皆現」（63c9）、『妙法』「尽見彼土六趣衆生」（2b19）、『添品』「尽見彼土六趣衆生」（135b25–26）。

（73）『正法』（対応箇所なし）、『妙法』「六道衆生　生死所趣」（2c16–17）、『添品』「六道衆生　生死所趣」（135c22–23）。

（74）『正法』（対応箇所なし）、『妙法』「輪廻六趣中　備受諸苦毒」（8b13）、『添品』「輪廻六趣中　備受諸苦毒」（141b4）。

（75）『正法』（対応箇所なし）、『妙法』「見六道衆生　貧窮無福慧」（9b26）、『添品』「見六道衆生　貧窮無福慧」（142b17）。

（76）『正法』「五道生死」（85a22）、『妙法』（対応箇所なし）、『添品』「於諸五趣衆生受生之中」（153b4）。今ここで考察しているように、法華経は基本的に六趣説を採るが、ここにのみ「五趣」が説かれている。ここは内容的にはこの直前の韻文部分と、それ以降の散文部分とに大別でき、後半の散文部分にこの「五趣」が説かれるので、明らかにここには断層が見られるし、また『妙法』にはこの後半の散文部分自体が存在しないことから、後半の散文部分の成立は後代の竄入の可能性がある。これについては法華経二七品同時成立説を唱える勝呂［1996: 84–96］でさえ、薬草喩品の後半部分は後世の付加であると指摘しているが、それはこの「五趣／六趣」の用例からも窺えよう。

（77）『正法』「人在生死五道陰蓋」（85b27）、『妙法』（対応箇所なし）、『添品』「即是六趣流転中住所有衆生」（154a7）。

（78）『正法』「度於三界省練五道」（85c13）、『妙法』（対応箇所なし）、『添品』「解脱六趣及以三界」（154a28）。『正法』は Skt. に一致して五趣説を採るが、『添品』はこれを六趣とする。

（79）『正法』「長益楽地獄　好喜畜生処　後生堕餓鬼　億数難思議」（91b4–5）、『妙法』「三悪道増長　阿修羅亦盛」（24c8）、『添品』「三悪道増長　阿脩羅亦盛」（159b5）。『正法』では「阿修羅」に言及しない。

（80）『正法』「皆無地獄餓鬼畜生。移徙諸天及阿須倫」（103b29）、『妙法』「無有地獄餓鬼畜生及阿修羅。又移諸天人」（33a22–23）、『添品』「無有地獄餓鬼畜生及阿脩羅。又移諸天人」（167c4–5）。いずれの漢訳も「六趣」という言葉は直接出さないが、六趣の各項目には言及している。

（81）『正法』「六趣群生」（118a17）、『妙法』「六趣四生衆生」（46c6–7）、『添品』「六趣四生衆生」（180c17–18）。

（82）『正法』「諸天人民　蛟阿須倫　地獄餓鬼　及諸畜生」（122a7–8）、『妙法』「天人阿修羅　地獄鬼畜生」（50a9）、『添品』「天人阿修羅　地獄鬼畜生」（184a20）。

（83）『正法』「三千大千世界諸六趣生」（122a23）、『妙法』「三千大千世界六趣衆生」（50a24–25）、『添品』「三千大千世界六趣衆生」（184b6–7）。

（84）『正法』「諸天人民　及阿須倫　枝神異類　及諸畜生　六道之中」（122b6–8）、『妙法』「若天龍及人　夜叉鬼神等　其在六趣中」（50b6–7）、『添品』「若天龍及人　夜叉鬼神等　其在六趣中」（184b17–18）。

（85）『正法』「又其仏土而無女人三悪之趣」（125a22–23）、『妙法』「彼国無有女人地獄餓鬼畜生阿修羅等」（53a16–17）、『添品』「彼国無有女人地獄餓鬼畜生阿修羅等」（187c25）。『正法』のみ「三悪之趣」とし、阿修羅には言及しない。

(86) 布施［1967: 140］は法華経の成立の新古層を第一類（古層）と第二類（新層）とに分類する基準として、六道だけを説くか（古層）、あるいは六道に加えて十界を説くか（新層）に注目し、第一類の諸品は六道を説くのみで十界を羅列しないと指摘している。しかし、ここで見たように、法華経の中で唯一「五道」を説く薬草喩品［5］は彼の分類する第一類に含まれているので、布施の指摘は正しくない。ただここでは、「六道」説か「十界」説かという視点で分類されているので、ここでの「五道」は「六道」説に含まれているのかもしれない。

(87) これについては、定方［1973: 10–17］が倶舎論の内容を図式化して分かりやすく解説している。

(88) たとえば無量寿経は、ブッダが極楽の平坦さを描写するさい、「実にアーナンダよ、かの仏国土には、どこにも黒い山はなく、いたるところに宝の山がある。どこにも山の王であるスメール〔山〕はなく、どこにも山の王であるチャクラヴァーダ〔山〕やマハーチャクラヴァーダ〔山〕も、また大海もない。かの仏国土はどこも掌のように平坦で、麗しく、様々な宝が積んである場所がある」(Sukh. 33.13–18) と説いている。

(89) パーリのジャータカも視野に入れるべきであるが、連結部分の定型表現はきわめて淡泊であり、法華経のそれと重なるところがほとんどないので、考察の対象から外す。

(90) Cf. Divy. 460.29 ff.

(91) 同じ有部系の Aś や Divy. も基本的にはこの形を踏襲している。Cf. Aś i 66.5 ff., 70.3 ff., 82.6 ff., 87.11 ff., 92.5 ff., 101.6 ff., 105.15 ff., 111.4 ff., 118.10 ff., 138.5 ff., 172.5 ff., 176.9 ff., 181.1 ff., 186.3 ff., 191.14 ff., 204.10 ff., 211.3 ff., 222.8 ff., 237.1 ff., 239.11 ff., 245.5 ff., 255.9 ff., 287.10 ff., 335.4 ff., 349.12 ff., 353.4 ff.,358.1 ff., 362.3 ff., 366.5 ff., 370.7 ff., 374.1 ff., 383.10 ff., 387.13 ff., ii 6.3 ff., 13.9 ff., 18.3 ff., 23.8 ff., 28.11 ff., 30.6 ff., 35.1 ff., 40.5 ff., 51.11 ff., 58.6 ff., 66.10 ff., 77.1 ff., 82.1 ff., 88.4 ff., 96.11 ff., 97.9 ff., 100.17 ff., 101.4, 101.10, 109.9 ff., 117.7 ff., 124.9 ff., 125.4 ff., 125.11 ff., 159.4 ff., 164.10 ff., 172.7 ff., 177.10 ff., 185.5 ff., 196.8 ff., 205.5 ff; Divy. 74.11 ff., 88.25 ff., 122.17 ff., 135.14 ff., 192.17 ff., 261.25 ff., 289.10 ff., 350.20 ff., 464.21 ff., 498.6 ff., 504.10 ff., 515.4 ff., 522.26 ff., 528.14 ff., 539.13 ff., 584.3 ff., 585.19 ff.

なお、Divy. の中には、最初の kiṃ manyadhve *bhikṣavo*、あるいはそれに相当する表現を欠く用例も少しだけ存在する。Cf. Divy. 225.22 ff., 228.5 ff., 245.29 ff., 253.23 ff.

(92) これらの用例の中には、④ tat kasya hetoḥ のない用例も若干含まれているが、おおむね本文にあげた形が基本である。

(93) 同じ大衆部系の文献である『摩訶僧祇律』の用例も調べてみたが、ジャータカは数多く説かれているものの、連結の定型表現は、「爾時国王大名称者。豈異人乎則我身是」(T. 1425, xxii 228b15–16) と説かれるのがほとんどであり、法華経の用法と重なる部分はきわめて少ない。

(94) この二つの用例はつぎのとおり。

薬王菩薩本事品：① syāt khalu punas *te nakṣatrarājasaṃkusumitābhijña* kāṅkṣā vā vimatir vā vicikitsā vā ② anyaḥ *sa* tena kālena tena samayena ... abhūt/ ③ na khalu punas *te nakṣatrarājasaṃkusumitābhijñaivaṃ* draṣṭavyam/ ④ tat kasya hetoḥ/ ⑤ *ayaṃ sa* ... tena kālena tena samayena ... abhūt. (SP 414.4–8)

妙荘厳王本事品：① syāt khalu punaḥ *kulaputrā yuṣmākaṃ* kāṅkṣā vā vimatir vā vicikitsā vā ② anyaḥ *sa* tena kālena tena samayena ... abhūt/ ③ na khalu punaḥ *kulaputrā yuṣmābhir* evaṃ draṣṭavyam/ ④ tat kasya hetoḥ/ ⑤ *ayaṃ* eva *sa* ... tena kālena tena samayena ... abhūt. (SP 469.11–470.4)

(95) この点を Tib. 訳と漢訳とで確認しておく。第二〇章の Tib. は som nyi dang yid gnyis dang (P. 1019, Ke 57b2; D. Ah, 55b2) とし、kāṅkṣā と vimatir に相当する語が見られるのみであるが、漢訳はこの定型表現に相当する訳をすべて欠く。第二二章の Tib. は syāt khalu yuṣmākaṃ bhikṣavaḥ kāṅkṣā vā vimatir vā のうち、下線部分の訳を欠き、漢訳はこの定型表現に相当する訳をすべて欠く。第三二章には Tib. 訳がないのでこの点が確認できないが、漢訳は『銀色女経』のみ「諸比丘。忽生異疑莫作余観」(T. 179, iii 451c21) とし、今問題にしている箇所の訳語が見られる。なお、各章の関連文献は本章注 (97) を参照。

(96) 第三三章の Tib. 訳もいずれの漢訳も、この訳語を欠く。なお、本章の関連文献は次注を参照。

(97) ここで、この四章の関連文献を紹介する。なお、[ ] 内は部分的に対応している Divy. の箇所を示している。また Tib. 訳は北京版そしてデルゲ版の順で示す。

第二〇章：❶ Skt.: None. Cf. AvK 43 ❷ Tib.: 1019 Ke 52b5–57b8; 350 Aḥ 50a5–55b7 ❸漢文：『金色王経』(T. 162, iii 388a–390c). Cf.『菩薩本行経』巻上 (T. 155, iii 109c1–110b18).

第三一章：❶Skt.: None. Cf. GBM 1487.4–1507.3 (complete); HJM 5; MJM 48; AvK 5 ❷Tib.: 1017 Ke 24a4–33b2; 348 Ah 22a4–31b3 ❸漢文：『月光菩薩経』（T. 166, iii 406b–408b）. Cf.『六度集経』巻一（T. 152, iii 2b27–c20）；『大方便仏報恩経』巻五（T. 156, iii 149b28–150b29）；『仏本行経』巻五（T. 193, iv 89a13–b15）；『賢愚経』巻六（T. 202, iv 387b3–390b12）；『菩薩本縁経』巻中（T. 153, iii 62c19–64c17）；『大宝積経』巻八〇（T. 310, xi 462a2–3）；『護国尊者所問大乗経』巻二（T. 321, xii 5b27–c3）；『経律異相』巻二五（T. 2121, liii 137a4–c4）.

第三二章：❶Skt.: None. Cf. Jm 1; AvK 51, 95 ❷Tib.: None ❸漢文：『銀色女経』（T. 179, iii 450a–452a）；『菩薩本行経』巻上（T. 155, iii 110b21–111a12）；『前世三転経』（T. 178, iii 447c–450a）. Cf.『大宝積経』巻八〇（T. 310, xi 462b9–10）；『護国尊者所問大乗経』巻二（T. 321, xii 5c29–6a2）[470.29–472.13]；『仏本行経』巻五（T. 193, iv 89b16–21）[476.6–20]；『六度集経』巻一（T. 152, iii 2b8–26）[476.21–479.16].

第三三章：❶None. Cf. Ja（no. 497）❷1027 Ke 242a2–286b5; 358 Ah 232b1–277b5 ❸『摩登伽経』（T. 1300, xxi 399c–410b）；『舎頭諫太子二十八宿経』（T. 1301, xxi 410b–419c）. Cf.『摩鄧女経』（T. 551, xiv 895a–c）；『摩登女解形中六事経』（T. 552, xiv 895c–896b）；『雑譬喩経』巻下（T. 205, iv 509a9–27）；『大毘婆沙論』巻一八（T. 1545, xxvii 90b17–20）[611.4–619.17].

このように、四章とも、説一切有部の文献と重なるところがない。なお、本注での資料の略号については、平岡［2007a: xi-xiv］を参照。

（98）これら四つの説話は、その起源を説一切有部に求めることはできないが、説一切有部特有の定型句が確認されることから、後に有部的改編を被った痕跡は見てとれる。これについては平岡［2002: 218–221］を参照されたい。

（99）たとえば、法蔵部の資料と考えられる『仏本行集経』（T. 190, iii 655 ff.）も、仏伝をベースに様々なジャータカを含んでおり、その連結での表現は Ja のようにきわめてシンプルな表現が多いが、その中のいくつかは、ここで問題にしている表現とすこし近いので紹介しておく。

諸比丘。於汝意云何。若疑於時雞尸馬王。豈異人乎。勿生異念。即我身是。（882a29–b2）

汝等若有心疑。彼時優波伽者。其人是誰。莫作異見即我身是。（904b6–7）

若有心疑。於時王仙。号名日者。此是誰也。莫作異見。我身是也。（908a9–10）

汝諸比丘。若有心疑。彼象龍王。此是誰也。即我身是。（911b11–12）

ただこれらは漢訳の用例なので、ここからインド語を直接推定することはできない。

(100) なお、別のアヴァダーナ文献である Avadānakalpalatā や Ratnamālāvadāna には、ここでとりあげたような用法は存在しないことを、九州大学教授・岡野潔氏よりご教授いただいた。また同様のインド文献として Jātakamālā があるが、これはジャータカの話者がブッダではなくアールヤシューラという作家であるから、過去物語の人物と現世の人物を同定する連結そのものがない。

(101) たとえば、般若経を読めば、文脈に関係なく、あるいは不必要なくらいに「マーラ（悪魔）」が随所に顔をだすが、これは仏伝の「降魔→成道」のプロセスを踏まえて作られていると考えれば納得がいくし、逆にいえば、そう考えないと般若経におけるマーラの頻繁な登場は説明がつかない。詳しくは、平岡［2011a］を参照。

(102) この点について、中村［1994: 258］は「原始仏教においては、「法」の権威が最高のものであり、「仏」の上に位していた。たとえば、「縁起の理法」について、決まり文句としてつぎのようにいう、──この縁起の理法は「永遠の真理」である。「如来が世に出ても、あるいはまだ世に出なくても、この理法は定まったものである」。如来はただこの理法を覚って「さとり」（等正覚）を実践し、衆生のために宣説し、開示しただけにすぎないという」と指摘する。この後も、倶舎論の記述に基づき、三宝のうちでも、帰依の対象となる究極のものは法（ダルマ）であり、仏よりも法を主となすという議論がなされていることを中村［1994: 260–262］は紹介している。また Fuss［1991: 73］も、法が仏の上位概念であることを指摘しているが、その根拠は SN（i 138.30 ff.）の記述である。そこでは、成道後、ブッダが誰にも何にもたよらず敬わずに生きていくことを虚しく感じていたが、熟慮のすえ、自分が覚った法こそを（mayā abhisambuddho tam eva dhammaṃ: 139. 25–26）たよりとし、敬って生きていくことに気づくことが説かれている。

(103) 勝呂［1973: 202］は、法華経の意図したところは「教団の統一であった」と指摘する。

(104) たとえば、大衆部系の仏伝文献 Mv. は般若経典との結びつきが確認される。これについては Harrison［1995］、下田［1997: 255］、平岡［2002: 141–148］を参照。

(105) 法華経以外にも、説一切有部が関与したと思われる大乗経典がある。本文ですでに指摘したように、静谷［1974］は平川説に基づきながら、初期大乗経典をさらに新古層に分け、小品般若経を境に、それ以降を「初期大乗」、それ以前を「原始大乗」と命名したが、この分類にしたがうと、原始大乗に分類される古い経典に竺法護訳の『仏説心明経』という短経が存在する。この経典を子細に考察すると、MSV 薬事（= Divy. 第七章）の説話と内容的にパラレルであり、両者の間に深い関係が認められる。詳しくは平岡［2011b］参照。

(106) ただし、これらのジャータカは提婆達多品［12］や常不軽菩薩品［20］、また薬王菩薩本事品［23］や妙荘厳王本事品［27］などに見られるものであるから、法華経全体の成立から見れば、その成立は先学の研究により、おおむね比較的後代に位置づけられている品ばかりである。

(107) 日本における仏教研究は宗門人によるところが大きいが、たとえばある研究会が結成される場合、それはかならずしも同じ宗門人同士で組織されるわけではなく、宗派を超えて結成される。これと同じようなことが、大乗経典の創作において起こった可能性はないだろうか。佐々木［2000］が指摘するように、「破僧定義の変更によって、異なる教義を有する者同士であっても、僧団行事（羯磨）を一緒に行っているかぎり、破僧にはならない」とアショーカ王の時代に破僧定義が変更されたとすれば、異なる部派間の交流はそれまで以上に融通がきくことになり、それがここで想定しているような、部派を超えた集団の結成を容易ならしめたと推測される。充分には考察しきれなかったが、本書の最後で明らかになったように、法華経所収のジャータカは説一切有部の伝承とは明らかに異なっているので、大乗経典を単一の部派に機械的に帰属させることもできないのである。

(108) 本書では法華経と比較する文献として主に律文献を扱った。一般に広律といわれるものは六種類が現存し、パーリ律と梵本の MSV にのみインド原典が存在するが、写本の書写年代から原典そのものの成立を推定するのは難しい。また MSV の Tib. 訳を除けば、残りはすべて漢訳であり、その漢訳年代から原典の成立を推定することも難しい。とくに本書で主にとりあげた MSV は、他の律と比較すれば、内容も豊富であるし、また量も多いため、その成立をどの程度古くまで遡らせることができるかは未詳であるが、ここでは Clarke［2007: 24–32］に基づき、六種類の広律の成立をおおむね紀元前後のものと推定しておく。

なお、Schopen［1985］は諸資料間に共通伝承が見られる場合、それは後代において形が統一されたと考えられるので、その伝承の成立は新しく、むしろ他と共通しない固有の伝承こそ古いとみなして、従来の「共通伝承は古い」という考え方を否定している。この見方にも一理あるが、すべてのケースに対して機械的にこの理屈を当てはめることはできないだろう。古くから共通に伝承されているものもあれば、後代、新たに固有の伝承が創作されることもありうるからだ。大切なのは、その両方の可能性を視野に入れながら、個別のケースについて丹念に用例を考察することであろう。またこれに関連して、Schopen［1994, 1995］は、現存の広律のうち、量的にもっとも発達していると考えられるMSVがもっとも古い伝承を保有していると考えている。その真偽はともかく、今回の考察から、MSVの成立は、大乗経典という新たな視点からも考察可能であることが判明した。今後、MSVの成立に関する新たな成果が期待できよう。

おわりに

人間の運命を左右するのは、偶然か、必然か。インド仏教説話を研究してきた浄土宗僧侶の端くれたる私が法華経の成立に関する本を出版することは、一見すれば、〝偶然〟の産物以外の何ものでもなかろう。私も最初はそう思っていた。しかし、ここまでの軌跡を冷静にたどってみると、それは私の知らないところで周到に準備されていた〝必然〟だったのかもしれないのだ。

アメリカ留学以来、『ディヴィヤ・アヴァダーナ』および仏教説話の研究に専念し、二〇〇七年にその全訳出版で一区切りがついたので、つぎは大衆部系の仏伝『マハーヴァストゥ』の翻訳研究にとりかかり、難産のすえ、二〇一〇年にはその全訳出版も刊行できた。この仏伝文献の翻訳出版こそ、今回の出版の第一の伏線と考えられる。

第二の伏線、それは、東京大学教授・下田正弘氏より、『新アジア仏教史』（佼正出版社）に載せる仏伝の原稿と、またそれにつづいて『シリーズ大乗仏教』（春秋社）に載せる仏伝の原稿とをつづけて依頼されたことである。うれしがって両方を引き受けたまではよかったが、『シリーズ大乗仏教』の仏伝については、大乗仏教を射程に入れての仏伝を書かなければならなかったので、私なりに仏伝という視座から大乗経典を読みなおさなければならなかった。もちろん、法華経も含めて、である。

第三の伏線は、佛教大学教授・並川孝儀氏より、佛教大学四条センターでの「仏教入門講座」の担当を依頼されたことであった。そのとき、右記の原稿二編はすでに書きあげていたので、並川氏と協議の上、講座のタイトルを「歴史上のゴータマ・ブッダとブッダの理想化」と決め、前半は並川氏が初期経典に見られる歴史上のゴータマ・ブッダを語り、後半（二〇〇九年一〇月より二〇一〇年三月まで、毎月一回の計六回）は私が大乗経典におけるブッダの理想化について話すことになった。

一月二九日に法華経の仏陀観について講義する予定になっていた私は、年明け早々の一月五日、その準備をすべく、守衛さん以外はまだ誰もいない大学の冷え切った研究室（K428）に閉じこもり、寒さに凍えそうな手を擦り合わせながら、そこに息を吹きかけつつ、独り寂しく法華経と対峙していた。「法華経の仏陀観」「法華経と仏伝」と題目のように心でつぶやきながら法華経を読みかえしていると、方便品では「シャーリプトラがブッダに三度説法を懇願した」、また譬喩品では「第二の法輪が転じられた」という記述が目にとまる。「これって仏伝、的な??」と訝りながら読み進むと、ブッダはシャーリプトラに成仏の記別を与えているではないか。「ひょっとして、これはカウンディンニャの覚りに相当する、みたいな!?」と思うと、私の脳にドーパミンが分泌しはじめた。

ここでようやくメモとペンとを用意し、正坐しなおすと、血走った眼で仏伝の出来事と比較しながら法華経を貪るように読み進む。この後、ブッダはスブーティをはじめとする四大弟子に成仏の記別を与える記述にいきあたるや、「五比丘の覚りだ〜!!」と大興奮。予想が確信に変わった瞬間であった。誰もいない森閑とした大学の建物（光暁館）に、寒さを忘れた私の心の歓声は響きわたった（ような気がした）。あとは、本書で指摘したとおりである。

しかしその後、「こんなあたりまえのこと、きっと誰かが何処かですでに指摘しているに違いない」という大きな不安に駆られる。法華経成立の研究なんて、今まで一度も本格的に目を通したことがなかったので、手当たり次第に関連の著書や論文を読みあさったが、部分的に仏伝との関係を指摘する研究はあるものの、法華経全体を一貫して仏伝で読みきった研究がないことが判明。そこで、これを二〇一〇年、立正大学（何たる御縁！）で開催された日本印度学仏教学会で恐る恐る発表したところ、同僚や先輩より賛同を得ることができた。ホッと胸をなでおろした瞬間である。

また翌年の二〇一一年四月には、畏友であるマクマスター大学准教授 Shayne CLARKE 氏が誘ってくれたカナダのトロント大学での学会（テーマは Buddhist Nuns in India）に参加して、"Did Yaśodharā become a Nun? —On the Indebtedness of the *Lotus Sūtra* to the *Mūlasarvāstivāda-vinaya*—" と題し、ヤショーダラー伝承に触れながら、本書でとりあげた法華経の成立について発表したところ、コメンテーターのロンドン大学研究員 Andrew SKILTON 氏およびヴァージニア大学教授 Paul GRONER 氏の両氏より好評を得て（リップサービスであることは重々承知しておりますが、人間、誉められて悪い気はいたしません）、ますます図に乗り、いや自信を深め、今回の出版となったのである。

こうして、最初はバラバラだった三つの伏線が、私の知らないところで同じ方向に向かって動きだし、ついに二〇一〇年一月五日を以て一点に収斂した。で、「いったい誰がその方向性を？」と考えたとき、フィクサーと思しき人物がすぐに私の脳裏に浮かぶ。母方の祖父〝與五郎じいさん〟。

私は浄土宗寺院・法樹寺の長男として生まれた。父・隆信は浄土宗の僧侶、母・栄子は在家の出身だが、母の父である與五郎じいさんは法華宗の敬虔な信徒で、実に熱心な日蓮聖人の信者であった。

よって、「念仏無間」の與五郎じいさんにすれば、浄土宗の寺院の息子に娘を嫁がせることなどもってのほかであり、二五歳での結婚は駆け落ち同然だったと、母は遠くを見ながら、なつかしそうに、あるとき私に語ってくれた。それほど、父はハンサムだった（らしい）。

ともかく、この與五郎じいさん以外に、私を法華経に近づける要因など何も見あたらない。今回の著書出版で、浄土宗の寺院に娘を嫁がせたことは間違いではなかったと思ってくれれば、私もこの世に生を受け、仏教の研究を志し、今回、法華経に関する著書を上梓した甲斐もあるというものだ。結婚には反対だったようだが、私はじいさんにずいぶん可愛いがってもらった。一九六七年一月二五日、私が六歳のときに他界した與五郎じいさん。一月二五日といえば、浄土宗の宗祖・法然上人の命日でもある。ここにも不思議な縁を感じずにはいられない。なお、與五郎じいさんについては、伯父の増田潔氏にいろいろとお話を伺い、情報を提供してもらった。感謝申しあげる。

最後になったが、私の研究のよき理解者であり、力強い協力者でもある大蔵出版の井上敏光氏には、今回も衷心より謝意を表したい。研究成果を著書として公にできるのも、一流大学出身の高名な学者がひしめく中、学閥や学歴に拘泥することなく、私のような三流の研究者のつたない研究をおもしろがってくれる井上氏が応援し激励してくれたお陰である。今回もこうして、〝おもい〟を〝かたち〟にすることができた。井上氏、いや井上さん、本当にありがとうございました。

【法名】清嚴院寿光日覚信士【俗名】増田與五郎（享年八四歳）の霊前に、本書を捧げる。

二〇一二年六月二三日（母の第七九回目の誕生日に）

松ヶ崎三反長町の新居にて　平岡　聡

ひたすらに　法華経唱えて　一筋の　父に詫びつつ　浄土の寺に嫁ぎゆく

（平岡栄子　二五歳）

Ⅲ　引用仏典

II　法華経の章名

索　　引

I　術語・固有名詞

著者略歴

平岡　聡（ひらおか　さとし）

1960年　京都市に生まれる
1983年　佛教大学文学部仏教学科卒業
1987-89年　米国ミシガン大学アジア言語文化学科に留学
1988年　佛教大学大学院文学研究科博士課程満期退学
現　在　京都文教大学教授、博士（文学：佛教大学）
著　書　『説話の考古学—インド仏教説話に秘められた思想—』（2002年、大蔵出版）
『ブッダが謎解く三世の物語—『ディヴィヤ・アヴァダーナ』全訳—』上・下（2007年、大蔵出版）
『ブッダの大いなる物語—梵文『マハーヴァストゥ』全訳—』上・下（2010年、大蔵出版）
連絡先　〒611-0041　宇治市槇島町千足80　京都文教大学
E-mail: hiraoka@po.kbu.ac.jp

法華経成立の新解釈　仏伝として法華経を読み解く

2012年10月15日　初版第1刷発行

著　者　　平岡　聡
発行者　　青山賢治
発行所　　大蔵出版株式会社
〒113-0033　東京都文京区本郷3-24-6-404
TEL. 03(5805)1203　FAX. 03(5805)1204
http://www.daizoshuppan.jp/
装　幀　　CRAFT大友
印刷所　　中央印刷株式会社
製本所　　株式会社難波製本

ISBN 978-4-8043-0583-7　C3015